华文教育研究丛书

贾益民 丛书总主编

汉越趋向补语对比习得研究

A COMPARATIVE STUDY OF
CHINESE AND VIETNAMESE DIRECTIONAL
COMPLEMENTS AND
VIETNAMESE STUDENTS' ACQUISITION

〔越南〕刘汉武 著

社会科学文献出版社
SOCIAL SCIENCES ACADEMIC PRESS (CHINA)

总 序

　　华文教育是面向海外华侨华人尤其是华裔青少年开展的华语与中华文化教育，对于促进中华文化国际传播、加强中外文化交流与合作具有重要意义。开展华文教育是华侨华人的"留根工程"，有助于华侨华人传承和弘扬中华文化、保持民族特性；同时，华文教育也是凝聚侨心的纽带和海外华侨华人与祖（籍）国保持联系的重要桥梁，有利于促进国家侨务工作的可持续发展。

　　中国政府一向非常重视海外华文教育的发展，尤其是改革开放以来，中国政府在支持和推动海外华文教育事业发展方面做了大量卓有成效的工作，取得了巨大成绩。随着中国综合国力的提升，海外华文学校如"雨后春笋"，华人华侨子弟学习华文的热度持续高涨。

　　华文教育是一项庞大而复杂的系统工程，不仅涉及华文教育教学的理念，还涉及华文教育的人才培养目标、课程与教材体系建设、教学模式与方法、教学运行机制与评价体制、办学条件改善，以及相应的师资队伍建设、华校治理、办学政策与制度等一系列因素。而建设这样一个系统工程，则需要以相应的理论及专业研究为支撑。目前世界范围内的华文教育事业呈现蓬勃发展的势头，但是与方兴未艾的华文教育实践相比，华文教育的理论研究及学科与专业建设依然滞后。

　　华文教育是国家和民族的一项伟大事业，也是新时代中国特色社会主义伟大事业的一个重要组成部分。

　　第一，华文教育要更快更好地发展，必须坚持以习近平新时代中国特色社会主义思想为指导，深刻领会、全面把握新时代中国特色社会主义思想的精神实质和丰富内涵，科学分析新时代世界华文教育发展现状、存在问题与发展需求，制定符合"新时代"发展特征与需要的华文教育发展规划与具体措施，推动世界华文教育发展迈上新台阶，服务于实现中华民族伟大复兴的中国梦。

第二，华文教育要树立"全球化"和"大华文教育"发展理念，把华文教育置于中国和世界全球化发展的大背景下，面向全球、面向世界人民，以语言为基础，以文化为主导，推进华文教育大发展，以适应"全球化"对中华语言和中华文化的现实需求，满足各国人民学习中华语言文化的需要，推动中外人文交流和民心相通。此外，华文教育要想使华语逐渐成为"全球华语""世界语言"，还必须使华文教育尽快融入各国发展的主流，融入世界多元文化发展的主流，融入所在国教育的主流，融入所在国经济社会发展的主流，融入所在国华侨华人社会发展的主流。这是新时代华文教育全球化发展的必然选择，也是华文教育可持续发展的重要途径。

第三，华文教育要树立"多元驱动"和"转型升级"发展理念。新时代世界华文教育发展已经进入"多元驱动机遇期"，我们要善于整合、利用"多元驱动"资源与力量，助推华文教育和汉语国际教育事业的新发展。与此同时，新时代也给华文教育提出了新任务、新要求，使华文教育的"转型升级"成为可能与必然，要由传统的华文教育观念、体系、模式向新时代华文教育发展、变革，由过去的规模化发展向内涵建设、提升质量、增强效益转型。

第四，随着"大华文教育"的发展以及华文教育的"转型升级"，华文教育今后绝不再是单一的、传统意义上的华文教育，而是在"华文教育+"发展理念引领下呈现多元发展态势。"华文教育+"加什么、怎么加，完全视华文教育发展需求而定，但必须符合华文教育培养中华语言文化人才、立德树人的根本目的。

在这些理念主导下，华文教育研究当下应关注以下问题：其一，关注世界华文教育发展历史及现状，跟踪世界各国华文教育政策及发展，撰写不同国别政治、经济及文化环境下华文教育国别史，总结华文教育历史发展规律与特点，从而由编写国别华文教育史到编写世界华文教育史；其二，针对性地分析和描写华语在不同国别语言文化背景下作为一语（母语）以及作为二语（外语）的教学特点与规律、习得特点与规律等问题，借鉴语言认知科学尤其是人脑神经科学研究的理论成果与技术，探讨不同语言文化背景下华语二语认知与习得的规律，为本土化、国别化的华文教学以及教材编写提供理论支撑；其三，研究中华文化"走出去"战略中的中华文化核心价值观，萃取优秀中华文化的核心元素，研制具有规范性、可操作性的文化传播大纲及内容与形式；其四，开展海外华校普查、海外华文教育组织机构调查及海外华文教育政策调研，研究"一带一路"沿线国家华语使用现状与发展趋势；其五，积极推动不同国别华文教师专业发展研究，探索海外华文教师的专业发展模式、途径和制度，研究优秀华文教师的共同特质，为教师培训提供参照标准，以利于华文教师队伍的培养、建设；其六，开发具有较强针对性、实践性、本土化、多样性的华文教学资源，如多媒体线上线下教材，依托云技术实验室研发优质在线教学资源、开展华文课程智慧教学探索等，加强教学资源库建设。

在大力推动以上华文教育领域理论研究的过程中，为形成更具系统性、标志性和示范性的华文教育研究成果，打造华文教育研究特色团队，我们推出了这套"华文教育研究丛书"。该丛书由华侨大学海外华文教育与中华文化传播协同创新中心、华文教育研究院精心策划，由海内外优秀学者撰写。我们希望本丛书可以进一步丰富华文教育研究内容，让更多的人了解华文教育、研究华文教育，以推动华文教育事业的发展。

本丛书由社会科学文献出版社组织出版，在此我们表示衷心感谢。限于水平，本丛书若有不妥之处，还望各位读者批评指正。

是为序。

贾益民

2019年7月

序　言

汉语的趋向动词除了用作谓语中心语表示各种带有方向性的动作之外，还用在动词及一部分形容词之后作趋向补语表示各种趋向性的意义，有的趋向补语还表示引申意义。汉语的趋向补语与外国语表示趋向的词语义不尽相同，这是外国学生习得汉语的一个难点；趋向补语中表示引申意义的更是很多外国学生习得汉语的难点，加之动词之后带宾语又带上趋向补语，句法结构比较复杂，有时趋向补语在宾语之前，有时在宾语之后，而当趋向动词是复合趋向动词时还可以把宾语插入中间，这也给第二语言学习者带来一定的困惑。总之，汉语的趋向补语的语义丰富性及句法结构复杂性使之成为外国学生习得汉语的一大难点。

学界对汉语趋向补语的研究成果比较丰富，但是正如汉武所说的"汉语趋向补语在越南语中的对应形式及越南学生汉语趋向补语习得的研究还十分欠缺"。越南是中国的近邻，两国之间经济文化上有着长时间交往的历史，近些年学习汉语的人数增长很快，因此为更有效地让越南学生掌握汉语的趋向补语，搞好对越汉语教学，进行专项研究是非常有意义的一个选题。另外通过汉语趋向补语与越南语的比较，也能更加全面和深入地了解越南语这一与汉语无亲属关系，但与汉语有长期密切接触的语言在趋向补语上与汉语的异同，这是对比语言学中不同语言对比研究的一个重要研究课题。

正是由于这一选题很有价值，我很支持汉武的博士学位论文专门研究这一问题。汉武的博士学位论文2014年通过教育部学位论文匿名评审，评审专家对其论文给予了很高的评价，在论文答辩时，答辩委员会通过评议，把其论文定为优秀，答辩决议书中有这样的定性评语"这是一篇优秀的博士学位论文"。现在呈现在读者面前的这本专著是其在博士学位论文基础上进一步修改的结果,也可以说是其博士学位论文的修订版。

汉武的《汉越趋向补语对比习得研究》首先对20世纪50年代到最近60多年来汉语趋向动词和趋向补语的研究成果进行了较为全面、深入系统的综述,指出汉语趋向动词、趋向补语的本体研究有以下特点:第一,研究范围的拓宽;第二,研究方法的突破;第三,研究理论的更新;第四,研究实用性的加强。综述总结部分对以往的研究在上述四方面的进展进行了具体的说明。其对汉语趋向动词和趋向补语的研究成果综述客观公允、全面深入、科学可信,具有说服力。阅读其综述可以全面深入地把握汉语语法学界在这方面研究的发展的大致线索及其进展。其研究综述的方法也值得学习和借鉴。

根据所研究的问题,采用适合的理论及其方法进行研究是《汉越趋向补语对比习得研究》得以获得一系列科学、可信的具有原创性结论的保障。该书的研究主要在以下四种理论的指导下来展开:对比分析理论、意象图式理论、中介语理论及自然顺序假说。汉武之所以要运用这些理论及其方法来进行研究是因为他认识到,这些理论及方法只能解决某一方面的问题,它们都有一定的局限。"对比分析理论将学习者的母语和外语进行共时对比,确定相同点和相异点。当两种语言的某些特征相类似或完全一致时就会发生正迁移,学起来比较容易;当两种语言的某些特征相异时就会发生负迁移,学起来比较困难。"汉武在对比分析理论的指导下来实现其第一个研究目标"基于大规模汉越语言对比语料全面描写各组趋向补语在越南语中的对应形式以及趋向补语格式在越南语中的对应句式,总结对应规律",但对比分析理论不关注第二语言学习者的习得过程,也不关注用什么方法使得学习者更为有效地习得某种句法结构的内在规律。因此汉武为实现其第二个研究目标"基于大规模越南学生中介语语料库探讨越南学生各组趋向补语的使用情况,分析学生的偏误"以及第三个研究目标"证明对于不同组的趋向补语越南学生所犯的偏误类型不同。哪一组趋向补语在越南语中的对应形式越多,越南学生的偏误也越多"运用了中介语理论。而为实现第四个研究目标"构拟出越南学生含趋向补语格式的习得发展阶段,寻找影响习得的原因",除运用对比分析理论及中介语理论之外,主要参考运用了自然顺序假说。

《汉越趋向补语对比习得研究》所做的一个突出的具有创新性的研究工作是系统地创造性地运用意象图式理论及其方法来刻画汉语 22 个趋向动词构成的趋向补语及与之对应的越南语趋向补语。书中共有 77 个意象图式，其中汉语的有 67 个、越南语的有 10 个。意象图式是认知语言学的重要概念之一，George Lakoff & Mark Johnson 在 *Metaphors we live by*（《我们赖以生存的隐喻》）中阐述了这一概念。Mark Johnson 在 *The body in the mind*（《思维的主体》）中给意象图式下了如下定义："意象图式是我们感知互动及运动程序的不断反复出现的动态模式，这种模式给予我们的经验连贯性和结构。"因此语言中一切运动特别是带有方向的运动或者是状态性质的变化非常适合用意象图式来进行刻画及描述。汉语趋向补语是"表示动作行为的趋向、变化以及性质状态的变化"（丁崇明，2009），因此用意象图式的方法来研究描写刻画它是再合适不过的了。《汉越趋向补语对比习得研究》运用意象图式理论及其方法对汉语趋向补语进行研究，使汉语趋向补语的研究向前迈进了一大步，对于深入全面地了解汉语趋向补语的句法语义特点，很有价值，其结论及方法都值得学习并借鉴。

该书的第二个创新是在第二章"汉—越语趋向补语的意象图式"的基础上，第三章"汉语趋向补语在越南语中的对应形式"和第四章"汉语趋向补语句式在越南语中的对应形式"全面描写汉语趋向补语在越南语中的对应形式及趋向补语句式在越南语中的对应句式，总结汉语趋向补语及其越南语对应形式的对应规律。

该书的第三个创新之处在基于大规模越南学生汉语中介语语料库全面描写不同水平越南汉语学习者的趋向补语使用情况，分析并解释了越南学生的偏误。

第四个创新之处在于运用似然比检验将越南学生趋向补语的使用情况与汉语母语者进行对比，指出越南学生趋向补语的超用、少用现象。

第五个创新之处在于把偏误分析与习得情况结合起来进行研究，证明不同组趋向补语越南学生所犯的偏误类型不同，习得情况也不同。

第六个创新之处在于构拟出越南学生趋向补语句式的三个习得发展阶段。

值得称道的是该书的上述创新之处及其研究结论是建立在扎实的语料基础上的。作者在语料收集整理上花了很大功夫。该书分析了三种语料：第一种是汉越语言对比语料，包括中国五部现当代小说（共约 101 万字）及其越南语译本，从中搜集了相关语句，并分门别类地整理，部分例句来自语法著作、北京大学现代汉语语料库；第二种语料是作者自建的 65 万字越南学生汉语中介语语料库，其来源在其绪论中有明确的说明；第三种语料是汉语母语者语料，采用的是北京语言大学所建的 200 万字的文体较为均衡且做过分词及词性标准处理的现代汉语研究语料库系统。正是由于语料的质量高，数量够多，据此才得出了具有创新性的、科学可信的结论。

当然，《汉越趋向补语对比习得研究》之所以能获得一系列具有创新性、具有重要学术价值的结论，最为重要的还在于研究方法科学。汉武能根据自己的研究目的及其研究对象，在已有的理论及其方法中进行甄别，选择适当的方法进行研究，有时也在方法上进行适当调整，或者综合不同的方法使之能适用于自己的研究对象。对比分析法可以有三种方法：一种是立足于目的语与学习者母语的对比；一种是立足于学习者母语与目的语的对比；第三种是双向对比，即一方面立足于目的语的对比，另一方面立足于学习者母语的对比。由于汉武的研究目的在于通过对比改进教学，因此他选择第一种方式，即汉→越单向对比。这样的研究立足于现代汉语语法框架，从趋向补语语法意义的角度寻找汉语趋向补语在越南语中的各种对应形式及趋向补语句式在越南语中的对应句式，找出两者的相同、相似、相异，预测学生的偏误。汉武借鉴 S. P. Corder（1974）的偏误分析的步骤，并根据自己的实际情况做了适当调整。为了提高偏误分析的准确性，对于不易判断正误的句子，他还对汉语母语者进行了访谈，根据母语者标准进行鉴定，而句子中与趋向补语的使用无关的偏误，不计算在内。对于偏误原因的判断他采用的方法是：将偏误的原来形式译成越南语，若越南语是正确的，则可以断定是母语负迁移引起的偏误；若越南语是不正确的，则可以断定为母语负迁移以外的原因。这种判定方法更具客观性和操作性。目前学术界使用的中介语对比分析法主要有四种，汉武分析其利弊，最终采用了似然比检验，既符合统计学原理，又适用于汉语和越南语这样的以单音节为主的语言。总之，正是他比较分析了各种方法的利弊，采用客观性强、科学性强、适于研究汉语与越南语的趋向补语的研究方法，确保通过自己的研究能获得科学令人信服的一系列结论。这种在研究之前，花大力气去研究比较各种研究方法，选择并适当调整研究方法，使之适合自己的研究对象的研究态度是值得学习的。

《汉越趋向补语对比习得研究》在汉语趋向补语方面做了一些非常扎实的基础性的研究工作，而这些研究成果对于深入了解汉语趋向补语、对于计算语言学、对于针对以汉语为第二语言的教学及教材编写均有重要参考价值。在前人研究的基础上归纳总结出 7 类 14 种趋向补语句式，这无疑对于深入了解趋向补语的复杂的句法及语义是具有重要参考价值的。又如汉武对谓词与 22 个趋向动词搭配的统计，从附录中的 22 个表中，可以清楚地看出，哪些谓词能与哪个趋向动词搭配，其频次是多少。

该书还有一个突出的优点，思路清晰，逻辑严密，问题的展开及论述、章节的安排都具有很强的逻辑性；而且语言流畅，表述清楚，完全达到高水平母语者所写的学术论著的语言水平。

总之，该书达到了作者自己设定的研究目标，对于指导编写对越汉语教材具有重要参考价值，对于搞好以越南语为第一语言的汉语学习者的汉语教学具有参考价值。其研究成果深化了汉语趋向补语的研究，对语言类型比较也具有重要参考价值。由于该书大面积运用意象图式研究语法，其方法值得研究者学习与借鉴。因此，该书对于从事对越汉语教学的学者和研究汉语趋向补语的学者均有重要的参考价值。

汉武之所以能取得这么突出的学术成果，首先是他天资聪颖，勤学好问。在北京师范大学攻读硕士、博士期间，他听我硕士生的汉语语法学课及博士生的汉语语法研究课以及汉语言研究方法课，他也旁听我给本科生每周讲的 4 节现代汉语课，听我教授《现代汉语语音教程》（丁崇明、荣晶，2012，北京大学出版社）、《现代汉语语法教程》（丁崇明，2009，北京大学出版社）这两本书。他常常在课间及课后提出一些有一定深度的问题来问我。他在硕士期间通过修陈绂教授的文字词汇学课程，在汉语文字词汇方面打下了扎实的基础，通过修朱志平教授的应用语言学研究生课打下了应用语言学及习得研究的基础，听冯丽萍教授的课则为其打下了心理语言学及实验研究方法的基础。为了让学生尽量利用北京有众多一流专家的优越条件，为学习一流语法学家的理论及其研究方法，我要求自己的硕士生和博士生到北京大学中文系听郭锐、袁毓林等教授的课。汉武到北大旁听了两位教授的多门研究生课程，也到北师大文学院旁听荣晶讲授的语言类型学等研究生课程。除了听课，他充分利用在北京读书的机会，积极参加在北京举行的各种语言学学术会议，这使他能直接接触到最新的研究成果及研究方法，也能从来自世界各地的学者身上吸取学术养分。为了搞好习得研究，他还到北师大教育学院听统计学课程，学会用统计学的方法对外国学生学习中的问题进行统计分析。正是他的聪明好学，悟性高，通过在北师大硕士及博士共六年的学习，他掌握了语言学及应用语言学的理论，具备了扎实的语言分析的基础及应用语言学研究的基础，具备了深入研究汉语及应用语言学问题的基本素质。

汉武之所以能呈现给大家一本厚重的学术专著，除了上述原因，更为重要的是他对学术研究的热爱与执着追求。我为硕士研究生讲授的汉语语法学课要求课程结束之前，每一个同学写一篇语法论文，然后让部分研究生在课堂上模拟在学术报告会上介绍自己的研究。他的研究报告就做得非常出色，我提出了一些修改意见，他很快就改好发给我，效率极高。他勤于思考学术问题，能够抓住一个值得研究的问题，认真阅读前人的研究成果，然后选择适当的研究方法，从语言事实入手，探究其中的规律，写成初稿，然后认真地一遍遍修改成文。在读硕士期间他上我的汉语语法学课写出一篇论文，后来我帮他修改之后2011年发表在中国的学术刊物上，之后他每年都有多篇论文发表，到2014年博士毕业他已经在中国学术期刊上发表了24篇学术论文，毕业之后担任大学老师，教学工作非常繁重，另外还有一些行政事务，但他研究语言问题的劲头不减当年，到2019年年底共发表学术论文70篇。他所发表论文的刊物包括中国著名的语言学专业核心期刊《语言教学与研究》和《汉语学习》等。虽然汉武已经取得了丰硕的研究成果，但遗憾的是由于他所在的学校是胡志明市银行大学，语言学只是一个边缘学科，也由于他们国家职称评定的种种限制条件，他目前还是一名讲师。但我以为，学问及学术影响的高低不能以职称来认定。说真的，以他的研究成果在中国最好的大学评个副教授是绰绰有余的，有些大学教授的成果也没有他的多。当然由于他成果突出，在越南已经有相当的学术影响，他们学校也很重视他，让他担任了外语系副系主任。但在我们看来，这是一项为大家服务的工作，得付出大量的时间。

2013年他的博士学位论文开题，我专门请了在对外汉语教学语法及在外国学生趋向补语习得研究方面具有精深研究的北京大学的杨德峰教授前来参加，杨德峰教授对论文选题及样章给予高度评价，也给他提出了一些具有建议性的意见。北京语言大学的张旺熹教授致力于用认知语言学的方法研究汉语语法，颇有建树。张旺熹教授参加其答辩，对其论文评价很高。汉武的博士学位论文受到两位教授的研究的很多启发。两位著名教授到现在还记得汉武，对其赞誉有佳。

由于他学习极其出色，在北师大六年留学期间每一年均获得奖学金，他几乎拿遍了所有与留学生相关的奖项，获得了不少奖金。为了搞好研究，他把大笔的钱投入到购买学术书籍上，他回国时光在托运书上就花了不少钱，一旦有机会来中国，他带回国的最多的东西还是学术著作。而正是不断地从他人的学术研究成果中汲取营养，不断地学习新的理论及方法，汉武才能在学术研究上路子越走越宽，学术研究越做越深。

在汉武专著出版之际，再次阅读其著作，回顾其在学术上的成长，深深为其所取得的学术成绩感到由衷的高兴，也深感作为老师"求天下之英才而育之"的幸福。是为序！

丁崇明

于北京师范大学

2020年1月8日

目　录

第一章　绪论 ··· 1
  1.1　选题缘由 ·· 1
  1.2　相关研究综述 ·· 3
  1.3　研究目的 ··· 19
  1.4　研究范围 ··· 19
  1.5　理论基础 ··· 23
  1.6　研究方法 ··· 26
  1.7　语料来源 ··· 29

第二章　汉—越语趋向补语的意象图式 ······································ 31
  2.1　汉语趋向补语的意象图式 ··· 31
  2.2　越南语趋向补语的意象图式 ·· 65
  2.3　汉—越语趋向补语意象图式的异同 ································· 73
  2.4　本章小结 ··· 78

第三章　汉语趋向补语在越南语中的对应形式 ···························· 80
  3.1　汉语"来、去"组趋向补语在越南语中的对应形式 ············· 80
  3.2　汉语"上"组趋向补语在越南语中的对应形式 ··················· 92
  3.3　汉语"下"组趋向补语在越南语中的对应形式 ··················· 105
  3.4　汉语"进"组趋向补语在越南语中的对应形式 ··················· 120
  3.5　汉语"出"组趋向补语在越南语中的对应形式 ··················· 124
  3.6　汉语"回"组趋向补语在越南语中的对应形式 ··················· 134

3.7 汉语"过"组趋向补语在越南语中的对应形式 ……………… 139
3.8 汉语"起"组趋向补语在越南语中的对应形式 ……………… 148
3.9 本章小结 …………………………………………………… 159

第四章　汉语趋向补语句式在越南语中的对应形式 …………… 162
4.1 汉语 T1 句式在越南语中的对应形式 ……………………… 163
4.2 汉语 T2 句式在越南语中的对应形式 ……………………… 165
4.3 汉语 T3 句式在越南语中的对应形式 ……………………… 167
4.4 汉语 T4 句式在越南语中的对应形式 ……………………… 170
4.5 汉语 T5 句式在越南语中的对应形式 ……………………… 172
4.6 汉语 T6 句式在越南语中的对应形式 ……………………… 174
4.7 汉语 T7 句式在越南语中的对应形式 ……………………… 176
4.8 本章小结 …………………………………………………… 178

第五章　越南学生汉语趋向补语的使用情况 …………………… 179
5.1 汉语"来、去"组趋向补语的使用情况 …………………… 179
5.2 汉语"上"组趋向补语的使用情况 ………………………… 187
5.3 汉语"下"组趋向补语的使用情况 ………………………… 195
5.4 汉语"进"组趋向补语的使用情况 ………………………… 204
5.5 汉语"出"组趋向补语的使用情况 ………………………… 211
5.6 汉语"回"组趋向补语的使用情况 ………………………… 220
5.7 汉语"过"组趋向补语的使用情况 ………………………… 226
5.8 汉语"起"组趋向补语的使用情况 ………………………… 234
5.9 本章小结 …………………………………………………… 243

第六章　越南学生汉语趋向补语的习得情况 …………………… 246
6.1 不同学习阶段的习得情况 ………………………………… 246
6.2 不同趋向补语语法意义的习得情况 ……………………… 248
6.3 趋向补语句式的习得顺序 ………………………………… 251
6.4 影响习得的因素 …………………………………………… 259
6.5 本章小结 …………………………………………………… 263

第七章 对越汉语趋向补语教学建议 ········· 264
7.1 语法大纲及教材中趋向补语项目的安排和分析 ········· 264
7.2 教材中趋向补语的练习形式及分析 ········· 268
7.3 对越汉语教材趋向补语项目的编写建议 ········· 270
7.4 对教师教学的建议 ········· 275

第八章 结论 ········· 277
8.1 本书的主要结论 ········· 277
8.2 本书的创新及不足之处 ········· 279

参考文献 ········· 280

附　录 ········· 294
附录一 汉语"动语素+趋向语素"构成的动词 ········· 294
附录二 汉语"形语素+趋向语素"构成的形容词 ········· 295
附录三 汉语谓词与趋向补语搭配频次统计 ········· 295

后　记 ········· 312

第一章 绪论

1.1 选题缘由

补语是谓词性成分后面补充说明的成分,是汉语特有的句法结构之一。在对外汉语教学中,补语教学一直以来是重点,也是难点。

陆俭明(1990)给《现代汉语补语研究资料》作序时曾经指出:"外语里,如英语、日语、俄语、法语、德语等语言里没有这种类型的句法结构,这固然是一个重要的因素;不过更重要的原因还在于这种结构本身有它的复杂性,正是这种复杂性造成了教学上的困扰,而我们对这种复杂性又不是认识得很清楚。"陆先生认为,这种复杂性表现在五个方面:结构类型的多样性、结构上的缩略性质、补语语义指向的多样化、结构分析上的困惑、同义格式的辨析。

在各类补语中,趋向补语的使用频率最高。据赵淑华、刘社会、胡翔(1995)的统计结果,在14041个动词谓语句中,含趋向补语的句子所占的比例高达10.51%(见表1-1)。

表1-1 补语的句数及在谓语句总句数中所占的百分比

类别	句数(个)	在动词谓语句总句数中的比例
趋向补语	1476	10.51%
结果补语	1238	8.82%
情态补语	358	2.55%
可能补语	315	2.24%
动量补语	216	1.54%
时量补语	183	1.30%

续表

类别	句数	在动词谓语句总句数中的比例
数量补语	71	0.51%
介词短语补语	25	0.18%
合计	3882	27.65%

注：数据来自赵淑华、刘社会、胡翔（1995）。

趋向补语在国家对外汉语教学领导小组办公室汉语水平考试部（1996：45-46、78-79）编的《汉语水平等级标准与语法等级大纲》中被列为甲、乙级语法点。它是国家对外汉语教学领导小组办公室（2002：15-16、51-52）编的《高等学校外国留学生汉语言专业教学大纲》（附件二）本科一、二年级的语法项目之一，也是国家对外汉语教学领导小组办公室（2002：152、160、167）编的《高等学校外国留学生汉语教学大纲——长期进修》（附件）初、中级的语法项目之一。总之，它是外国留学生必须掌握的一个十分重要的语法项目。

然而，趋向补语不论在结构上还是在语义上都具有一定的复杂性。趋向补语包括简单趋向补语和复合趋向补语。从结构上看，趋向补语有没有带宾语；带宾语时，宾语的性质不同，趋向补语可出现的语法位置就不同。从语义上看，趋向补语既有基本义又有引申义。

在对越汉语教学的过程中，我们发现越南学生使用趋向补语时经常出现一些有规律性的偏误。这些偏误不仅出现在初级汉语水平阶段，还出现在中、高级汉语水平阶段。例如：

（1）*河内给你留来的印象不只是一个经济发展的城市。（初级）

（2）*他把大衣脱放在床下。（初级）

（3）*可是事情不如此发生出来的。（中级）

（4）*看见他干这种坏事，人们不禁生气起来。（中级）

（5）*她虽然是贵族但是她没感觉上快乐或幸福。（高级）

（6）*无论做什么事情都要计算过来把握一切。（高级）

例（1）中，越南学生混淆了趋向补语"来"和趋向补语"下"。例（2）中，"脱"后面没有趋向补语，句子不成立，越南学生遗漏了趋向补语"下来"。例（3）中，汉语动词"发生"后边不能加趋向补语，趋向补语"出来"是多余的。例（4）中，越南学生把趋向补语"起来"和离合词的名语素的位置放错了，产生偏误。例（5）中，越南学生混淆了趋向补语"上"和结果补语"到"。例（6）中，趋向补语"过来"是多余的。

是什么原因使越南学生产生这些偏误？这些偏误是否与越南语有关？趋向补语的偏误有哪些类型？不同组的趋向补语的偏误类型及其习得情况是一样的吗？越南学生的趋向补语习得有什么特点？有什么办法可以帮助越南学生最大限度地减少趋向补语的偏误？这些问题值得我们思考并加以研究。

1.2 相关研究综述

汉语趋向补语一直以来倍受语言学家和研究者们关注，并取得了许多研究成果。这些成果可归为汉语趋向动词、趋向补语本体研究及面向对外汉语教学的趋向补语研究两大部分。汉语趋向动词、趋向补语本体的研究可分为趋向动词的性质、趋向动词的范围、趋向动词的句法功能、趋向补语的语法意义、趋向补语的对称和不对称、趋向补语与宾语的语序、"谓词+趋向补语+宾语"中谓词的语义类、"谓词+趋向补语+宾语"中宾语的语义类八个方面。面向对外汉语教学的趋向补语研究可分为汉语趋向补语与其他语言对应形式对比、汉语趋向补语偏误分析、汉语趋向补语习得顺序、汉语趋向补语教学建议四个方面。本节将从这几个方面对前人的研究进行梳理。

1.2.1 汉语趋向动词、趋向补语的本体研究[①]

1.2.1.1 趋向动词的性质

关于趋向动词的性质，语言学界一直持有不同的认识，概括起来有助动词说、副词说、词尾说、趋向动词说、词素说、助词说、形态词说、多重说八种说法。黎锦熙（1924：110）、张志公（1953：101）、太田辰夫（1958：197）把动词后的趋向动词归为"助动词"。吕叔湘（1942：17）、

[①] 本节内容曾以《现代汉语趋向动词相关研究综述》为题发表于《国际汉语学报》2015年第1辑。

陆志韦（1956：44-45）却把它们归为"副词"。陆宗达、俞敏（1954：112）认为趋向动词是动词词尾，符合词尾的四个条件，所以将其归为"词尾"。张志公（1959：68）、丁声树等（1961：57-58）把它们作为动词的附类，称作"趋向动词"。张静（1961）、陆志韦（1964：79-81）则将其归为"词素"。房玉清（1981）、徐静茜（1983b）认为趋向动词符合"轻读"和"粘附"两大特征，应看成"动态助词"；宋再前（1981）则把"来、去"看作表示动向态的情态助词。刘叔新（1981）把"起来、下来、下去、起、来、去、过来、过去"看作"形态词"。卢英顺（2006：88）将谓词后的"起来、下去、下来"分成动词和体助词两类。赵元任（1979：231）认为"起来"有多重词类成员资格。王力（1985：78-79、156-157）、刘月华（1988）、陈昌来（1994a、1994b）认为趋向动词具有"多重性"。

可见，趋向动词的性质多半和它所表示的意义有关。趋向动词主要是从语义的角度来命名的。然而，语义本身是一个相当模糊、抽象且包容性较强的概念，所以我们认为不应该把"趋向"意义理解得过于实在、过于狭窄。"趋向"不仅表示人或事物在空间上位移的方向，还表示事物的发展、变化以及状态的开始、持续，等等。这种种"趋向"意义实际上表现了其语义从空间领域到时间领域的转变，涵盖了趋向动词由实到虚的用法。尽管趋向动词的"趋向"有实在的趋向意义、虚化的趋向意义等多种理解，但其各种意义、用法之间存在无法割断的关系。因此，我们比较同意趋向动词的"多重说"，把趋向动词看作能够表达各种"趋向"意义的动词。

1.2.1.2 趋向动词的范围

由于语法学界历来对趋向动词性质的认识有分歧，各家所界定的趋向动词范围也不一致（见表1-2）。

表1-2 各家趋向动词范围列举

趋向动词	张志公（1959）	丁声树等（1961）	赵元任（1979）	朱德熙（1982）	刘月华（1998）	孟琮（1999）	陆俭明（2002）	张斌（2010）
来	+	+	+	+	+	+	+	+
去	+	+	+	+	+	+	+	+
上	+	+	+	+	+	+	+	+
下	+	+	+	+	+	+	+	+

续表

趋向动词	张志公 (1959)	丁声树等 (1961)	赵元任 (1979)	朱德熙 (1982)	刘月华 (1998)	孟琮 (1999)	陆俭明 (2002)	张斌 (2010)
进	+	+	+	+	+	+	+	+
出	+	+	+	+	+	+	+	+
回	+	+	+	+	+	+	+	+
过	+	+	+	+	+	+	+	+
起	+	+	+	+	+	+	+	+
开	+		+	+	+	+	+	+
到					+	+		
拢			+					
上来	+	+	+	+	+	+	+	+
上去	+	+	+	+	+	+	+	+
下来	+	+	+	+	+	+	+	+
下去	+	+	+	+	+	+	+	+
进来	+	+	+	+	+	+	+	+
进去	+	+	+	+	+	+	+	+
出来	+	+	+	+	+	+	+	+
出去	+	+	+	+	+	+	+	+
回来	+	+	+	+	+	+	+	+
回去	+	+	+	+	+	+	+	+
过来	+	+	+	+	+	+	+	+
过去	+	+	+	+	+	+	+	+
起来	+	+	+	+	+	+	+	+
起去		+						
开来			+	+	+	+	+	+
开去					+			
到……来					+	+		
到……去					+	+		
拢来			+					
合计	23个	23个	26个	24个	28个	27个	24个	25个

通过表1-2，我们发现，各家所界定的趋向动词范围不一致，分歧主要集中在对"起去、拢、拢来、到、到……来、到……去、开、开来、开去"的认同上。

关于"起去"。覃盛发（1987）、邢福义（2002）通过实例证明了趋向动词"起去"、趋向补语"起去"的存在。钟兆华（1988）则认为汉语之前也有趋向动词"起去"，明清之后"起去"慢慢被"起来"代替，现在"起去"只存在于一些方言里，普通话里并不存在。周一民（1999）也持同样的看法，认为历史上北京话里有"起去"的存在，但现在无论是在北京话还是普通话中"起去"已经消失了。我们赞同钟兆华和周一民两位先生的看法，认为现在的普通话中没有"起去"。

关于"拢、拢来"。在众多学者中，唯有赵元任（1979：213）把它们算作趋向动词。周一民（1999）认为，"拢、拢来"带有吴语的方言色彩，在北方话里被视为普通动词。因而，我们不应该把"拢、拢来"归为趋向动词。

关于"到、到……来、到……去"。陆秉庸（1987）认为，"到"正在从动词虚化成介词。周一民（1999）建议把"到"看为动词兼介词。常纯民（1987）、王树瑛（1999）、许皓光（2002）、杨杏红、齐沪扬（2010）都认为，在"V+到+O处+来/去"中，动词V有两个补语：一个由介宾结构"到+O处"充当，另一个由趋向动词"来/去"充当。因此，我们不应把"到、到……来、到……去"归入趋向动词。由"到"充当的补语应叫做结果补语，由"到+O处+来/去"充当的补语应作为双补语情况进行处理。

关于"开、开来、开去"。在表义功能上它们与其他趋向动词有明显区别。在句法功能上"开来、开去""不能单独作谓语，单独作谓语就表示另外的意思，如'车开去了'"（洪心衡，1985：21），所以不能将它们归入趋向动词。

综合各家之看法，从其功能与分布来看，我们认为趋向动词只有22个，包括"来、去、上、下、进、出、回、过、起"9个简单趋向动词和"上来、上去、下来、下去、进来、进去、出来、出去、回来、回去、过来、过去、起来"13个复合趋向动词。

1.2.1.3 趋向动词的句法功能

目前，语法学界对趋向动词的句法功能的探讨还有一些分歧，主要有两种观点。第一种观点认为简单趋向动词和复合趋向动词既可以作谓语，也可以作补语,如:丁声树等(1961:58),黄伯荣、廖序东(1988:339)、丁崇明(2009:59)。第二种观点认为简单趋向动词可以作谓语,也可以作补语,复合趋向动词只能作补语,不能单独作谓语,如:朱德熙(1982:128)、李临定(1989:104)、刘月华(1998:35)、周一民(1999)。可见,分歧主要集中在复合趋向动词是否能独立充当谓语。

持第二种观点的李临定(1989:104)在反驳第一种观点时认为,"上来、上去、拿来、拿去"的组合性质是相同的,中间都可以加"不/得"以及宾语(如:上不去、上得来、上屋顶去、拿得去、拿不来、拿面包去)。"如果把'拿来、拿去'分析为'动趋组合','上来、上去'等也应该分析为'动趋组合',只是后者的'动'是趋向动词。"但是,在语言发展的过程中有一些使用频率高的动趋结构慢慢被词汇化,"上来、上去"等复合趋向动词就是其中之一。当复合趋向动词加上处所宾语时,处所宾语要放在"上、下……"和"来/去"之间,可见它们具有离合词的特征。因而,我们比较倾向于第一种观点,认为复合趋向动词既可以作谓语,也可以作补语,是离合词的一类。

1.2.1.4 趋向补语的语法意义

趋向补语具有何种语法意义是学术界关注的焦点,也是争议较多的问题之一。张志公(1959:83)、赵遵礼(1983:91)、徐枢(1985:119)、杨石泉(1986)等都笼统地把趋向补语的语法意义分为表示"实"趋向意义(即基本义)和"虚"趋向意义(即引申义)。直至刘月华(1988)在《几组意义相关的趋向补语语义分析》一文中首次将趋向补语的主要意义分为三大类:趋向意义、结果意义、状态意义。之后,齐沪扬(2000:155)的分法与刘月华(1988)相同。陈昌来(1994b)认为,趋向补语至少有三种意义——趋向意义、结果意义、动态意义,也有可能有其他意义。龚千炎(1995:97-104)提到了趋向补语的时态意义。张谊生(2000:306)将时态意义作为趋向补语的四种语法意义之一,另外三种语法意义是趋向意义、结果意义、状态意义。戴耀晶(1997:94-108)提到了趋向补语的起始意义和继续意义。卢英顺(2000)认为,趋向补语还具有延续意义和动态意义。可见,趋向补语的语法意义非常复杂,趋向补语到底有多少种意义直至今日学者们还没有共同的看法。因此,我们认为在对外汉语教学领域中只要把趋向补语的语法意义分为基本义和引申义两大类就可以，没必要对其引申义进行细分。

有些学者对趋向补语的某种语法意义进行了探讨。邢福义（1988）认为，形容词后的趋向补语"表示某种性状的变化已经开始，或者某种性状的变化往下持续"。周永惠（1991）讨论了复合趋向补语的趋向意义。刘兰民（2004）描写了具有起始意义的趋向补语"起来""上""开"之异同。高顺全（2005）从语义角度系统解释了复合趋向补语的引申用法。

不少学者立文对某个趋向补语的语法意义进行了深入探索，形成了较为具体、详尽的论述。

关于趋向补语"来""去"。刘月华（1980）、张发明（1981）、徐静茜（1983a）、李冠华（1991）、齐沪扬（1996）等讨论了趋向补语"来""去"的语法意义。其中，刘月华的文章很有启发意义，她探讨了立足点问题，认为"趋向补语'来''去'表示的是动作的受事者或施事者的趋向"，并"分辨句末'来''去'是趋向补语还是连动句的第二个动词"。

关于趋向补语"上""上来""上去"。刘月华（1988）认为，趋向补语"上"有5个意义，"上来""上去"各有3个意义。邱广君（1995）运用变换分析法来考察趋向补语"上"的意义，并认为"上"有7个意义。关键（1997）却认为趋向补语"上"只有5个意义。

关于趋向补语"下""下来""下去"。杉村博文（1983）讨论了趋向补语"下""下来""下去"的引申义。徐静茜（1985）通过分析找到了趋向补语"下来""下去"的引申脉络。刘月华（1988）阐释了"下"组趋向补语的趋向意义、结果意义、状态意义。高顺全（2004：269-275）探讨了延续体标记"下来"和"下去"的区别，并认为它们的分工并不十分严格。

关于趋向补语"进""进来""进去"。刘月华（1998：203、208、212）描写了"进"组趋向补语的各个意义。卢英顺（2007）从认知语言学的角度解释了趋向补语"进""进来""进去"的语法意义。

关于趋向补语"出""出来""出去"。刘月华（1998：217、233、251）对"出"组趋向补语的语法意义做了详尽的阐述。郭珊珊、朱乐红（2011）确定了区分"出"类趋向补语的趋向意义和结果意义的形式标准，将其趋向意义细分为"具体位移趋向义"和"抽象位移趋向义"，将其结果意义细分为"从隐到显的结果义"和"从无到有的结果义"。

关于趋向补语"回""回来""回去"。刘月华（1998：257、261、266）详尽地描写了趋向补语"回""回来""回去"的语法意义。

关于趋向补语"过""过来""过去"。董淑慧（1999）探讨了趋向补语"过""过来""过去"的引申义，认为每一个都有两个意义。汤玲（2011）从认知的角度来解释"过来"引申义的产生。

关于趋向补语"起""起来"。吴洁敏（1984），房玉清（1992），陈晓苹（1994），贺国伟（1995），李敏（2005），齐沪扬、曾传禄（2009）等都讨论了趋向补语"起来"的语法意义。

此外，学者们还对不同组趋向补语的语法意义进行了对比。徐静茜（1981）对趋向补语"起"和"上"的语法意义进行了比较，找出它们之间的异同。史锡尧（1993）认为，动词后"上"和"下"的语法意义有些是相对应的，有些是不对应的。刘月华（1998：169、309）区分了趋向补语"下来"和"起来"、"过来"和"过去"等的用法。

1.2.1.5 趋向补语的对称和不对称

语言事实表示，不是所有动词都能够带上两个意义相对的趋向动词作补语。换言之，意义相对的趋向补语存在对称和不对称现象。近年来，学术界也开始关注该现象，并运用认知语言学的相关理论来解释这种对称和不对称现象。周统权（2003），任鹰、于康（2007），李思旭、于辉荣（2012）等运用不同的理论来解释趋向补语"上"和"下"的不对称现象。周统权认为，趋向补语"上"和"下"的不对称现象与语法化过程相关，有时与语境范围有关。任鹰、于康认为，"'V上'和'V下'的对立与非对立表现都可以在'上'和'下'的原型义及其语义扩展过程中找到根源与理据"。李思旭、于辉荣则从原型效应和凹凸原则的角度对趋向补语"上"和"下"的不对称现象进行了认知解释。杨德峰（2005a）运用意象图式理论分析了"进来"和"进去"在句法分布上的对称和不对称的原因，指出"进来"和"进去"在分布上的对称和不对称取决于它们的意象图式。童小娥（2009）运用事件结构解释"上来"和"下来"的对称和不对称现象。周红、鲍莹玲（2012）认为，趋向补语"过来"和"过去"的对称和不对称与致使性的强弱程度有关。这些研究已经提醒对外汉语教师注意到对称和不对称现象，同时也提供了一些线索来帮助对外汉语教师为留学生解释这种现象。

1.2.1.6 趋向补语与宾语的语序

趋向补语与宾语的语序是一个相当复杂的问题。范继淹（1963）详细描写了趋向补语和宾语并见的各种可能的排列形式。通过范文，我们可以看到趋向补语与宾语语序的复杂性体现在简单趋向补语"来""去"和宾语的语序以及复合趋向补语和宾语的语序上。

简单趋向补语"来""去"和宾语的语序不是学者们关注的问题，研究成果不多。木村秀树（1987）认为，"来""去"在宾语之后表动作貌，在宾语之前表结果貌。肖秀妹（1992）进一步认识了"V+来+N"和"V+N+来"两种语序的不同："V+来+N"是述补结构带宾语，而"V+N+来"是连谓结构。贾钰（1998）通过分析实际语料得出了很有见解的结论："（1）后宾式一般用于表示已发生动作的句子，宾语有确指、不确指两种；（2）宾语不确指，表示未发生动作的句子，一般用前宾式；（3）表示已发生动作的句子，前宾式使用率不高，特别是当宾语确指时，通常不用前宾式，以下两种情况除外：第一，'来/去'语义指向包括主语时，用前宾式，第二，'来/去'除表示宾语趋向，兼起连接两个动词结构的作用时，用前宾式；（4）强调对确指宾语的处置义时，用前宾式。"

复合趋向补语和宾语的语序是汉语学界热烈关注的问题，研究成果颇多。陈建民（1980）、陈信春（1982）、陈保亚（1991）、陆俭明（2002）、郭春贵（2003）认为复合趋向补语和宾语之间有三种语序："V+O+C_1+C_2""V+C_1+O+C_2""V+C_1+C_2+O"[①]。吕叔湘（1980：11）、张伯江（1991a，1991b）、贾钰（1998）则认为，除了上述三种语序之外还有第四种语序"把+O+V+C_1+C_2"。这种语序具有两个标记：一个是"把"，另一个是趋向补语。在这种语序中，动词后的补语不一定由趋向补语来担任，可以由其他补语来担任。可见，标记"把"较为显著。因此，我们认为"把+O+V+C_1+C_2"不是趋向补语和宾语的一种语序，而是"把"字句的语序

[①] 为了行文方便，我们将谓词（动词、形容词）记为"V"，宾语记为"O"，趋向补语"上、下、进、出、回、过、起"记为"C_1"，趋向补语"来、去"记为"C_2"，下同。

之一。

每种语序出现的环境不同。陈建民（1980）认为："$V+C_1+C_2+O$"只用于陈述句，不用于命令句；"$V+O+C_1+C_2$""表示动作还未既成事实，往往可以构成命令句，但如果动词后有'了'就不能用于命令句"；"$V+C_1+O+C_2$""表示的动作可以是实现的，也可以是未实现的，已经实现的不能用于命令句"。陈保亚（1991）通过变换分析法证明"$V+O+C_1+C_2$"是表"未然"的，"$V+C_1+C_2+O$"是表"已然"的，"$V+C_1+O+C_2$"既表"未然"又表"已然"。张伯江（1991b）认为，"$V+C_1+C_2+O$"一般理解为叙述句，"$V+C_1+O+C_2$"有理解为叙述句和祈使句两种可能，依不同的语境而定，"$V+O+C_1+C_2$"则只能理解为祈使句，"把$+O+V+C_1+C_2$"倾向于表示旧信息。

复合趋向补语和宾语之所以有不同的语序，是因为它们受到多方面的制约。陈信春（1982）认为，制约因素有动词的情况、复合趋向补语的情况、宾语自身的情况。陆俭明（2002）则认为，制约因素除了动词的性质、趋向补语的性质、宾语的性质以外，还有带不带"了"和语境等因素。贾钰（1998）认为："$V+C_1+O+C_2$"不受宾语确指与否的限制，但宾语确指时，则受某些语义句法因素的约束；"把$+O+V+C_1+C_2$"的语义特征在于强调对确指宾语的处置；"$V+O+C_1+C_2$"及"$V+C_1+C_2+O$"通常用于确指宾语。郭春贵（2003）认为，复合趋向补语和非处所宾语三种位置的使用条件，取决于宾语的性质（施事或受事、有定或无定）及动作的性质（已然或未然）。

另外，有些学者尝试解释复合趋向补语和宾语的语序。金立鑫（2003）从认知角度对它们做了时体特征方面的分析和解释。杨德峰（2005）用时间顺序原则来解释汉语"动词＋复合趋向动词"带宾语的四种句式。杨凯荣（2006）从功能语法的角度解释趋向补语与宾语之间各种语序存在的问题。陈忠（2007）从认知语言学的角度来解释复合趋向补语和处所宾语共现时的语序。

1.2.1.7 "谓词＋趋向补语＋宾语"中谓词的语义类

研究趋向补语的过程中，语法学界还注意到与它搭配的谓词（动词和形容词），并研究了"谓词＋趋向补语＋宾语"中谓词的语义类。

最早涉及这一问题的是刘月华（1987）。她认为"起来"可以与正向和负向形容词结合，不能跟非谓形容词，包含程度意义的形容词，不表示事物状态、属性的形容词结合；"下来"只能跟一小部分负向形容词（限于表示光线、声音、速度、情绪、健康、态度、语气）搭配。

此后，覃远雄（1993）进一步考察发现只有性质形容词才能与"起来""下来""下去"结合，并认为能和"起来"结合的是正向和少数负向形容词，能和"下来"结合的是负向形容词，能和表示继续的"下去"结合的是负向和少数正向形容词，能和表示终点的"下去"结合的是负向形容词。

除了能和趋向补语搭配的形容词以外，学者们在自己的研究中还涉及能与趋向补语搭配的动词。大部分学者只研究能跟个别趋向补语搭配的动词，如：邱广君（1982，1996，1997）讨论了能和"出""下"搭配的动词，房玉清（1992）考察了能跟"起来"搭配的动词，张燕春（1995）、关键（1997）探讨了能与"上"结合的动词，陈若君（1999）讨论了能和"进（来／去）"结合的动词。

直至刘月华（1997），趋向补语前可以出现的动词的总体面貌才被揭示。她以趋向补语的意义为纲考察能与各种趋向补语搭配的动词，但由于篇幅所限没有具体展示。

之后，刘月华主编的《趋向补语通释》（1998）中详细描述了每种趋向补语之前可以出现的动词和形容词。

1.2.1.8 "谓词 + 趋向补语 + 宾语"中宾语的语义类

目前的研究不仅涉及趋向补语及趋向补语前面的动词之语义问题，还涉及"谓词 + 趋向补语 + 宾语"中宾语的语义问题。

陈建民（1980）、魏红（2009：215-218）将宾语的语义分为受事、施事、处所、其他，考察各种语义类型的宾语对各种格式的适应性。

邱广君（1982，1995，1997）、陈若君（1999）对包含趋向补语"出、上、下、进"的格式中宾语的语义特征进行了全面考察。

杨德峰（2011）的研究非常值得关注。他认为前人对"V+C_1+O+C_2"中的宾语 O 的研究结论较为笼统，需要深入、细致分析不同的"V+C_1+O+C_2"中出现的宾语语义类，分析发现，"能出现在'V+C_1+O+C_2'中的语义格很多，可以是施事、受事、处所、对象、结果、同源、致使、目的等，但不同的'V+C$_1$+O+C$_2$'中出现的宾语语义格不尽相同"。

综上可见，汉语趋向动词、趋向补语的本体研究有以下特点。第一，研究范围的拓宽：由研究趋向动词的性质、范围、句法功能到研究趋向动词作补语时的语法意义、趋向补语与宾语语序、对称不对称以及"谓词+趋向补语+宾语"结构中谓词和宾语的语义类问题。第二，研究方法的突破：由静态的描写到动态的分析，既有层次分析，也有语义特征分析，还有变换分析，等等。有些研究是多种方法相结合。第三，研究理论的更新：由运用结构主义语言学到运用功能语言学、认知语言学。第四，研究实用性的加强：近年来大部分研究是直接服务于对外汉语教学的。

1.2.2　面向对外汉语教学的趋向补语研究[①]

1.2.2.1　汉语趋向补语与其他语言对应形式对比

由于越来越多外国留学生来华学习汉语，学者们开始意识到把汉语趋向补语与其在其他语言中的对应形式进行对比，找出它们之间的异同。邱志朴（1980）、居红（1992）将汉语趋向补语及其在英语中的对应形式进行了对比。钱旭菁（1999）、朱巨器（2000）比较了汉语趋向补语及其在日语中的对应形式。张丹（2002），耿京茹（2005），贾秀英、孟晓琦（2008）探讨了汉语趋向补语及其在法语中对应形式的异同。翟英华（2008）总结了汉语趋向补语在俄语中的对应形式。陈晨、李秋杨（2010）从句法和语义两方面讨论了汉泰趋向补语的异同。黄玉花（2011：128–212）也从句法和语义两方面比较了汉语趋向补语及其在朝鲜语中的对应。刘汉武（2011）详细分析了汉语各种趋向补语在越南语中的对应形式，认为"谓词后的趋向补语因谓词词义不同而表义功能也有所不同，因此汉语趋向补语在越南语中会有多种不同的对应形式"，但由于篇幅所限没有展开讨论。

可见，有关汉语趋向补语在其他语言中对应形式的研究大部分只笼统地总结了相对应的形式，只有一小部分研究穷尽探讨某一趋向补语或某一

[①] 本节内容曾以《对外汉语趋向补语教学研究综述》为题发表于《国际汉语学报》2014年第2辑。在此做了部分修改。

组趋向补语在其他语言中的对应形式。同一组趋向补语之间既有共性，又有个性。它们的共性也是它们在所有趋向补语中的个性。笼统地探讨趋向补语在其他语言中的对应形式会看不到每一组的个性，单独讨论某一趋向补语在其他语言中的对应形式会看不到它与组内其他成员的共性，因此我们认为应该基于趋向补语组来研究汉语趋向补语在其他语言中的对应形式。

1.2.2.2 汉语趋向补语偏误分析

外国留学生在学习汉语趋向补语时经常出现一些偏误。通过对这些偏误进行分析、归纳和总结，可以为对外汉语教学提供一些参考。汉语趋向补语偏误分析的研究成果颇多。

佟慧君（1986：218-224）、李大忠（1996：213-226）、程美珍（1997：196-203）、王媛（2006）、陆庆和（2006：382-385）以各国留学生的语法偏误实例为语料，分析了留学生的趋向补语的偏误。李大忠（1996：213-226）从"立足点"问题、简单趋向补语和处所宾语的位置、复合趋向补语和处所宾语的位置、关于"动词+趋向补语+在+处所"、定指宾语不能在"趋$_1$+趋$_2$"之后、抽象名词宾语和趋向补语的位置、和表示状态意义的趋向补语有关的几个问题七个方面探讨了学生的趋向补语偏误问题。鲁淑娟（2011）通过调查问卷考察了留学生不同汉语阶段对不同知识点的习得情况，结合语料库从多方面对趋向补语的偏误进行分类。

李淑红（2000）、杨德峰（2007）对英语母语留学生的趋向补语偏误进行了分析。李淑红（2000）通过学生的作文分析了中级汉语水平美国留学生的趋向补语偏误，将偏误归为语法错误、缺动词、缺趋向补语、趋向补语的误用四种。杨德峰（2007）以汉语中介语语料库为语料来源，考察初级和中高级阶段英语母语学习者复合趋向补语引申义的习得情况。

钱旭菁（1999）、吴丽君等（2002：93-109）、杨德峰（2008a：185-194，2008b，2009）详细分析了日本留学生的趋向补语偏误。钱旭菁（1999）把偏误归为缺失、简化、滥用、词序错误四种类型。吴丽君等（2002：93）认为该用简单趋向补语时使用了复合趋向补语和回避使用引申义的趋向补语是日本学生趋向补语偏误相对集中的两个方面。杨德峰（2008a：185-194）从误用趋向补语、漏用趋向补语、立足点错误、"想起来"和"想出来"混用、"动词+来/去"带宾语位置错误、"动词+复合趋向补语"带宾语位置错误、"去"和"走"混用七个方面分析了日本学生的趋向补语偏误。杨德峰（2008b）以汉语中介语语料库为语料来源，考察了初级和中高级阶段日语母语学习者复合趋向补语引申义的习得情况。杨德峰（2009）还基于汉语中介语料库分析了初级和中高级阶段日语母语学习者趋向补语"上""下"引申义的习得情况。

黄玉花（2007），俞燕君（2011：68-71），翟英华（2008）和陈晨、李秋杨（2010）分别讨论了韩国留学生、俄罗斯留学生、泰国留学生的趋向补语偏误。黄玉花（2007）穷尽地统计了中高级汉语水平韩国留学生22个趋向补语以及每一个趋向补语所表示的不同的语法意义的用例，说明了11个趋向补语的习得特点，认为中高级汉语水平韩国留学生的偏误类型主要有残缺、错位、混用三种。俞燕君（2011：68-71）总结了韩国留学生趋向补语的常见偏误类型。翟英华（2008）将俄罗斯留学生的趋向补语偏误归为错序、混用、错用、缺失、杂糅五类，并对各类偏误进行了分析。陈晨、李秋杨（2010）讨论了泰国留学生趋向补语的偏误，认为趋向补语引申义的习得、语义"空缺"项目的习得和带处所宾语的复合趋向补语的习得是泰国留学生学习趋向补语时的主要难点。

吕桂云（2011）、Lưu Hớn Vũ（2011）、刘汉武（2012）探讨了越南学生趋向补语的偏误。吕桂云（2011）认为越南学生趋向补语的偏误有遗漏、误加、误代、错序、其他五种。Lưu Hớn Vũ（2011）、刘汉武（2012）以越南学生的自然语料为基础，筛选出了趋向补语的偏误句子，将其归纳为六种类型——立足点的偏误、趋向补语遗漏的偏误、趋向补语冗余的偏误、趋向补语与宾语错序的偏误、趋向补语之间混淆的偏误、混淆趋向补语和其他补语的偏误，并详细分析了每种偏误的成因。

魏红（2009）的研究视角不同。她从"动+趋+宾"的宾语语义类出发，通过调查问卷考察了越、韩、泰三国学生的习得情况。该文认为："简单趋向补语习得情况好于复合趋向补语；处所宾语的习得效果好于受事宾语，后者又好于其他宾语；位移义、移动义的习得效果好于隐现义、状态义。"

综上所述，学者们已经从多角度对留学生的趋向补语偏误进行了研究。早期的研究没有区分学生的母语背景和汉语水平，探讨不够深入，但得出的结论对不分国别的对外汉语教学有一定的参考价值。20世纪末以来的研究大多数已经区分了学生的汉语水平和母语背景，研究范围也更加具体，得出的结论既有针对性又有准确性，有利于分国别的对外汉语教学。

另外，我们认为留学生的母语背景、汉语水平不同，趋向补语的组不同，留学生趋向补语偏误的集中点也不同。如果从这个角度考察某母语背景的汉语学习者的习得情况，所得出的结论可能会有一定的参考价值。

1.2.2.3 汉语趋向补语习得顺序

趋向补语不同，汉语学习者的习得顺序也就不同。这方面的研究成果不多。我们所见的最早的研究是钱旭菁（1997）对日本留学生进行的研究。钱旭菁将趋向补语分为17种考察项目，将包含趋向补语的格式分为6种，通过学生的作文和问卷调查，在对使用率、准确率、使用准确率进行统计的基础上构拟出日本留学生趋向补语的习得顺序。但是钱旭菁考察项目的确定较为随意且过于烦琐。

杨德峰（2003a）按照结构行的特点以及趋向补语的意义把趋向补语句简化为10种句式（见表1-3），考察以英语为母语的学生的趋向补语习得顺序。杨德峰（2003b）增加了"到……来/去（基本义）"和"动词+到……来/去（基本义）"两种句式（见表1-3），考察朝鲜语母语学习者趋向补语习得顺序。杨德峰（2004）在考察日语母语学生趋向补语习得顺序时，又把趋向补语句分为10种句式，跟其之前的文章（2003a）一样，且没有对此做进一步的说明。在这三篇论文中，杨德峰都是以汉语中介语语料库为语料、以错误率为依据构拟出了以英语/朝鲜语/日语为母语的学生趋向补语句的习得顺序。虽然他对各学习阶段的分法、对习得顺序的研究方法值得商榷，但他的研究思路在当时背景下很新颖，并指出了趋向补语习得顺序研究的新方向。

肖奚强、周文华（2009）对杨德峰的分法持有不同意见。他们认为，杨德峰没有区分出"动词+宾语+简单趋向补语（基本义）""动词+宾语+简单趋向补语（引申义）""动词+宾语+复合趋向补语（基本义）""动词+宾语+复合趋向补语（引申义）"几个句式。另外，"到……来/去（基本义）"和"动词+到……来/去（基本义）"与其他几个句式的分类标准不同，可将它们归入含简单趋向补语和复合趋向补语的格式中。肖奚强、周文华把趋向补语句分为 14 种句式（见表 1-3）。他们综合汉语母语者使用频率的排序、外国留学生使用频率的排序和外国学生三个学习阶段正确率均值的排序构拟出外国留学生习得趋向补语的顺序。

表 1-3 各学者的趋向补语句式范围列举

趋向补语句式	杨德峰（2003a）	杨德峰（2003b）	肖奚强、周文华（2009）
到……来/去（基本义）		+	
动词+到……来/去（基本义）		+	
动词+简单趋向补语（基本义）	+	+	+
动词+简单趋向补语（引申义）	+	+	+
动词+宾语+简单趋向补语（基本义）			+
动词+宾语+简单趋向补语（引申义）			+
动词+简单趋向补语+宾语（基本义）	+	+	+
动词+简单趋向补语+宾语（引申义）	+	+	+
动词+复合趋向补语（基本义）	+	+	+
动词+复合趋向补语（引申义）	+	+	+
动词+宾语+复合趋向补语（基本义）			+
动词+宾语+复合趋向补语（引申义）			+
动词+趋向动词₁+宾语+趋向动词₂（基本义）	+	+	+
动词+趋向动词₁+宾语+趋向动词₂（引申义）	+	+	+
动词+复合趋向补语+宾语（基本义）	+	+	+
动词+复合趋向补语+宾语（引申义）	+	+	+
合计	10 类	12 类	14 类

国内多位学者也对其他母语背景的汉语学习者趋向补语习得顺序进行了研究。翟英华（2008）以错误率为依据探讨了俄罗斯留学生 12 种趋向补语句式的习得顺序。宋红红、辛鑫等（2011）通过中介语语料库和问卷调查的方式构拟出泰国学生 14 种趋向补语句式的习得顺序。齐春红、杨育彬（2015）基于 HSK 动态作文语料库也探讨了泰国学生 14 种趋向补语句式的习得顺序。李建成（2011）以 10 种趋向补语句式为考察对象，通过问卷调查收集语料，综合运用蕴含量表、相关分析和聚类分析等方法对韩国留学生趋向补语的习得情况进行研究，构拟出韩国留学生习得趋向补语所经历的四个阶段。齐春红（2015）构拟出老挝学生汉语趋向补语句式的习得

顺序。

关于越南学生趋向补语句的习得研究，目前我们所见的有白克宁（2010）和齐春红（2014）。白克宁（2010）以10种趋向补语句式为考察项目，综合语料库正确率排序、选择题语法测试正确率排序和填空题语法测试正确率排序构拟出越南学生趋向补语的习得顺序。齐春红（2014）基于越南学生汉语中介语语料库（27万字），综合正确率、使用频率和蕴含量表构拟出越南学生趋向补语的习得顺序。这两种顺序是否正确还有待实践的检验，我们暂不评价。但白克宁构拟习得顺序时所采用的方法违反了统计学原理：排序是顺序数据（ordinal data），这类数据只能够比较大小，不能进行加减乘除运算（张厚粲、徐建平，2009：16-17）。齐文在蕴含量表的使用上存在问题（如矩阵的建立和分界线的确定），各项指标系数的计算没有明确说明，且语料库规模偏小。

当众多学者对外国留学生趋向补语的习得顺序研究集中在对趋向补语句习得顺序的研究上时，徐丽（2012）却从另外一个视角——考察外国留学生汉语复合趋向补语引申义的习得顺序——进行研究。她通过调查问卷，以正确率为依据，得到了阶段性的习得顺序。

1.2.2.4　汉语趋向补语教学建议

在汉语趋向补语偏误分析、习得顺序的研究中，或多或少涉及趋向补语的教学建议，如：陆庆和（2006：385-386），肖奚强、周文华（2009），陈晨、李秋杨（2010），刘汉武（2011），徐丽（2012），等等。另外，也有些研究专门探讨汉语趋向补语的教学建议。鲁健骥（1999）认为，只有"来""去"是趋向补语，其他都应看成结果补语。同时，鲁健骥还提出了一些教学建议：先教结果补语，再教趋向补语；先教基本句型，再教次基本句型。洪林（2004）对复合趋向补语教学提出了三个建议：一是加强语义和语用教学；二是以常用形式作为教学重点；三是细化上类动词的内部分类，把握细微差别。

综上可见，对外汉语趋向补语教学的研究已经取得了不少成果，但各方面的研究成果还不太均衡。汉语趋向补语与其他语言对应形式对比及汉语趋向补语偏误分析两方面的研究成果颇为丰富，并有一定的深度。汉语趋向补语习得顺序的研究虽然取得了一定的成果，但在方法上还有许多值得商榷的地方，有待改进、深挖。汉语趋向补语教学建议的研究相当少，专门立文探讨此问题的研究屈指可数。往后的研究可以在汉外对比、偏误分析、习得顺序研究成果的基础上，考察现有语法大纲、对外汉语教材趋向补语语法项目的排序，对教材编写、教师课堂教学提出建议。我们相信，这些研究将有利于外国留学生更好地习得汉语趋向补语。

1.3 研究目的

从 1.2 中可以看出，趋向补语的研究已经取得了很大的进展，但是对汉语趋向补语在越南语中的对应形式及越南学生汉语趋向补语习得的研究还十分欠缺。到目前为止，还没有人从不同组趋向补语的角度对这两个方面做系统的、详细的考察。正因为如此，本研究主要有以下四个目的。

第一，基于大规模汉越语言对比语料全面描写各组趋向补语在越南语中的对应形式以及趋向补语格式在越南语中的对应格式，总结对应规律。

第二，基于大规模越南学生中介语语料库探讨越南学生各组趋向补语的使用情况，分析学生的偏误。

第三，证明对于不同组的趋向补语越南学生所犯的偏误类型不同。哪一组趋向补语在越南语中的对应形式越多，越南学生的偏误也越多。

第四，构拟出越南学生含趋向补语格式的习得发展阶段，寻找影响习得的原因。

希望我们的研究能为越南人掌握好汉语趋向补语有一定的帮助，能给对越汉语趋向补语教学提供有价值的参考意见。

1.4 研究范围

如上文所述，我们将趋向动词的数量确定为 22 个，由这些动词担任补语形成 22 个趋向补语，如表 1-4 所示。其中：简单趋向补语包括"来、去、上、下、进、出、回、过、起" 9 个，复合趋向补语包括"上来、上去、下来、下去、进来、进去、出来、出去、回来、回去、过来、过去、起来" 13 个。

表 1-4　22 个趋向补语列举

	上	下	进	出	回	过	起
来	上来	下来	进来	出来	回来	过来	起来
去	上去	下去	进去	出去	回去	过去	/

趋向补语和谓词之间一般都可以加了"得、不"。加了"得、不"以后，刘月华（1998：48）认为那是趋向补语的可能式，我们与其看法不同，我们认为那是可能补语，因此不把它归入我们的研究范围。

另外，刘月华（1998：49）认为趋向补语有特殊用法，我们与其看法不同，我们认为趋向补语的特殊用法就像包含趋向补语的熟语一样已经被凝固化为固定语了。

关于一些使用频率高的动趋结构，人们的看法还不一致，有人认为这些结构已经词汇化了，有人却认为这些结构还没词汇化。对于这些结构，我们以中国社会科学院语言研究所词典编辑室编（2016）《现代汉语词典（第 7 版）》（以下简称《现汉》）为据，收入《现汉》的动趋结构我们当词处理，没收入的当动趋结构处理。

对于趋向补语语法意义的问题，如上文所述，语法学界还有分歧，所以我们笼统地将趋向补语的意义分为基本义和引申义两类，如表 1-5 所示。

表 1-5　趋向补语的语法意义

语法意义＼趋向补语	基本义	引申义
来	● 表示人或物通过动作向立足点移动，立足点是说话人或叙述人所在的位置。	● 表示实现某种状态。
去	● 表示人或物通过动作离开立足点向另一处所趋近，立足点是说话人或叙述人所在的位置。	● 表示实现某种状态。 ● 表示"除去"。
上	● 表示通过动作使人或物由低处移向高处，立足点在高处，也可在低处。 ● 表示通过动作使人或物趋近面前的目标，立足点可在目标位置，可不在目标位置。	● 表示接触、附着以至固定，着眼点可在物体的一部分或次要物体，可在整体或主要物体。 ● 表示实现了预期目的或希望实现的目的。 ● 表示进入新的状态。

续表

趋向补语 \ 语法意义	基本义	引申义
上来	● 表示通过动作使人或物由低处移向高处，立足点在高处。 ● 表示通过动作使人或物趋近面前的目标，立足点在目标位置。	● 表示接触、附着以至固定，着眼点在整体或主要物体。 ● 表示进入新的状态。
上去	● 表示通过动作使人或物由低处移向高处，立足点在低处。 ● 表示通过动作使人或物趋近面前的目标，立足点不在目标位置。	● 表示接触、附着以至固定，着眼点可在物体的一部分或次要物体。
下	● 表示通过动作使人或物由高处向低处移动，立足点可在高处，也可在低处。 ● 表示通过动作使人或物退离面前的目标，立足点可在目标位置，也可不在目标位置。	● 表示物体的一部分/次要物体从整体/主要物体脱离，着眼点可在部分/次要物体，也可在整体/主要物体。 ● 表示由动态进入静态。
下来	● 表示通过动作使人或物由高处向低处移动，立足点在低处。 ● 表示通过动作使人或物退离面前的目标，立足点不在目标位置。	● 表示物体的一部分/次要物体从整体/主要物体脱离，着眼点在部分/次要物体。 ● 表示完成某一动作。 ● 表示由动态进入静态。
下去	● 表示通过动作使人或物由高处向低处移动，立足点在高处。 ● 表示通过动作使人或物退离面前的目标，立足点在目标位置。	● 表示物体的一部分/次要物体从整体/主要物体脱离，着眼点在整体/主要物体。 ● 表示由动态进入静态。 ● 表示继续进行某动作或保持某种状态。
进	● 表示通过动作使人或物由某处所的外面向里面移动，立足点在外面，也可在里面。	
进来	● 表示通过动作使人或物由某处所的外面向里面移动，立足点在里面。	
进去	● 表示通过动作使人或物由某处所的外面向里面移动，立足点在外面。	
出	● 表示通过动作使人或物由某处所的里面向外面移动，立足点在外面，也可在里面。	● 表示通过动作使事物由无到有，由隐蔽到公开。

续表

趋向补语 语法意义	基本义	引申义
出来	● 表示通过动作使人或物由某处所的里面向外面移动，立足点在外面。	● 表示通过动作使事物由无到有，由隐蔽到公开。
出去	● 表示通过动作使人或物由某处所的里面向外面移动，立足点在里面。	
回	● 表示通过动作使人或物向原处所移动，立足点可在原处所，也可不在原处所。	
回来	● 表示通过动作使人或物向原处所移动，立足点在原处所。	
回去	● 表示通过动作使人或物向原处所移动，立足点不在原处所。	
过	● 表示通过动作使人或物经过某处所向立足点趋近或离开立足点向另一目标趋近。 ● 表示通过动作使人或物改变方向。	● 表示超过、胜过。
过来	● 表示通过动作使人或物经过某处所向立足点趋近。 ● 表示通过动作使人或物向立足点移动。	● 表示度过一段艰难的时期或难关。 ● 表示恢复或转变到正常的积极的状态。 ● 表示正常地尽数地完成。
过去	● 表示通过动作使人或物经过某处所离开立足点向另一目标趋近。 ● 表示通过动作使人或物由面向立足点向背离立足点的方向移动。	● 表示度过。 ● 表示动作状态的完结。 ● 表示失去正常状态，进入不正常状态。 ● 表示超过、胜过。
起	● 表示通过动作使人或物由低处向高处移动，立足点可在低处，也可在高处。	● 表示接合以至固定。 ● 表示凸出、隆起。 ● 表示进入新状态。
起来	● 表示通过动作使人或物由低处向高处移动，立足点可在低处，也可在高处。	● 表示接合以至固定。 ● 表示凸出、隆起。 ● 表示进入新状态。

注：此表主要依据刘月华主编（1998）《趋向补语通释》所列的趋向补语的语法意义，但做了部分修改。

根据趋向补语的意义，可将 22 个趋向补语分为 8 组，分别是"来、去"组、"上"组、"下"组、"进"组、"出"组、"回"组、"过"组、"起"组。

对于趋向补语的问题,我们根据句法语义特征,把趋向补语句归纳为 7 类 14 种句式(见表 1-6)。

表 1-6　7 类 14 种趋向补语句式

编号		句式	编号		句式
T1	T1a	V+C_1/C_2(基本义)	T5	T5a	V+C_1+C_2+O(基本义)
	T1b	V+C_1/C_2(引申义)		T5b	V+C_1+C_2+O(引申义)
T2	T2a	V+C_1+C_2(基本义)	T6	T6a	V+C_1+O+C_2(基本义)
	T2b	V+C_1+C_2(引申义)		T6b	V+C_1+O+C_2(引申义)
T3	T3a	V+C_1/C_2+O(基本义)	T7	T7a	V+O+C_1+C_2(基本义)
	T3b	V+C_1/C_2+O(引申义)		T7b	V+O+C_1+C_2(引申义)
T4	T4a	V+O+C_1/C_2(基本义)			
	T4b	V+O+C_1/C_2(引申义)			

注:"V"为谓词(动词、形容词),"O"为宾语,"C1"为趋向补语"上、下、进、出、回、过、起","C2"为趋向补语"来、去"。

1.5　理论基础

我们的研究主要建立在对比分析理论(Contrastive Analysis Theory)、意象图式理论(Image Schema Theory)、中介语理论(Interlanguage Theory)及自然顺序假说(Natural Order Hypothesis)四种理论的基础上。

1.5.1　对比分析理论

对比分析理论是由美国语言学家 Robert Lado 于 1957 年在 *Linguistics Across Cultures: Applied Linguistics for Language Teachers*(《跨文化语言学:语言教师的应用语言学》)一书中提出的。Robert Lado(1957:2)认为,Charles C. Fries(1945)的 *Teaching and Learning English as a Foreign Language*(《作为外语的英语教学与学习》)中隐含着一个基本假设:人们倾向于将自己的母语及母语文化中的形式和意义以及形式和意义的分布迁移到外语及外语文化中。①

对比分析理论将学习者的母语和外语进行共时对比,确定相同点和相异点。当两种语言的某些特征相类似或完全一致时就会发生正迁移,学起来比较容易;当两种语言的某些特征相异时就会发生负迁移,学起来比较困难。换言之,对比分析理论认为两种语言的差异是语言习得的难度,可以通过两种语言之间的差异来预测学生的错误。

然而,母语与外语之间的相异点不一定是学习者易犯的错误,而两种语言的相似点更有可能是学习者的困难所在和容易犯错的地方。学习者的错误也并非完全来自母语的影响。另外,对比分析理论"主要关注语言材料的输入,对学习者语言输出的关注则仅限于输入材料的遴选和为教学上的纠错提供参考,对于学习者大脑的内在语言加工机制和加工过程,也就是内在的习得过程则几乎不加关注"(朱志平,2008:273)。这些都是对比分析理论的局限。

1.5.2 意象图式理论

意象图式(image schema)是认知语言学的重要概念之一。一般认为,这一概念最早是由 George Lakoff & Mark Johnson(1980)在 *Metaphors We Live by*(《我们赖以生存的隐喻》)一书中提出来的。

之后,Mark Johnson(1987:xiv)在 *The Body in the Mind*(《思维的主体》)一书中给意象图式下了如下定义:意象图式是我们感知互动及运动程序的不断反复出现的动态模式,这种模式给予我们的经验连贯性和结构②。George Lakoff(1987:267)在其著作 *Women, Fire, and Dangerous Things*(《女人,火和危险的事物》)中也持相同的观点,认为:各个意象图式是相对简单的结构,该结构在我们的日常身体经验中不断地重现③。

---

① 原文为"that individuals tend to transfer the forms and meanings, and the distribution of forms and meanings of their native language and culture to the foreign language and culture"。
② 原文为"An image schema is a recurring, dynamic pattern of our perceptual interactions and motor programs that gives coherence and structure to our experience."
③ 原文为"Image schemas are relatively simple structures that constantly recur in our every day bodily experience."

Ronald W. Langacker(1987:217) 在 *Foundations of Cognitive Grammar Vol.1* [《认知语法基础(第一卷)》]中引入了射体(trajector)和界标(landmark)等概念。他认为:几乎在每个关系语义表述中可以观察到被凸显的参与者之间是不对称的。其中一个叫做射体,具有特殊地位,是关系凸显中的图形。……关系语义表述中的其他凸显成分是各个界标,之所以这样命名是因为它们自然地被视为(在典型的情况下)射体定位的各个参照点。[①] 由此可见,意象图式是由一个射体和一个以上界标组成的。

此外,Ronald W. Langacker(1987:217)还认为:射体这个术语意味着一种运动……射体一般是沿着一条空间轨迹移动。[②] 因此,当意象图式用于描述动态关系时,射体的运动轨迹(即路径)也是意象图式组成的一部分。

汉语趋向补语"表示动作行为的趋向、变化以及性质状态的变化"(丁崇明,2009:200-201),故趋向补语的意象图式是用于描述动态关系的。另外,立足点(即确定方向的点)是汉语趋向补语的特点之一,应将它纳入趋向补语的意象图式中。总之,我们认为趋向补语的意象图式基本上由以下部分组成:一个射体(trajector,简称 tr),即运动的物体;一个路径(path,简称 p),即物体运动的轨迹;一个以上界标(landmark,简称 lm),是运动轨迹的起点(简称 lm_1)、终点(简称 lm_2)、中间点(简称 lm_3),有的例子中只出现一个界标,有的出现两个界标,有的三个界标全出现;一个立足点(简称 s),即说话者/叙述者所在的位置,或正在叙述中的人/物所在的位置。

[①] 原文为 "In virtually every relational predication, an asymmetry can be observed between the profiled participants. One of them, called the trajector (tr), has special status and is characterized as the figure within a relational profile... Other salient entities in a relational predication are referred to as landmarks (lm), so called because they are naturally viewed (in prototypical instances) as providing points of reference for locating the trajector."

[②] 原文为 "The term trajector suggests motion... the trajector generally does move through a spatial trajectory."

1.5.3 中介语理论

中介语（interlanguage）这一概念最早是由美国语言学家 Larry Selinker 于 1969 年提出来的。1972 年，Larry Selinker 发表的 Interlanguage（《中介语》）一文对中介语理论及相关问题作了详细的阐述。

Larry Selinker 认为第二语言学习者的语言是一个独立的语言系统，介于第二语言学习者的母语和外语之间，既不同于外语，也不同于母语。这种独立的语言系统不是固定不变的，而是逐渐进化的。其发展呈一定的阶段性。中介语的偏误具有反复性和顽固性。

Larry Selinker 还认为语言迁移（language transfer）、训练的迁移（transfer of training）、第二语言学习策略（strategies of second language learning）、第二语言交际策略（strategies of second language communication）、目的语规则过度泛化（overgeneralization of target language linguistic material）等是中介语产生的原因。

1.5.4 自然顺序假说

自然顺序假说是由美国语言教育家 Stephen D. Krashen 于 1985 年在 *The Input Hypothesis: Issues and Implications*（《输入假说：理论与启示》）一书中提出来的。他赞同 S. P. Corder 于 1967 年在 The Significance of Learners' Errors（《学习者言语错误的重要意义》）一文中所提出的内在大纲（built in syllabus）。

Stephen D. Krashen（1985）认为，第二语言学习者存在一个可以预测的自然习得顺序：有的先习得，有的后习得。自然习得顺序与语言形式的难易、课堂语法教学的顺序并不一样。课堂教学无法改变自然习得顺序。

1.6 研究方法

我们所采用的研究方法主要是对比分析法（Contrastive Analysis）、偏误分析法（Error Analysis）及中介语对比分析法（Contrastive Interlanguage Analysis）。

1.6.1 对比分析法

进行汉越语言对比可以采用以下三种方式:一是立足于汉语,研究汉越语言之间的异同(汉→越);二是立足于越南语,研究越汉语言之间的异同(越→汉);三是立足于汉语及越南语,寻找两种语言之间的异同(汉⇌越)。其中,前两种方式是单向对比,最后一种方式是双向对比。双向对比是理论对比语言学经常使用的方法,其目的是通过对比验证某一语言理论或者提出新的语言理论;单向对比是应用对比语言学经常使用的方法,其目的是通过对比改进教学或解决翻译问题(赵世开,1990)。

我们的研究是面向对越汉语教学,主要目的是通过对比改进教学,因此我们选择第一种方式,即汉→越单向对比。我们的研究将立足于现代汉语语法框架,从趋向补语语法意义的角度寻找汉语趋向补语在越南语中的各种对应形式及含趋向补语的格式在越南语中的对应格式,找出两者的相同、相似、相异,预测学生的偏误。我们认为,采用这种方式将有利于越南学生系统地学习汉语趋向补语,并便于学生深入了解、掌握汉语趋向补语。

1.6.2 偏误分析法

S. P. Corder(1974)对偏误分析做了详细的说明,他认为偏误分析应当包括以下五个步骤:收集学习者语料、鉴定偏误、描写偏误、解释偏误、评估偏误。但在实际研究中,有时可以省略第五个步骤(Rod Ellis,1994:48)。

我们借鉴 S. P. Corder(1974)的偏误分析的步骤,并根据自己的实际情况做了适当调整。我们的偏误分析的步骤如下:第一,收集越南学生汉语中介语语料;第二,找出趋向补语的偏误用例和正确用例;第三,对趋向补语的偏误用例进行分类、描写和解释;第四,判断造成偏误的原因;第五,总结越南学生趋向补语的习得情况;第六,对教材编写和教师教学提出建议。

关于偏误的鉴定,S. P. Corder(1974)认为鉴定偏误的步骤主要有两个,即首先鉴定该句子在语法形式上是否正确,然后根据上下文鉴定是否表达了正确的语义。我们的研究中趋向补语的偏误用例是指在语法形式上或语义程度上使用趋向补语不当的句子。对于一些正误不易鉴定的句子，我们对汉语母语者进行了访谈，采用母语者标准进行鉴定。句子中与趋向补语的使用无关的偏误，不计算在内。

关于偏误的分类。我们主要借鉴 Carl James（1998：274）对偏误的分类方法。Carl James 认为偏误分成五类：遗漏（omission）、冗余（over-inclusion）、混淆（misselection）、错序（misorder）和杂糅（blend）。此外，我们还以"三"作为确定偏误类型的标准，哪类偏误出现三例（含）以上即可以构成一种类型。

关于偏误原因的判断，我们将偏误的原来形式译成越南语，若越南语是正确的，则可以断定是母语负迁移引起的偏误；若越南语是不正确的，则可以断定为母语负迁移以外的原因。

1.6.3　中介语对比分析法

基于越南学生汉语中介语语料库和由北京语言大学建的现代汉语研究语料库系统，对越南学生的趋向补语及其格式的使用情况和汉语母语者的趋向补语及其格式的使用情况进行比较，发现越南学生汉语趋向补语的超用（overuse）、少用（underuse）特征。

目前，外语学界对中国英语学习者与英语本族语者的英语使用情况进行对比时采用了以下四种方法：一是对两者的使用频率进行卡方检验（如：徐宏亮，2011），该方法的缺点是违反了统计学原理；二是对两者的使用频次进行检验（如：李会娟，2008），该方法的缺点是语料库容量不同会影响到使用频次差异的显著检验结果；三是对两者的使用频次及语料库容量进行带亚茨连续性校正的卡方检验（如：李文中，2003；濮建忠，2005），该方法不适用于研究汉语，汉语语料库容量一般以字为单位，而考察对象一般以词为单位，这两个单位不能进行加减运算；四是对两者的使用频次、语料库容量进行似然比检验（Likelihood Radio Test）（如：肖忠华、戴光荣，2010），计算对数似然比（log-likelihood，简称 LL）和 p 值，该方法较适用于研究汉语，计算过程中不需要考虑语料库容量及考察对象的单位。因此，我们采用似然比检验来检验越南学生使用汉语趋向补语时是否存在超用、少用现象。

似然比检验由 Neyman & Pearson 于 1928 年提出的（陈希孺，2007：324）。在该检验中，对数似然比的计算公式如下：

$$E_1 = \frac{c \times (a+b)}{c+d}$$

$$E_2 = \frac{d \times (a+b)}{c+d}$$

$$LL = 2 \times \left(a \times \log\left(\frac{a}{E_1}\right) + b \times \log\left(\frac{b}{E_2}\right) \right)$$

其中，a、b 分别是考察对象在语料库一、二中的使用频次，c、d 分别是语料库一、二的容量，E_1、E_2 分别是语料库一、二的期望值（the expected values）(Paul Rayson & Roger Garside，2000)。

我们将 E_1、E_2 的计算公式代入 LL 计算公式，得出如下公式：

$$LL = 2 \times \left(a \times \log\left(\frac{a \times (c+d)}{c \times (a+b)}\right) + b \times \log\left(\frac{b \times (c+d)}{d \times (a+b)}\right) \right)$$

1.7　语料来源

本书的语料有三个来源。

一是汉越语言对比语料。为了更直观地考察汉语趋向补语在越南语中的对应形式，我们从王朔《看上去很美》（约 17 万字）、王朔《千万别把我当人》（约 10 万字）、王蒙《青狐》（约 31 万字）、海岩《永不瞑目》（约 29 万字）、余华《在细雨中呼喊》（约 14 万字）五部中国现当代小说（共约 101 万字）及其越南语译本中搜集了相关语句，并分门别类地整理。部分例句来自语法著作、北京大学现代汉语语料库。

二是越南学生汉语中介语语料，来自由我们自建的越南学生汉语中介语语料库（2012 年版）（共 65 万字），其中：初级水平有 17 万字，中级水平有 25 万字，高级水平有 23 万字。该语料库的语料有三个来源：一是中国的北京师范大学、中山大学、广西师范大学越南留学生的写作课试卷（分级的标准是一年级为初级，二年级为中级，三、四年级为高级）；二是越南的河内国家大学下属外国语大学、胡志明市国家大学下属人文与社会科学大学、胡志明市师范大学、胡志明市开放大学、胡志明市外语信息大学越南学生的写作课试卷（分级的标准是一、二年级为初级，三年级为中级，四年级为高级）；三是中国的北京语言大学 HSK 动态作文语料库越南考生的写作试卷（分级标准是通过为高级，未通过为中级）。

三是汉语母语者语料，来自北京语言大学建的现代汉语研究语料库系统。该语料库共有 200 万字，并已经过分词和词性标准处理。该语料库的语料体裁包括记叙类、议论类、说明类、应用类、对话类、独白类（孙宏林、黄建平、孙德金、李德钧、邢红兵，1997）。

第二章 汉—越语趋向补语的意象图式

2.1 汉语趋向补语的意象图式

汉语共有22个趋向补语，分别是：来、去、上、上来、上去、下、下来、下去、进、进来、进去、出、出来、出去、回、回来、回去、过、过来、过去、起、起来。其意象图式如下。

2.1.1 汉语"来、去"组趋向补语的意象图式

2.1.1.1 汉语趋向补语"来"的意象图式

汉语趋向补语"来"的意象图式体现在空间的物理运动之中。据考察，汉语趋向补语"来"基本上有六种意象图式。例如：

（1）看见他们跑来，发出兴奋的叫嚣。（王朔《看上去很美》）

（2）站起来用肉眼看着正一步步向山上跑来的元豹。（王朔《千万别把我当人》）

（3）楼上传来了沉闷的哭声。（余华《在细雨中呼喊》）

（4）醒来眼前一片漆黑，爸爸妈妈和方超在外屋吃饭，门虚掩着，传来碗匙相碰和人的低语声。（王朔《看上去很美》）

（5）听到里面传来巨大的喘息声。（王朔《看上去很美》）

（6）去商场文具柜台买来皮筋。（王朔《看上去很美》）

以上各例的意象图式分别如下。

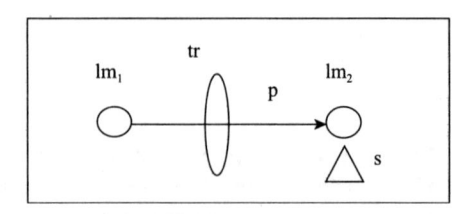

图 2-1　汉语趋向补语"来"的第一种意象图式

　　图 2-1 是例（1）中趋向补语"来"的意象图式，表示射体 tr 沿着路径 p 离开界标 lm₁ 移动到界标 lm₂，立足点 s 位于界标 lm₂。该例中，射体 tr 是"他们"，界标 lm₁ 是"他们"原来所在的地方，界标 lm₂ 是叙述人所在的位置也是立足点 s，路径 p 是"跑"的轨迹。"他们"沿着"跑"的轨迹离开原来所在的地方朝着叙述人所在的位置移动。

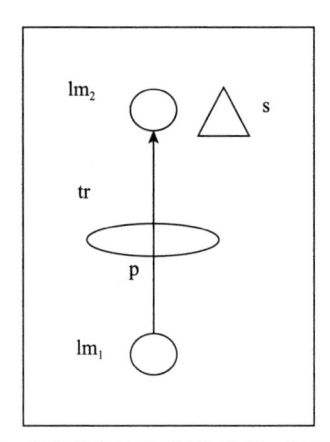

图 2-2　汉语趋向补语"来"的第二种意象图式

　　图 2-2 是例（2）中趋向补语"来"的意象图式，表示射体 tr 沿着路径 p 离开界标 lm₁ 移动到界标 lm₂，立足点 s 位于界标 lm₂。该例中，射体 tr 是"元豹"，界标 lm₁ 是山下，界标 lm₂ 是"山上"，路径 p 是"跑"的轨迹。"元豹"沿着"跑"的轨迹从山下移动到"山上"。

　　图 2-3 是例（3）中趋向补语"来"的意象图式，表示射体 tr 沿着路径 p 离开界标 lm₁ 移动到界标 lm₂，立足点 s 位于界标 lm₂。该例中，射体 tr 是"哭声"，界标 lm₁ 是"楼上"，界标 lm₂ 是叙述人所在的位置（即楼下），也是立足点 s，路径 p 是"传"的轨迹。"哭声"沿着"传"的轨迹离开"楼上"向楼下移动。

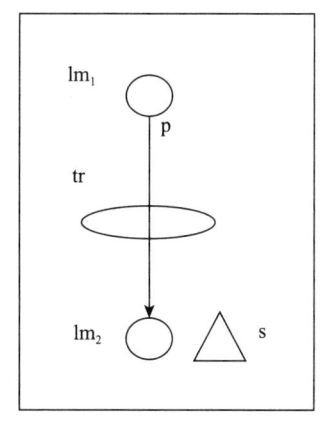

图 2-3　汉语趋向补语"来"的第三种意象图式

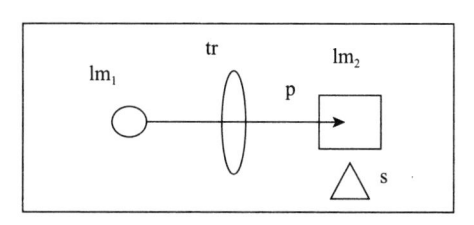

图 2-4　汉语趋向补语"来"的第四种意象图式

图 2-4 是例（4）中趋向补语"来"的意象图式，表示射体 tr 沿着路径 p 离开界标 lm₁ 移动到界标 lm₂，立足点 s 位于界标 lm₂。该例中，射体 tr 是"碗匙相碰和人的低语声"，界标 lm₁ 是"外屋"，界标 lm₂ 是里屋（方形），路径 p 是"传"的轨迹。"碗匙相碰和人的低语声"沿着"传"的轨迹离开"外屋"，进入里屋。

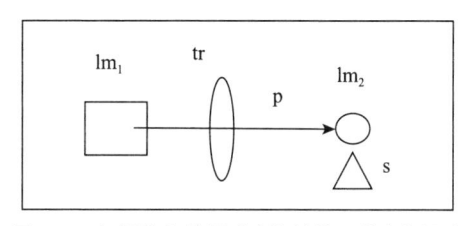

图 2-5　汉语趋向补语"来"的第五种意象图式

图 2-5 是例（5）中趋向补语"来"的意象图式，表示射体 tr 沿着路径 p 离开界标 lm₁ 移动到界标 lm₂，立足点 s 位于界标 lm₂。该例中，射体 tr 是"喘息声"，界标 lm₁ 是"里面"（是一个方形），界标 lm₂ 是外面也是立足点 s 的位置，路径 p 是"传"的轨迹。"喘息声"沿着"传"的轨迹从"里面"移到外面。

34　汉越趋向补语对比习得研究

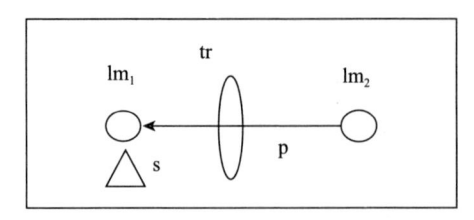

图 2-6　汉语趋向补语"来"的第六种意象图式

图 2-6 是例（6）中趋向补语"来"的意象图式，表示射体 tr 沿着路径 p 离开界标 lm₂ 返回界标 lm₁，立足点 s 位于界标 lm₁。该例中，射体 tr 是买皮筋的人，界标 lm₁ 是买皮筋的人原来所在的地方，界标 lm₂ 是"商场文具柜台"，路径 p 是从 lm₂ 回到 lm₁ 的途径，也是"买"的轨迹。买皮筋的人沿着"买"的轨迹从"商场文具柜台"返回原来所在的地方。

2.1.1.2　汉语趋向补语"去"的意象图式

汉语趋向补语"去"的意象图式体现在空间的物理运动之中。据考察，汉语趋向补语"去"基本上有五种意象图式。例如：

（7）你们瞅谁别扭，我就跑去肩并肩和他挽起手。（王朔《千万别把我当人》）

（8）独自向楼上走去。（海岩《永不瞑目》）

（9）随他们向地下室走去。（王蒙《青狐》）

（10）庆春说完这话，转身向自己的办公室走去。（海岩《永不瞑目》）

（11）我父亲往外走去时，依然嚷嚷着。（余华《在细雨中呼喊》）

以上各例的意象图式分别如下。

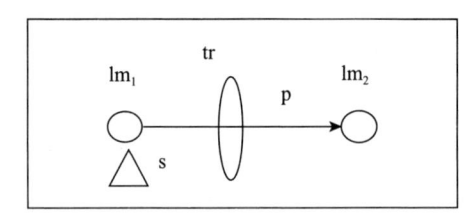

图 2-7　汉语趋向补语"去"的第一种意象图式

图 2-7 是例（7）中趋向补语"去"的意象图式，表示射体 tr 沿着路径 p 离开界标 lm₁ 移动到界标 lm₂，立足点 s 位于界标 lm₁。该例中，射体 tr

是"我",界标 lm₁ 是"我"所在的地方,也是立足点 s,界标 lm₂ 是"他"所在的位置,路径 p 是"跑"的轨迹。"我"沿着"跑"的轨迹离开"我"所在的位置向"他"所在的位置移动。

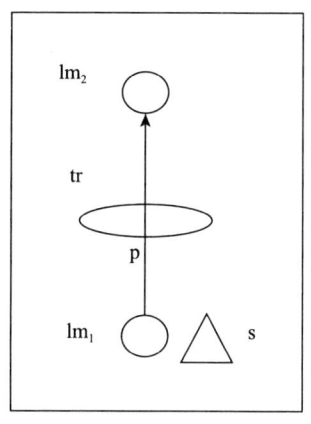

图 2-8 汉语趋向补语"去"的第二种意象图式

图 2-8 是例(8)中趋向补语"去"的意象图式,表示射体 tr 沿着路径 p 离开界标 lm₁ 移动到界标 lm₂,立足点 s 位于界标 lm₁。该例中,射体 tr 是移动者,界标 lm₁ 是楼下,也是立足点 s,界标 lm₂ 是"楼上",路径 p 是"走"的轨迹。移动者沿着"走"的轨迹从楼下移动到"楼上"。

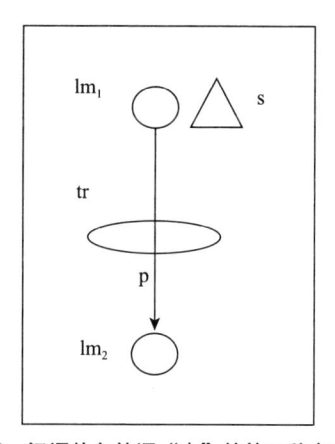

图 2-9 汉语趋向补语"去"的第三种意象图式

图 2-9 是例(9)中趋向补语"去"的意象图式,表示射体 tr 沿着路径 p 离开界标 lm₁ 移动到界标 lm₂,立足点 s 位于界标 lm₁。该例中,射体 tr

是"他们",界标 lm₁ 是地上也是立足点 s,界标 lm₂ 是"地下室",路径 p 是"走"的轨迹。"他们"沿着"走"的轨迹从地上移动到"地下室"。

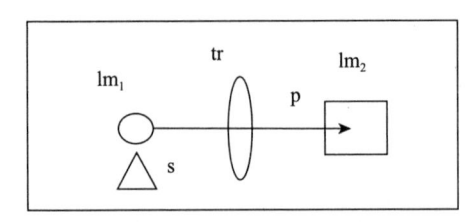

图 2-10 汉语趋向补语"去"的第四种意象图式

图 2-10 是例(10)中趋向补语"去"的意象图式,表示射体 tr 沿着路径 p 离开界标 lm₁ 移动到界标 lm₂,立足点 s 位于界标 lm₁。该例中,射体 tr 是"庆春",界标 lm₁ 是"庆春"原来所在的地方(即"自己的办公室"的外面),也是立足点 s,界标 lm₂ 是"自己的办公室"(方形),路径 p 是"走"的轨迹。"庆春"沿着"走"的轨迹离开原来所在的地方移动到"自己的办公室"里边。

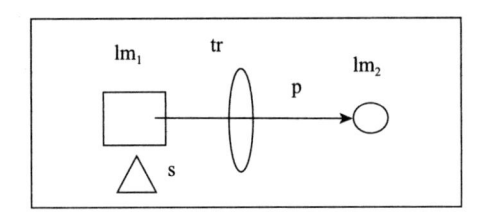

图 2-11 汉语趋向补语"去"的第五种意象图式

图 2-11 是例(11)中趋向补语"去"的意象图式,表示射体 tr 沿着路径 p 离开界标 lm₁ 移动到界标 lm₂,立足点 s 位于界标 lm₁。该例中,射体 tr 是"我父亲",界标 lm₁ 是屋里,界标 lm₂ 是屋外,路径 p 是"走"的轨迹。"我父亲"沿着"走"的轨迹离开屋里向屋外移动。

2.1.2 汉语"上"组趋向补语的意象图式

2.1.2.1 汉语趋向补语"上"的意象图式

汉语趋向补语"上"的意象图式体现在空间的物理运动之中。据考察,汉语趋向补语"上"基本上有四种意象图式。例如:

第二章　汉—越语趋向补语的意象图式　37

（12）每到这时，就会有一个人跳上我的床。（王朔《看上去很美》）

（13）卡车随着花红柳绿的秧歌队驶上另一条街。（王朔《千万别把我当人》）

（14）她在猪肉馅里加上了剁碎的虾仁。（王蒙《青狐》）

（15）一路叮令当啷从二食堂小松林里冲上小马路。（王朔《看上去很美》）

以上各例的意象图式分别如下。

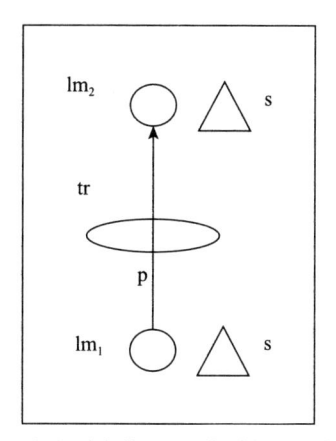

图 2-12　汉语趋向补语"上"的第一种意象图式

图 2-12 是例（12）中趋向补语"上"的意象图式，表示射体 tr 沿着路径 p 从界标 lm_1 移动到界标 lm_2，立足点 s 有可能在界标 lm_1，也有可能在界标 lm_2。该例中，射体 tr 是"一个人"，界标 lm_1 是地上（低处），界标 lm_2 是"我的床"（高处），路径 p 是"跳"的轨迹。"一个人"沿着"跳"的轨迹从地上移动到"我的床"上。

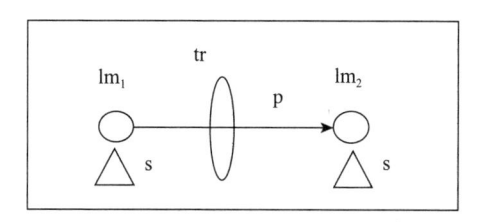

图 2-13　汉语趋向补语"上"的第二种意象图式

图 2-13 是例（13）趋向补语"上"的意象图式，表示射体 tr 沿着路

径 p 离开界标 lm$_1$ 移动到界标 lm$_2$，立足点 s 有可能在界标 lm$_1$，也有可能在界标 lm$_2$。该例中，射体 tr 是"卡车"，界标 lm$_1$ 是"卡车"原来所在的位置，界标 lm$_2$ 是"另一条街"，路径 p 是"驶"的轨迹。"卡车"沿着"驶"的轨迹离开原来的位置移动到"另一条街"。

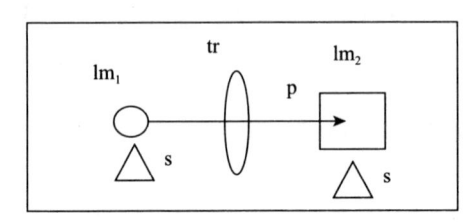

图 2-14 汉语趋向补语"上"的第三种意象图式

图 2-14 是例（14）中趋向补语"上"的意象图式，表示射体 tr 沿着路径 p 离开界标 lm$_1$ 进入界标 lm$_2$ 的内部，立足点 s 有可能是在界标 lm$_1$，也有可能是在界标 lm$_2$。该例中，射体 tr 是"剁碎的虾仁"，界标 lm$_1$ 是"剁碎的虾仁"原来所在的位置，界标 lm$_2$ 是"猪肉馅里"（方形），路径 p 是"加"的轨迹。"剁碎的虾仁"沿着"加"的轨迹离开原来的位置移动到"猪肉馅里"。

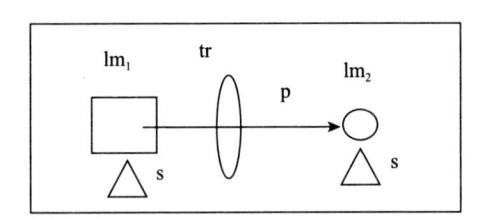

图 2-15 汉语趋向补语"上"的第四种意象图式

图 2-15 是例（15）中趋向补语"上"的意象图式，表示射体 tr 沿着路径 p 离开界标 lm$_1$ 移动到界标 lm$_2$。光看该例句我们不知道射体 tr 是什么，但根据王朔《看上去很美》中的上下文我们得知，射体 tr 是"车"，界标 lm$_1$ 是"二食堂小松林里"（方形），界标 lm$_2$ 是"小马路"，路径 p 是"冲"的轨迹，立足点 s 有可能位于界标 lm$_1$，也有可能位于界标 lm$_2$。"车"沿着"冲"的轨迹离开"二食堂小松林里"移动到"小马路"。

2.1.2.2 汉语趋向补语"上来"的意象图式

汉语趋向补语"上来"的意象图式体现在空间的物理运动之中。据考察，汉语趋向补语"上来"基本上有四种意象图式。例如：

（16）最后一个爬上来的人回首四顾。（王朔《看上去很美》）

（17）欧阳兰兰急了，扑上来揪住他就打。（海岩《永不瞑目》）

（18）一块烧红的铁板被抬了上来。（王朔《千万别把我当人》）

（19）常少乐朝厨房喊道，"先把凉菜端上来"。（转引自北京大学现代汉语语料库）

以上各例的意象图式分别如下。

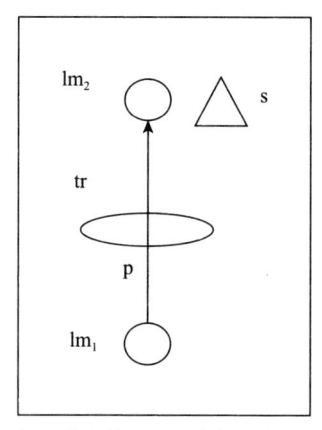

图2-16　汉语趋向补语"上来"的第一种意象图式

图2-16是例（16）中趋向补语"上来"的意象图式，表示射体tr沿着路径p从界标lm_1向界标lm_2移动。该例中，射体tr是"人"，界标lm_1是射体tr原来所在的地方（低处），界标lm_2是高处，立足点s在高处（即界标lm_2），路径p是"爬"的轨迹。"人"从低处沿着"爬"的轨迹移动到高处。

图2-17是例（17）中趋向补语"上来"的意象图式，表示射体tr沿着路径p离开界标lm_1向界标lm_2移动，立足点s位于界标lm_2。该例中，射体tr是"欧阳兰兰"，界标lm_1是"欧阳兰兰"原来所在的地方，界标lm_2是"他"所在的地方，路径p是"扑"的轨迹，"欧阳兰兰"沿着"扑"的轨迹从原来的地方移动到"他"所在的地方。

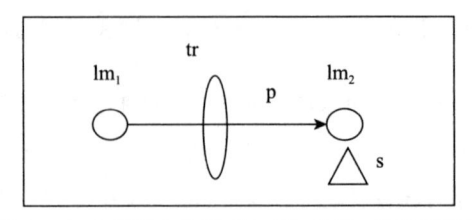

图 2-17　汉语趋向补语"上来"的第二种意象图式

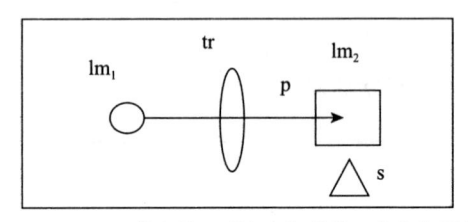

图 2-18　汉语趋向补语"上来"的第三种意象图式

图 2-18 是例（18）中趋向补语"上来"的意象图式，表示射体 tr 沿着路径 p 离开界标 lm_1 向界标 lm_2 移动。光看该例句我们不知道界标 lm_1、lm_2 是什么，但根据王朔《千万别把我当人》中的上下文我们得知，界标 lm_1 是地上，界标 lm_2 是台上（方形），射体 tr 是"铁板"，路径 p 是"抬"的轨迹，立足点 s 在界标 lm_2。"铁板"沿着"抬"的轨迹从地上移动到台上。

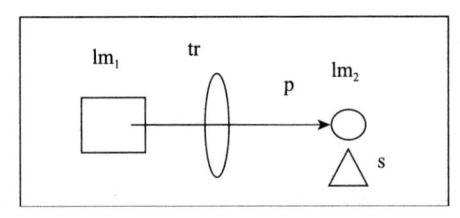

图 2-19　汉语趋向补语"上来"的第四种意象图式

图 2-19 是例（19）中趋向补语"上来"的意象图式，表示射体 tr 沿着路径 p 离开界标 lm_1 移动到界标 lm_2。该例中，射体 tr 是"凉菜"，界标 lm_1 是"厨房"（方形），界标 lm_2 是"厨房"的外面，路径 p 是"端"的轨迹，立足点 s 在"厨房"的外面。"凉菜"沿着"端"的轨迹离开"厨房"移动到"厨房"的外面。

2.1.2.3　汉语趋向补语"上去"的意象图式

汉语趋向补语"上去"的意象图式体现在空间的物理运动之中。据考察，汉语趋向补语"上去"基本上有四种意象图式。例如：

（20）听见楼上"嘭"的一声，我赶紧跑<u>上</u>楼<u>去</u>。（王朔《看上去很美》）

（21）有五、六个同龄的男孩从后面追<u>上去</u>。（余华《在细雨中呼喊》）

（22）孙光明并不是最早冲<u>上去</u>。（余华《在细雨中呼喊》）

（23）白厨子把卤肘花送到女佣脸前，说，"你看看，你自己看看这牙印，让我怎么端<u>上</u>桌<u>去</u>？"（转引自北京大学现代汉语语料库）

以上各例的意象图式分别如下。

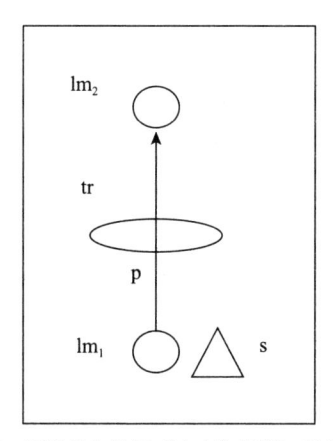

图 2-20　汉语趋向补语"上去"的第一种意象图式

图 2-20 是例（20）中趋向补语"上去"的意象图式，表示射体 tr 沿着路径 p 离开界标 lm_1 向界标 lm_2 移动，立足点 s 在界标 lm_1。该例中，射体 tr 是"我"，界标 lm_1 是楼下（低处），界标 lm_2 是楼上（高处），路径 p 是"跑"的轨迹。"我"从楼下沿着"跑"的轨迹移动到楼上。

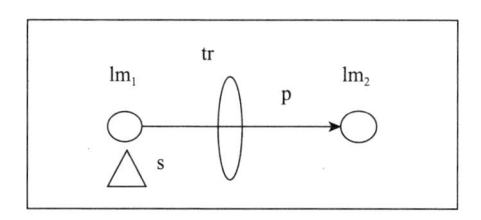

图 2-21　汉语趋向补语"上去"的第二种意象图式

图 2-21 是例（21）中趋向补语"上去"的意象图式，表示射体 tr 沿着路径

p 离开界标 lm₁ 向界标 lm₂ 移动，立足点 s 在界标 lm₁。该例中，射体 tr 是"五、六个同龄的男孩"，界标 lm₁ 是"后面"，界标 lm₂ 是前面，路径 p 是"追"的轨迹。"五、六个同龄的男孩"从"后面"沿着"追"的轨迹移动到前面。

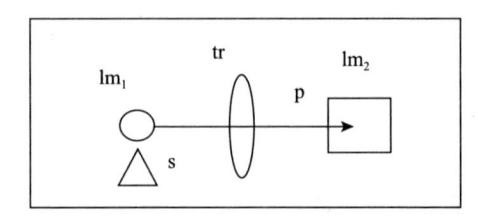

图 2-22　汉语趋向补语"上去"的第三种意象图式

图 2-22 是例（22）中趋向补语"上去"的意象图式，表示射体 tr 沿着路径 p 离开界标 lm₁ 移动到界标 lm₂，立足点 s 在界标 lm₁。该例中，射体 tr 是"孙光明"，界标 lm₁ 是孙光明所在的位置，根据余华《在细雨中呼喊》的上下文，界标 lm₂ 是一群人，路径 p 是"冲"的轨迹。通过动作"冲"使"孙光明"成为一群人里的一部分。

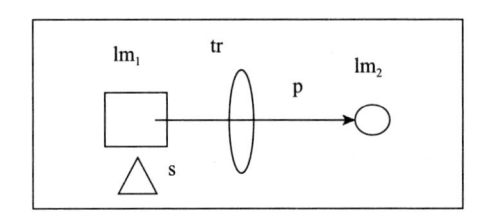

图 2-23　汉语趋向补语"上去"的第四种意象图式

图 2-23 是例（23）中趋向补语"上去"的意象图式，表示射体 tr 沿着路径 p 离开界标 lm₁ 移动到界标 lm₂，立足点位于界标 lm₁。该例中，界标 lm₁ 是"白厨子"和"女佣"所在的位置，即厨房（方形），界标 lm₂ 是桌子，射体 tr 是"卤肘花"，路径 p 是"端"的轨迹。"卤肘花"沿着"端"的轨迹离开厨房移动到厨房的外面。

2.1.3　汉语"下"组趋向补语的意象图式

2.1.3.1　汉语趋向补语"下"的意象图式

汉语趋向补语"下"的意象图式体现在空间的物理运动之中。据考察，汉语趋向补语"下"基本上有三种意象图式。例如：

（24）父亲也跟着她跑下了楼。（海岩《永不瞑目》）

（25）他很瘦，颧骨高耸，脸腮陷下两个坑。（转引自刘月华，1998）

（26）接着嘴巴一歪掉下了眼泪。（余华《在细雨中呼喊》）

以上各例的意象图式分别如下。

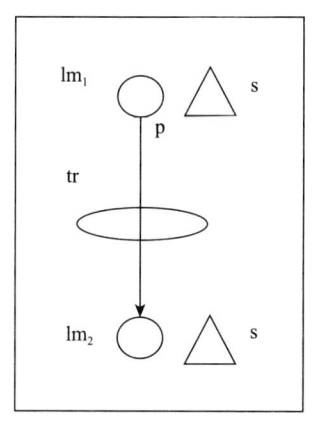

图 2-24　汉语趋向补语"下"的第一种意象图式

图 2-24 是例（24）中趋向补语"下"的意象图式，表示射体 tr 沿着路径 p 离开界标 lm₁ 向界标 lm₂ 移动，立足点 s 在界标 lm₁ 或界标 lm₂。该例中，射体 tr 是"父亲"，界标 lm₁ 在楼上（高处），界标 lm₂ 在楼下（低处），路径 p 是"跑"的轨迹。"父亲"沿着"跑"的轨迹从楼上向楼下移动。

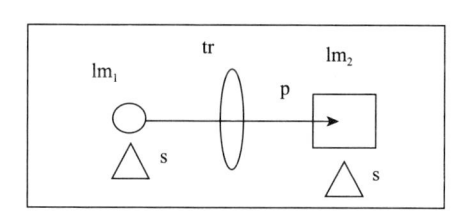

图 2-25　汉语趋向补语"下"的第二种意象图式

图 2-25 是例（25）中趋向补语"下"的意象图式，表示射体 tr 沿着路径 p 离开界标 lm₁ 向界标 lm₂ 移动，立足点 s 有可能在界标 lm₁，也有可能在界标 lm₂。该例中，射体 tr 是"脸腮"的表面，界标 lm₁ 是"脸腮"表面的正常或凸出状态，界标 lm₂ 是"脸腮"表面的凹陷状态，路径 p 是"陷"的轨迹。"脸腮"的表面从正常或凸出的状态沿着"陷"的轨迹移动到"脸腮"表面的凹陷状态。

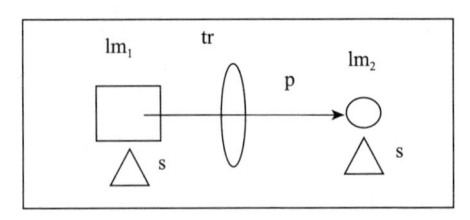

图 2-26　汉语趋向补语"下"的第三种意象图式

图 2-26 是例（26）中趋向补语"下"的意象图式，表示射体 tr 沿着路径 p 离开界标 lm₁ 向界标 lm₂ 移动，立足点 s 有可能在界标 lm₁，也有可能在界标 lm₂。该例中，射体 tr 是"眼泪"，界标 lm₁ 是眼睛里（方形），界标 lm₂ 是眼睛的外面，路径 p 是"掉"的轨迹。"眼泪"沿着"掉"的轨迹离开眼睛移动到眼睛的外面。

2.1.3.2　汉语趋向补语"下来"的意象图式

汉语趋向补语"下来"的意象图式体现在空间的物理运动之中。据考察，汉语趋向补语"下来"基本上有三种意象图式。例如：

（27）他们端着刺刀枪从车上跳<u>下来</u>。（王朔《千万别把我当人》）

（28）自从接到运涛入狱的消息，不几天，脸瘦<u>下来</u>，眼窝也塌下去。（转引自北京大学现代汉语语料库）

（29）老太太从元豹怀里跳<u>下来</u>。（王朔《千万别把我当人》）

以上各例的意象图式分别如下。

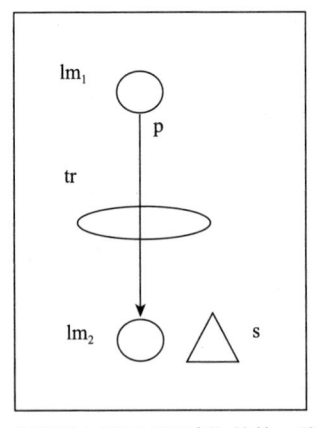

图 2-27　汉语趋向补语"下来"的第一种意象图式

图 2-27 是例（27）中趋向补语"下来"的意象图式，表示射体 tr 沿着路径 p 离开位于高处的界标 lm₁ 向位于低处的界标 lm₂ 移动，立足点 s 位于界标 lm₂。该例中，射体 tr 是"他们"，界标 lm₁ 是"车上"（高处），界标 lm₂ 是地上（低处），路径 p 是"跳"的轨迹，立足点 s 在地上。"他们"沿着"跳"的轨迹离开"车上"向地上移动。

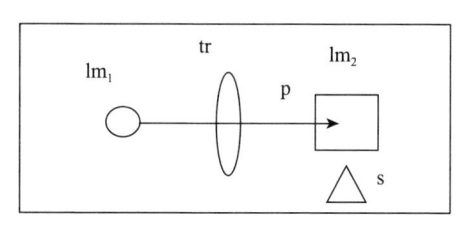

图 2-28 汉语趋向补语"下来"的第二种意象图式

图 2-28 是例（28）中趋向补语"下来"的意象图式，表示射体 tr 沿着路径 p 离开界标 lm₁ 向界标 lm₂ 移动，立足点 s 位于界标 lm₂。该例中，射体 tr 是"脸"的表面，界标 lm₁ 是"脸"表面的正常或凸出状态，界标 lm₂ 是"脸"表面的凹进状态，路径 p 是"瘦"的轨迹。"脸"的表面从正常或凸出的状态沿着"瘦"的轨迹移动到脸表面的凹进状态。

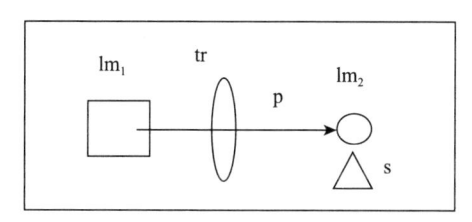

图 2-29 汉语趋向补语"下来"的第三种意象图式

图 2-29 是例（29）中趋向补语"下来"的意象图式，表示射体 tr 沿着路径 p 离开界标 lm₁ 向界标 lm₂ 移动，立足点 s 位于界标 lm₂。该例中，射体 tr 是"老太太"，界标 lm₁ 是"元豹怀里"（方形），界标 lm₂ 是另一处，路径 p 是"跳"的轨迹。"老太太"沿着"跳"的轨迹离开"元豹怀里"移动到另一处。

2.1.3.3 汉语趋向补语"下去"的意象图式

汉语趋向补语"下去"的意象图式体现在空间的物理运动之中。据考察，汉语趋向补语"下去"基本上有三种意象图式。例如：

（30）他恶狠狠地喊了一声："我恨你！"便走下车去。（海岩《永不瞑目》）

（31）我把它吞下去。（王朔《千万别把我当人》）

（32）一个人的能力总是有限的，迟早要被人刷下去。（转引自北京大学现代汉语语料库）

以上各例的意象图式分别如下。

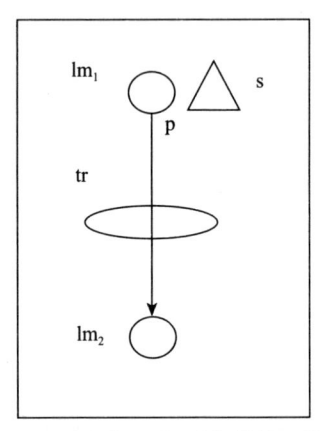

图 2-30 汉语趋向补语"下去"的第一种意象图式

图 2-30 是例（30）中趋向补语"下去"的意象图式，表示射体 tr 沿着路径 p 离开位于高处的界标 lm$_1$ 向位于低处的界标 lm$_2$ 移动，立足点 s 位于界标 lm$_1$。该例中，射体 tr 是"他"，界标 lm$_1$ 是车上（高处），界标 lm$_2$ 是地上（低处），路径 p 是"走"的轨迹，立足点 s 在车上。"他"沿着"走"的轨迹离开车上向地上移动。

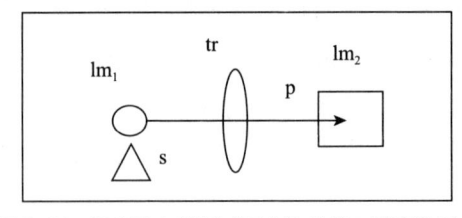

图 2-31 汉语趋向补语"下去"的第二种意象图式

图 2-31 是例（31）中趋向补语"下去"的意象图式，表示射体 tr 沿着路径 p 离开界标 lm$_1$ 向界标 lm$_2$ 移动，立足点 s 位于界标 lm$_1$。该例中，射体 tr 是

"它",界标 lm₁ 是"我"的外部,界标 lm₂ 是"我"的内部(方形),路径 p 是"吞"的轨迹。"它"沿着"吞"的轨迹从"我"的外部进入"我"的内部。

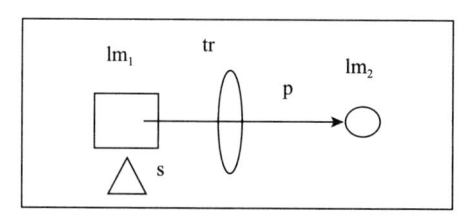

图 2-32 汉语趋向补语"下去"的第三种意象图式

图 2-32 是例(32)中趋向补语"下去"的意象图式,表示射体 tr 沿着路径 p 离开界标 lm₁ 向界标 lm₂ 移动,立足点 s 位于界标 lm₁。该例句中,射体 tr 是"人",界标 lm₁ 是某一处(方形),界标 lm₂ 是另一处,路径 p 是"刷"的轨迹。"人"沿着"刷"的轨迹离开某一处移动到另一处。

2.1.4 汉语"进"组趋向补语的意象图式

2.1.4.1 汉语趋向补语"进"的意象图式

汉语趋向补语"进"的意象图式体现在空间的物理运动之中。据考察,汉语趋向补语"进"基本上有两种意象图式。例如:

(33)杜长发走进了食堂。(海岩《永不瞑目》)
(34)他跳进一条湍急的河流。(王朔《千万别把我当人》)

以上各例的意象图式分别如下。

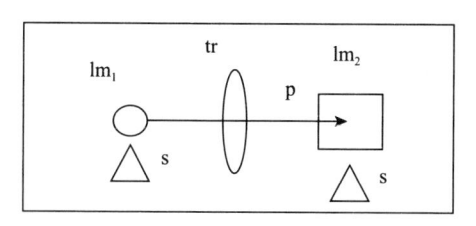

图 2-33 汉语趋向补语"进"的第一种意象图式

图 2-33 是例(33)中趋向补语"进"的意象图式,表示射体 tr 沿着路径 p 离开界标 lm₁ 进入界标 lm₂,立足点 s 有可能在界标 lm₁,也有可能在界标 lm₂。该例中,射体 tr 是"杜长发",界标 lm₁ 是"杜长发"所在的位

置，界标 lm₂ 是"食堂"（方形），路径 p 是"走"的轨迹。"杜长发"沿着"走"的轨迹离开原来所在的地方进入"食堂"。

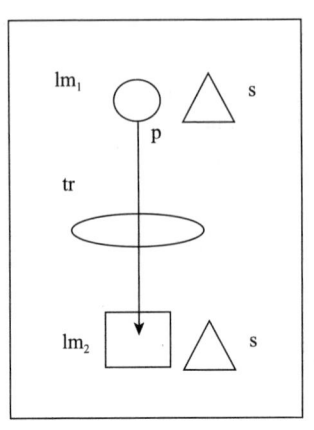

图 2-34　汉语趋向补语"进"的第二种意象图式

图 2-34 是例（34）中趋向补语"进"的意象图式，表示射体 tr 沿着路径 p 从界标 lm₁ 向界标 lm₂ 移动，立足点 s 有可能在界标 lm₁，也有可能在界标 lm₂。该例中，射体 tr 是"他"，界标 lm₁ 是"他"所在的位置，界标 lm₂ 是"洒流"，路径 p 是"跳"的轨迹。"他"沿着"跳"的轨迹从岸上移动到"洒流"。

2.1.4.2　汉语趋向补语"进来"的意象图式

汉语趋向补语"进来"的意象图式体现在空间的物理运动之中。据考察，汉语趋向补语"进来"基本上有两种意象图式。例如：

（35）突然有一只手从敞开的车窗外把三十元钱钞票递<u>进来</u>。（海岩《永不瞑目》）

（36）我爸的车子开天窗，一定是从天窗里掉<u>进来</u>的。（转引自北京大学现代汉语语料库）

以上各例的意象图式分别如下。

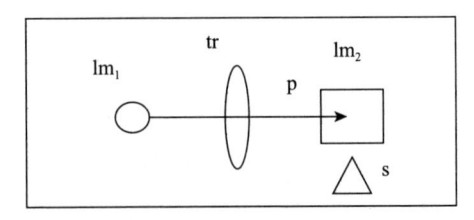

图 2-35　汉语趋向补语"进来"的第一种意象图式

图 2-35 是例（35）中趋向补语"进来"的意象图式，表示射体 tr 沿着路径 p 离开界标 lm₁ 进入界标 lm₂，立足点 s 在界标 lm₂。该例中，射体 tr 是"三十元钱钞票"，界标 lm₁ 是"车窗外"，界标 lm₂ 是车的里面（方形），路径 p 是"递"的轨迹。"三十元钱钞票"沿着"递"的轨迹从"车窗外"进入车里。

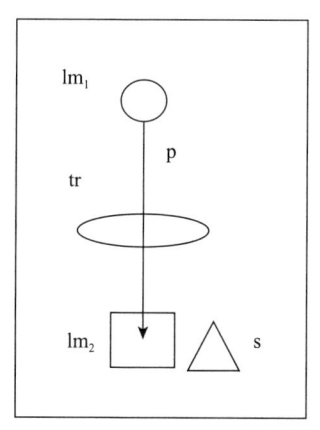

图 2-36　汉语趋向补语"进来"的第二种意象图式

图 2-36 是例（36）中趋向补语"进来"的意象图式，表示射体 tr 沿着路径 p 从位于高处的界标 lm₁ 向位于低处的界标 lm₂ 移动。该例中，射体 tr 是某物体，界标 lm₁ 是"天窗"的外面，界标 lm₂ 是车里，说话人的立足点 s 在界标 lm₂，路径 p 是"掉"的轨迹。某物体沿着"掉"的轨迹从"天窗"的外面移动到车里。

2.1.4.3　汉语趋向补语"进去"的意象图式

汉语趋向补语"进去"的意象图式体现在空间的物理运动之中。据考察，汉语趋向补语"进去"基本上有两种意象图式。例如：

（37）手连胳膊一起伸<u>进去</u>。（王朔《看上去很美》）
（38）他恨不得找到地缝儿钻<u>进去</u>。（王蒙《青狐》）

以上各例的意象图式分别如下。

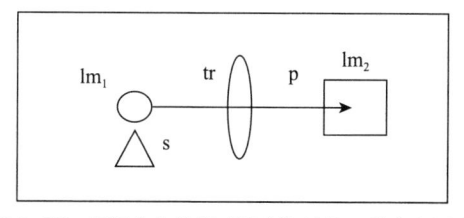

图 2-37　汉语趋向补语"进去"的第一种意象图式

图 2-37 是例（37）中趋向补语"进去"的意象图式，表示射体 tr 沿着路径 p 离开界标 lm₁ 进入界标 lm₂。该例中，射体 tr 是"手"，界标 lm₁ 是某物体的外部，界标 lm₂ 是某物体的内部，立足点 s 在界标 lm₁，路径 p 是"伸"的轨迹。"手"沿着"伸"的轨迹离开原来所在的位置移动到某处。

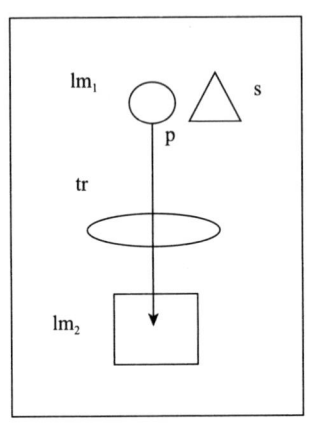

图 2-38　汉语趋向补语"进去"的第二种意象图式

图 2-38 是例（38）中趋向补语"进去"的意象图式，表示射体 tr 沿着路径 p 离开位于高处的界标 lm₁ 向位于低处的界标 lm₂ 移动。该例中，射体 tr 是"他"，界标 lm₁ 是"他"所在的位置（即地上），界标 lm₂ 是"地缝儿"（即地下），立足点 s 位于界标 lm₁，路径 p 是"钻"的轨迹。"他"沿着"钻"的轨迹离开原来所在的位置，移动到"地缝儿"。

2.1.5　汉语"出"组趋向补语的意象图式

2.1.5.1　汉语趋向补语"出"的意象图式

汉语趋向补语"出"的意象图式体现在空间的物理运动之中。据考察，汉语趋向补语"出"基本上有三种意象图式。例如：

（39）从小聪明伶俐英俊，是鸡窝里飞出的金凤凰。（王蒙《青狐》）
（40）母亲在倩姑寄出稿件以前就通读了她的手稿。（王蒙《青狐》）
（41）烟斗里冒出滚滚的烟。（王朔《千万别把我当人》）

以上各例的意象图式分别如下。

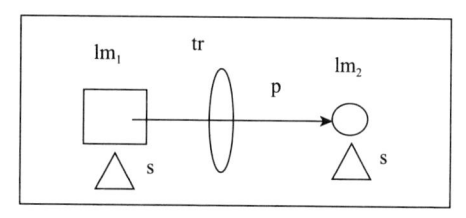

图 2-39　汉语趋向补语"出"的第一种意象图式

图 2-39 是例（39）中趋向补语"出"的意象图式，表示射体 tr 沿着路径 p 离开界标 lm$_1$ 移动到界标 lm$_2$，立足点 s 有可能在界标 lm$_1$，也有可能在界标 lm$_2$。该例中，射体 tr 是"金凤凰"，界标 lm$_1$ 是"鸡窝"（方形），界标 lm$_2$ 是"鸡窝"的外面，路径 p 是"飞"的轨迹。"金凤凰"沿着"飞"的轨迹离开"鸡窝"移动到"鸡窝"的外面。

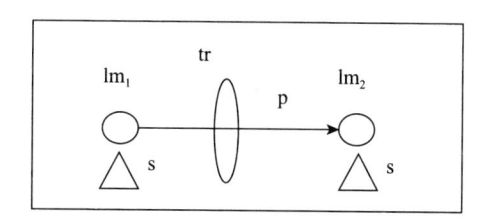

图 2-40　汉语趋向补语"出"的第二种意象图式

图 2-40 是例（40）中趋向补语"出"的意象图式，表示射体 tr 沿着路径 p 离开界标 lm$_1$ 移动到界标 lm$_2$，立足点 s 有可能在界标 lm$_1$，也有可能在界标 lm$_2$。该例中，射体 tr 是"稿件"，界标 lm$_1$ 是"倩姑"所在的地方，界标 lm$_2$ 是某一处，路径 p 是"寄"的轨迹。"稿件"沿着"寄"的轨迹离开"倩姑"所在的地方移动到某一处。

图 2-41 是例（41）中趋向补语"出"的意象图式，表示射体 tr 沿着路径 p 离开位于低处的界标 lm$_1$ 移动到位于高处的界标 lm$_2$，立足点 s 有可能在界标 lm$_1$，也有可能在界标 lm$_2$。该例中，射体 tr 是"烟"，界标 lm$_1$ 是"烟斗"（低处），界标 lm$_2$ 在句子中没有出现，路径 p 是"冒"的轨迹。"烟"沿着"冒"的轨迹离开"烟斗"移动到某一高处。

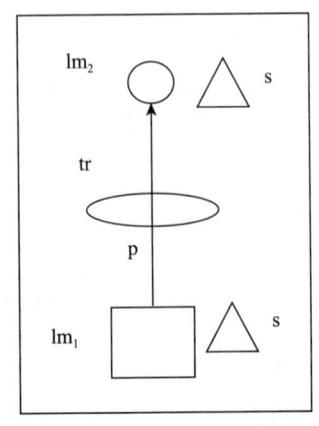

图 2-41　汉语趋向补语"出"的第三种意象图式

2.1.5.2　汉语趋向补语"出来"的意象图式

汉语趋向补语"出来"的意象图式体现在空间的物理运动之中。据考察，汉语趋向补语"出来"基本上有三种意象图式。例如：

（42）我是从保育院跑出来的。（王朔《看上去很美》）

（43）所引发出来对天空的敬畏。（余华《在细雨中呼喊》）

（44）肖童脑门上几乎冒出火来。（海岩《永不瞑目》）

以上各例的意象图式分别如下。

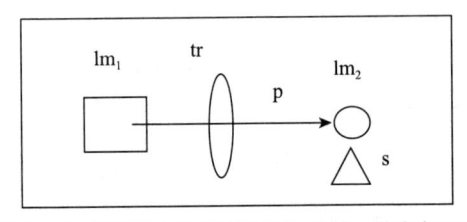

图 2-42　汉语趋向补语"出来"的第一种意象图式

图 2-42 是例（42）中趋向补语"出来"的意象图式，表示射体 tr 沿着路径 p 离开界标 lm₁ 移动到界标 lm₂，立足点 s 在界标 lm₂。该例中，射体 tr 是"我"，界标 lm₁ 是"保育院"（方形），界标 lm₂ 是"保育院"的外面，路径 p 是"跑"的轨迹。"我"沿着"跑"的轨迹离开"保育院"移动到外面。

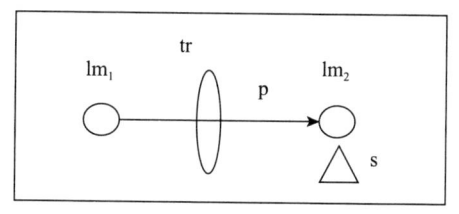

图 2-43 汉语趋向补语"出来"的第二种意象图式

图 2-43 是例（43）中趋向补语"出来"的意象图式，表示射体 tr 沿着路径 p 离开界标 lm₁ 移动到界标 lm₂，立足点 s 位于界标 lm₂。根据余华《在细雨中呼喊》中的上下文我们得知，射体 tr 是"敬畏"，界标 lm₁ 是"我"的心里，界标 lm₂ 是"我"的表现，路径 p 是"引发"的轨迹。"敬畏"沿着"引发"的轨迹从"我"的心里移动到外面。

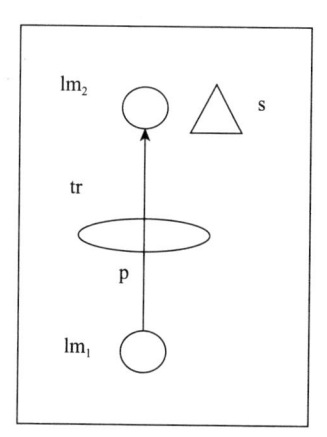

图 2-44 汉语趋向补语"出来"的第二种意象图式

图 2-44 是例（44）中趋向补语"出来"的意象图式，表示射体 tr 沿着路径 p 离开界标 lm₁ 移动到界标 lm₂，立足点 s 位于界标 lm₂。该例中，射体 tr 是"火"，界标 lm₁ 是"肖童脑门"（低处），界标 lm₂ 是位于高处的某一地方，路径 p 是"冒"的轨迹。"火"沿着"冒"的轨迹离开"肖童脑门"移动到某一地方。

2.1.5.3 汉语趋向补语"出去"的意象图式

汉语趋向补语"出去"的意象图式体现在空间的物理运动之中。据考察，汉语趋向补语"出去"基本上有两种意象图式。例如：

（45）张明从中间门大秃二秃家窗户爬出去。（王朔《看上去很美》）

（46）他和建军这么早就跑出去。（海岩《永不瞑目》）

以上各例的意象图式分别如下。

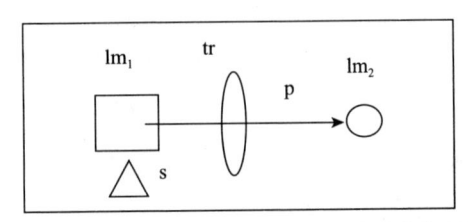

图 2-45　汉语趋向补语"出去"的第一种意象图式

图 2-45 是例（45）中趋向补语"出去"的意象图式，表示射体 tr 沿着路径 p 离开界标 lm₁ 移动到界标 lm₂，立足点 s 位于界标 lm₁。该例中，射体 tr 是"张明"，界标 lm₁ 是"大秃二秃家"的里面，界标 lm₂ 是"大秃二秃家"的外面，路径 p 是"爬"的轨迹。"张明"沿着"爬"的轨迹离开"大秃二秃家"移动到外面。

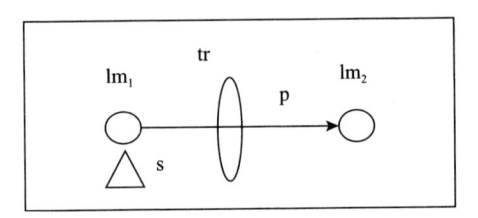

图 2-46　汉语趋向补语"出去"的第二种意象图式

图 2-46 是例（46）中趋向补语"出去"的意象图式，表示射体 tr 沿着路径 p 离开界标 lm₁ 移动到界标 lm₂，立足点 s 位于界标 lm₁。该例中，射体 tr 是"他和建军"，界标 lm₁ 是"他和建军"所在的地方，界标 lm₂ 是另一个地方，路径 p 是"跑"的轨迹。"他和建军"沿着"跑"的轨迹离开原来所在的地方移动到另一地方。

2.1.6　汉语"回"组趋向补语的意象图式

2.1.6.1　汉语趋向补语"回"的意象图式

汉语趋向补语"回"的意象图式体现在空间的物理运动之中。据考察，汉语趋向补语"回"基本上有两种意象图式。例如：

（47）庆春匆匆赶回机关。（海岩《永不瞑目》）

（48）李阿姨羞得满脸潮红，摔掉老院长的手，钻回被窝。（王朔《看上去很美》）

以上各例的意象图式分别如下。

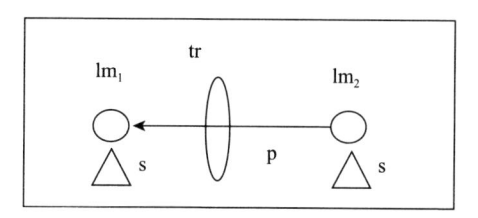

图 2-47　汉语趋向补语"回"的第一种意象图式

图 2-47 是例（47）中趋向补语"回"的意象图式，主要凸显从界标 lm_2 至界标 lm_1 的运动过程，表示射体 tr 从界标 lm_2 沿着路径 p 返回界标 lm_1，立足点 s 有可能在界标 lm_1，也有可能在界标 lm_2。该例中，射体 tr 是"庆春"，界标 lm_1 是"机关"，界标 lm_2 是某一地方，路径 p 是连接界标 lm_2 和界标 lm_1 的线路，也是"赶"的轨迹。"庆春"从"机关"外面的某处沿着"赶"的轨迹返回"机关"。

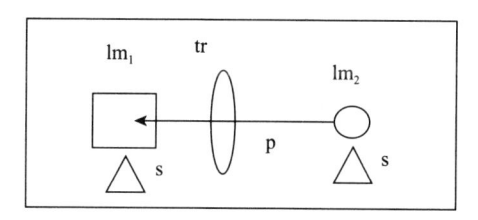

图 2-48　汉语趋向补语"回"的第二种意象图式

图 2-48 是例（48）中趋向补语"回"的意象图式，主要凸显从界标 lm_2 至界标 lm_1 的运动过程，表示射体 tr 从界标 lm_2 沿着路径 p 返回界标 lm_1，立足点 s 有可能在界标 lm_1，也有可能在界标 lm_2。该例中，射体 tr 是"李阿姨"，界标 lm_1 是"被窝"（方形），界标 lm_2 是"被窝"的外面，路径 p 是连接界标 lm_2 和界标 lm_1 的线路，也是"钻"的轨迹。"李阿姨"从"被窝"的外面沿着"钻"的轨迹返回"被窝"。

2.1.6.2 汉语趋向补语"回来"的意象图式

汉语趋向补语"回来"的意象图式体现在空间的物理运动之中。据考察，汉语趋向补语"回来"基本上有两种意象图式。例如：

（49）每次打仗我都装死，仗打完了再偷偷跑<u>回来</u>。（王朔《看上去很美》）

（50）把头由门口缩<u>回来</u>，做了一个鬼脸。（转引自刘月华，1998）

以上各例的意象图式分别如下。

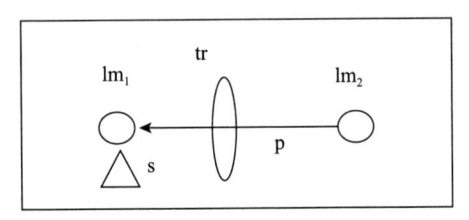

图 2-49　汉语趋向补语"回来"的第一种意象图式

图 2-49 是例（49）中趋向补语"回来"的意象图式，主要凸显从界标 lm_2 至界标 lm_1 的运动过程，表示射体 tr 从界标 lm_2 沿着路径 p 返回界标 lm_1，立足点 s 在界标 lm_1。该例中，射体 tr 是"我"，界标 lm_1 是"我"原来所在的地方，界标 lm_2 是"打仗"的地方，路径 p 是连接界标 lm_2 和界标 lm_1 的线路，也是"跑"的轨迹。"我"从"打仗"的地方沿着"跑"的轨迹返回自己原来所在的地方。

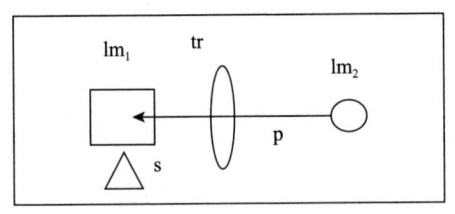

图 2-50　汉语趋向补语"回来"的第二种意象图式

图 2-50 是例（50）中趋向补语"回来"的意象图式，主要凸显从界标 lm_2 至界标 lm_1 的运动过程，表示射体 tr 从界标 lm_2 沿着路径 p 返回界标 lm_1，立足点 s 在界标 lm_1。该例中，射体 tr 是"头"，界标 lm_1 是屋里（方形），界标 lm_2 是"门口"以外的地方，路径 p 是连接界标 lm_2 和界标 lm_1 的线路，也

是"缩"的轨迹。"头"从"门口"以外的地方沿着"缩"的轨迹返回屋里。

2.1.6.3 汉语趋向补语"回去"的意象图式

汉语趋向补语"回去"的意象图式体现在空间的物理运动之中。据考察，汉语趋向补语"回去"基本上有两种意象图式。例如：

（51）当然比他一个人偷偷地逃<u>回去</u>光彩多了。（海岩《永不瞑目》）

（52）看见林先生和寿生都已在楼梯头了，她就缩<u>回</u>房<u>去</u>。（转引自北京大学现代汉语语料库）

以上各例的意象图式分别如下。

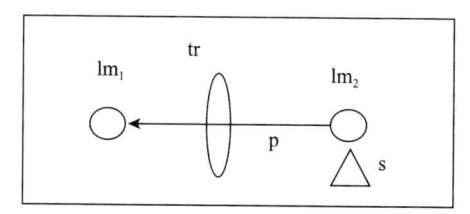

图 2-51　汉语趋向补语"回去"的第一种意象图式

图 2-51 是例（51）中趋向补语"回去"的意象图式，主要凸显从界标 lm_2 至界标 lm_1 的运动过程，表示射体 tr 从界标 lm_2 沿着路径 p 返回界标 lm_1，立足点 s 位于界标 lm_2。该例中，射体 tr 是"他"，界标 lm_1 是"他"原来所在的位置，界标 lm_2 是"他"现在所在的位置，路径 p 是连接界标 lm_2 和界标 lm_1 的线路，也是"逃"的轨迹。"他"从该处沿着"逃"的轨迹返回原来所在的地方。

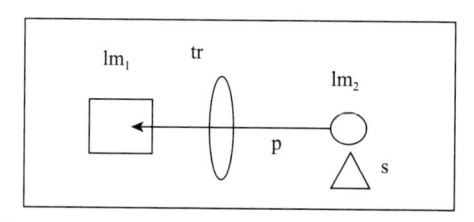

图 2-52　汉语趋向补语"回去"的第二种意象图式

图 2-52 是例（52）中趋向补语"回去"的意象图式，主要凸显从界标 lm_2 至界标 lm_1 的运动过程，表示射体 tr 从界标 lm_2 沿着路径 p 返回界标 lm_1，立足点 s 位于界标 lm_2。该例中，射体 tr 是"她"，界标 lm_1 是"房"

里（方形），界标 lm₂ 是"她"现在所在的位置（立足点），路径 p 是连接界标 lm₂ 和界标 lm₁ 的线路，也是"缩"的轨迹。"她"从"房"的外面（立足点）沿着"缩"的轨迹返回"房"里。

2.1.7 汉语"过"组趋向补语的意象图式

2.1.7.1 汉语趋向补语"过"的意象图式

汉语趋向补语"过"的意象图式体现在空间的物理运动之中。据考察，汉语趋向补语"过"基本上有三种意象图式。例如：

（53）好像一群鸟儿从他们的头上飞过。（王蒙《青狐》）
（54）他走过长长的胡同。（王朔《看上去很美》）
（55）一阵麻人的寒战掠过全身。（王朔《看上去很美》）

以上各例的意象图式分别如下。

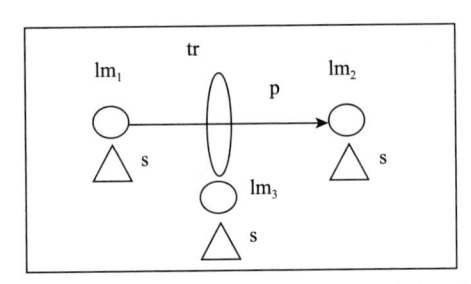

图 2-53　汉语趋向补语"过"的第一种意象图式

图 2-53 是例（53）中趋向补语"过"的意象图式，表示射体 tr 沿着路径 p 离开界标 lm₁ 移动到界标 lm₂，途中经过了界标 lm₃，立足点 s 有可能在界标 lm₁，有可能在界标 lm₂，也有可能在界标 lm₃。该例中，射体 tr 是"一群鸟儿"，界标 lm₁ 和界标 lm₂ 在句中没有出现，界标 lm₃ 是"他们的头"，路径 p 是"飞"的轨迹，立足点 s 有可能位于"他们的头"，也有可能在界标 lm₁ 或 lm₂。"一群鸟儿"沿着"飞"的轨迹从某处移动到某处，途中经过了"他们的头"。

图 2-54 是例（54）中趋向补语"过"的意象图式，表示射体 tr 沿着路径 p 离开界标 lm₁，途中穿过界标 lm₃，移动到界标 lm₂，立足点 s

有可能在界标 lm_1，有可能在界标 lm_2，有可能在界标 lm_3。该例中，射体 tr 是"他"，界标 lm_1、lm_2 在句子中没有出现，界标 lm_3 是"胡同"，路径 p 是"走"的轨迹，立足点 s 有可能位于"胡同"，也有可能位于界标 lm_1 或界标 lm_2。"他"沿着"走"的轨迹从某处穿过了"胡同"移动到某处。

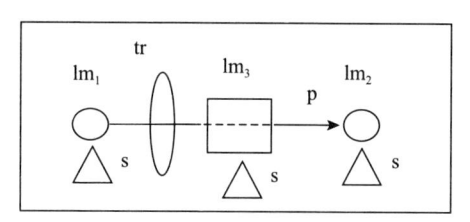

图 2-54　汉语趋向补语"过"的第二种意象图式

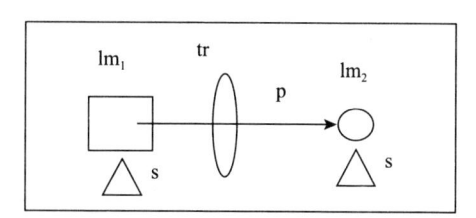

图 2-55　汉语趋向补语"过"的第三种意象图式

图 2-55 是例（55）中趋向补语"过"的意象图式，表示射体 tr 沿着路径 p 离开界标 lm_1，移动到界标 lm_2，立足点 s 有可能在界标 lm_1，有可能在界标 lm_2。根据王朔《看上去很美》中的上下文，射体 tr 是"一阵麻人的寒战"，界标 lm_1 是身体里面，界标 lm_2 是身体外面，路径 p 是"掠"的轨迹。"一阵麻人的寒战"从身体的里面经过皮肤移动到身体外面。

2.1.7.2　汉语趋向补语"过来"的意象图式

汉语趋向补语"过来"的意象图式体现在空间的物理运动之中。据考察，汉语趋向补语"过来"基本上有三种意象图式。例如：

（56）我刚要站起来，她又冲过来推我一跟头。（王朔《看上去很美》）

（57）黄良！别再叫他跑过桥来。（转引自北京大学现代汉语语料库）

（58）那个床上的女人也走过来了。（余华《在细雨中呼喊》）

以上各例的意象图式分别如下。

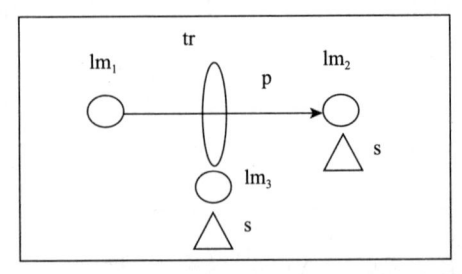

图 2-56　汉语趋向补语"过来"的第一种意象图式

图 2-56 是例（56）中趋向补语"过来"的意象图式，表示射体 tr 沿着路径 p 离开界标 lm₁ 移动到界标 lm₂，途中经过了界标 lm₃，立足点 s 在界标 lm₂ 或界标 lm₃。该例中，射体 tr 是"她"，界标 lm₁ 是"她"所在的位置，界标 lm₂ 是"我"所在的位置，界标 lm₃ 在句中没有出现，路径 p 是"冲"的轨迹。"她"沿着"冲"的轨迹离开所在的位置经过某处向"我"的位置移动。

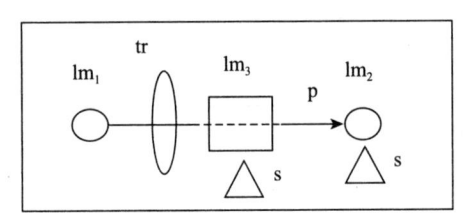

图 2-57　汉语趋向补语"过来"的第二种意象图式

图 2-57 是例（57）中趋向补语"过来"的意象图式，表示射体 tr 沿着路径 p 从界标 lm₁ 向界标 lm₂ 移动，途中穿过了界标 lm₃，立足点 s 位于界标 lm₂ 或界标 lm₃。该例中，射体 tr 是"他"，界标 lm₁、lm₂ 没有出现，界标 lm₃ 是"桥"（方形），路径 p 是"跑"的轨迹，立足点 s 在界标 lm₂ 或 lm₃。"他"沿着"跑"的轨迹从某处向某处移动，途中穿过了"桥"。

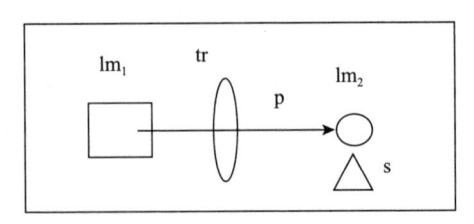

图 2-58　汉语趋向补语"过来"的第三种意象图式

图 2-58 是例（58）中趋向补语"过来"的意象图式，表示射体 tr 沿着路径 p 离开界标 lm$_1$ 向界标 lm$_2$ 移动，立足点 s 在界标 lm$_2$。该例中，射体 tr 是"女人"，界标 lm$_1$ 是"床"（方形），界标 lm$_2$ 是"床"以外的某一地方，路径 p 是"走"的轨迹。"女人"沿着"走"的轨迹离开"床"移动到某一地方。

2.1.7.3 汉语趋向补语"过去"的意象图式

汉语趋向补语"过去"的意象图式体现在空间的物理运动之中。据考察，汉语趋向补语"过去"基本上有三种意象图式。例如：

（59）那时他已从我身边走<u>过去</u>了。（余华《在细雨中呼喊》）
（60）他从涌来的村里人中间穿<u>过去</u>。（余华《在细雨中呼喊》）
（61）我和哥哥会激动地奔跑<u>过去</u>。（余华《在细雨中呼喊》）

以上各例的意象图式分别如下。

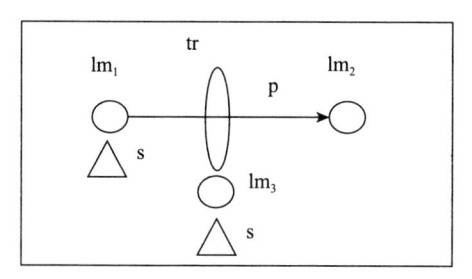

图 2-59　汉语趋向补语"过去"的第一种意象图式

图 2-59 是例（59）中趋向补语"过去"的意象图式，表示射体 tr 沿着路径 p 离开界标 lm$_1$ 移动到界标 lm$_2$，途中经过了界标 lm$_3$，立足点 s 在界标 lm$_1$ 或界标 lm$_3$。该例中，射体 tr 是"他"，界标 lm$_1$ 是"他"原来所在的地方，界标 lm$_2$ 在句中没有交代，界标 lm$_3$ 是"我"所在的位置，路径 p 是"走"的轨迹。"他"沿着"走"的轨迹离开原来所在的地方移动到某一处，途中经过了"我"的位置。

图 2-60 是例（60）中趋向补语"过去"的意象图式，表示射体沿着路径 p 离开界标 lm$_1$，穿过界标 lm$_3$，移动到界标 lm$_2$，立足点 s 位于界标 lm$_1$ 或界标 lm$_3$。该例中，射体 tr 是"他"，界标 lm$_1$ 是"他"原来所在的位置，界标 lm$_2$ 在句中没有出现，界标 lm$_3$ 是"涌来的村里人"，路径 p 是"穿"

的轨迹，立足点 s 在界标 lm₁ 或 lm₃。"他"沿着"穿"的轨迹离开原来所在的地方移动到某一处，途中穿过了"涌来的村里人"。

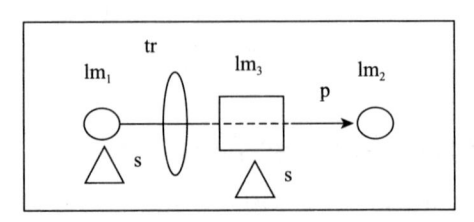

图 2-60　汉语趋向补语"过去"的第二种意象图式

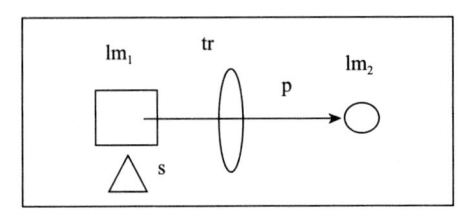

图 2-61　汉语趋向补语"过去"的第三种意象图式

图 2-61 是例（61）中趋向补语"过去"的意象图式，表示射体 tr 沿着路径 p 离开界标 lm₁ 移动到界标 lm₂。根据余华《在细雨中呼喊》中的上下文我们得知，射体 tr 是"我和哥哥"，界标 lm₁ 是"我和哥哥"所在的地方（即屋里），界标 lm₂ 是"祖父"的位置（即屋子的外面），路径 p 是"跑"的轨迹，立足点 s 在界标 lm₁。"我和哥哥"沿着"跑"的轨迹离开屋里向屋外移动。

2.1.8　汉语"起"组趋向补语的意象图式

2.1.8.1　汉语趋向补语"起"的意象图式

汉语趋向补语"起"的意象图式体现在空间的物理运动之中。据考察，汉语趋向补语"起"基本上有三种意象图式。例如：

（62）刘顺明从床上掀被跳起。（王朔《千万别把我当人》）

（63）我想起了无数欢欣的往事。（余华《在细雨中呼喊》）

（64）他想起今天是周末。（海岩《永不瞑目》）

以上各例的意象图式分别如下。

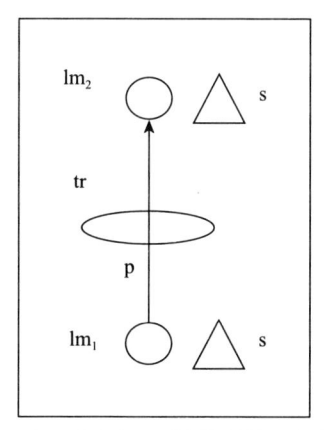

图 2-62 汉语趋向补语"起"的第一种意象图式

图 2-62 是例（62）中趋向补语"起"的意象图式，表示射体 tr 沿着路径 p 离开位于低处的界标 lm_1 向位于高处的界标 lm_2 移动，立足点 s 有可能在界标 lm_1，也有可能在界标 lm_2。该例中，射体 tr 是"刘顺明"，界标 lm_1 是"床"，界标 lm_2 没有出现，路径 p 是"跳"的轨迹。

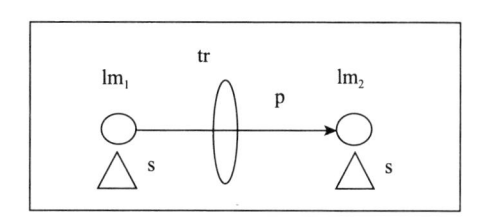

图 2-63 汉语趋向补语"起"的第二种意象图式

图 2-63 是例（63）中趋向补语"起"的意象图式，表示射体 tr 沿着路径 p 离开界标 lm_1 向界标 lm_2 移动，立足点 s 有可能在界标 lm_1，也有可能在界标 lm_2。该例中，射体 tr 是"我"，界标 lm_1 位于现在时，界标 lm_2 位于过去时（即"往事"），路径 p 是"想"的轨迹。

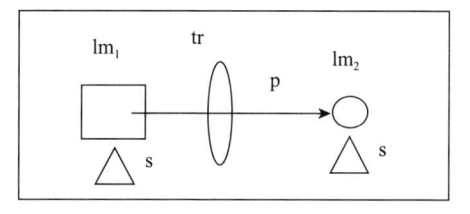

图 2-64 汉语趋向补语"起"的第三种意象图式

图 2-64 是例（64）中趋向补语"起"的意象图式，表示射体 tr 沿着路径 p 离开界标 lm₁ 向界标 lm₂ 移动，立足点 s 有可能在界标 lm₁，也有可能在界标 lm₂。该例中，射体 tr 是位于"他"大脑中某个地方的已知信息"周末"，界标 lm₁ 是"他"大脑中某个地方，界标 lm₂ 是"今天"，路径 p 是"想"的轨迹。

2.1.8.2　汉语趋向补语"起来"的意象图式

汉语趋向补语"起来"的意象图式体现在空间的物理运动之中。据考察，汉语趋向补语"起来"基本上有三种意象图式。例如：

（65）不许动，把手举<u>起来</u>！（海岩《永不瞑目》）

（66）现在回想<u>起来</u>。（余华《在细雨中呼喊》）

（67）你一说我也想<u>起来</u>了。（王朔《看上去很美》）

以上各例的意象图式分别如下。

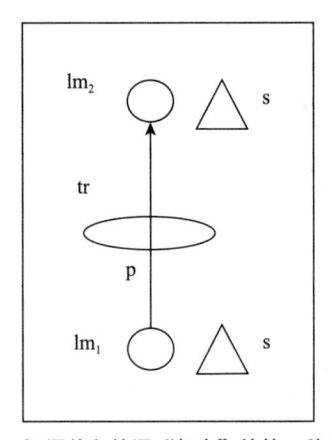

图 2-65　汉语趋向补语"起来"的第一种意象图式

图 2-65 是例（65）中趋向补语"起来"的意象图式，表示射体 tr 沿着路径 p 离开位于低处的界标 lm₁ 向位于高处的界标 lm₂ 移动，立足点 s 有可能在界标 lm₁，也有可能在界标 lm₂。该例中，射体 tr 是"手"，界标 lm₁ 在低处，界标 lm₂ 在高处，路径 p 是"举"的轨迹。

图 2-66 是例（66）中趋向补语"起来"的意象图式，表示射体 tr 沿着路径 p 离开界标 lm₁ 向界标 lm₂ 移动，立足点 s 有可能在界标 lm₁，也有可

能在界标 lm_2。该例中，射体 tr 是某人，界标 lm_1 是"现在"，界标 lm_2 位于过去时，路径 p 是"回想"的轨迹。

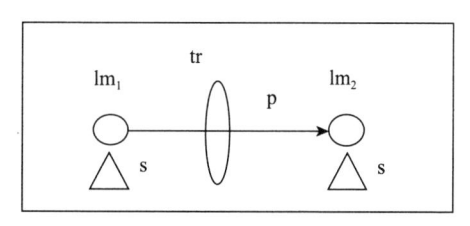

图 2-66　汉语趋向补语"起来"的第二种意象图式

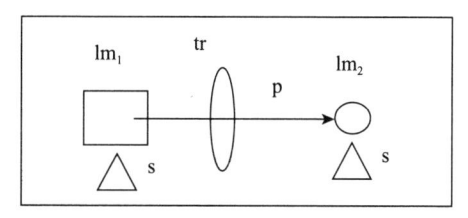

图 2-67　汉语趋向补语"起来"的第三种意象图式

图 2-67 是例（67）中趋向补语"起来"的意象图式，表示射体 tr 沿着路径 p 离开界标 lm_1 向界标 lm_2 移动，立足点 s 有可能在界标 lm_1，也有可能在界标 lm_2。该例中，射体 tr 是"你"和"我"共同提到的事情，是一个已知信息，界标 lm_1 是该已知信息在"我"大脑中的某一地方，界标 lm_2 是"我"和"你"面前的虚拟位置，路径 p 是"想"的轨迹。

2.2　越南语趋向补语的意象图式

越南语共有 8 个趋向补语，分别是："đến/ tới/ lại"（来）、"đi"（去）、"lên"（上）、"xuống"（下）、"vào"（进）、"ra"（出）、"về"（回）、"qua/ sang"（过）。其意象图式如下。

2.2.1　越南语趋向补语"đến/ tới/ lại"（来）的意象图式

越南语趋向补语"đến/ tới/ lại"（来）的意象图式体现在空间的物理运动之中。据考察，越南语趋向补语"đến/ tới/ lại"（来）基本上只有一种意象图式。例如：

（68）Nhìn thấy bọn này chạy đến càng hứng thú hét lên lanh lảnh.
　　　看　见　他们　跑来越　兴奋 喊上　嘹亮
　　（看见他们跑来发出兴奋的叫嚣。）

上述例句的意象图式如下。

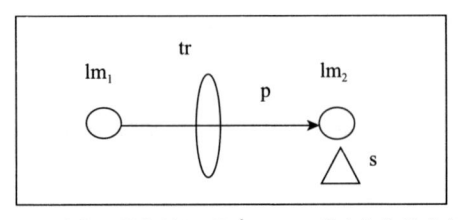

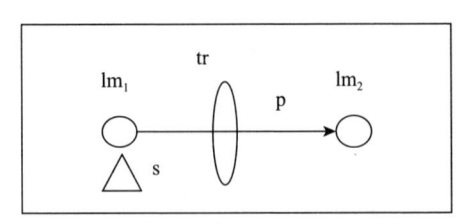

图 2-68　越南语趋向补语"đến/ tới/ lại"（来）的意象图式

图 2-68 是例（68）中趋向补语"đến"（来）的意象图式，表示射体 tr 沿着路径 p 离开界标 lm_1 移动到界标 lm_2，立足点 s 位于界标 lm_2。该例中，射体 tr 是"bọn này"（他们），界标 lm_1 是"bọn này"（他们）原来所在的地方，界标 lm_2 是叙述人所在的位置，也是立足点 s，路径 p 是"chạy"（跑）的轨迹。"bọn này"（他们）沿着"chạy"（跑）的轨迹离开原来所在的地方朝着叙述人所在的位置移动。

2.2.2　越南语趋向补语"đi"（去）的意象图式

越南语趋向补语"đi"（去）的意象图式体现在空间的物理运动之中。据考察，越南语趋向补语"đi"（去）基本上只有一种意象图式。例如：

（69）Các anh xem ai xấu hổ, tôi sẽ chạy đi vai kề vai dắt tay với anh ta.
　　　你们　　看 谁 别扭 我将 跑 去 肩并肩　挽手　跟　他
　　（你们瞅谁别扭，我就跑去肩并肩和他挽起手。）

上述例句的意象图式如下。

图 2-69　越南语趋向补语"đi"（去）的意象图式

图 2-69 是例（69）中趋向补语"đi"（去）的意象图式，表示射体 tr 沿着路径 p 离开界标 lm₁ 移动到界标 lm₂，立足点 s 位于界标 lm₁。该例中，射体 tr 是"tôi"（我），界标 lm₁ 是"tôi"（我）所在的地方，也是立足点 s，界标 lm₂ 是"anh ta"（他）所在的位置，路径 p 是"chạy"（跑）的轨迹。"tôi"（我）沿着"chạy"（跑）的轨迹离开原来所在的地方移动到"anh ta"（他）所在的地方。

2.2.3 越南语趋向补语"lên"（上）的意象图式

越南语趋向补语"lên"（上）的意象图式体现在空间的物理运动之中。据考察，越南语趋向补语"lên"（上）基本上有两种意象图式。例如：

（70）Mỗi lần đến giờ này liền có một người nhảy lên giường của tôi.
　　　每　次　到　时　这　就　有　一　人　　跳　上　床　　的　我
（每到这时，就会有一个人跳上我的床。）

（71）Âu Dương Lan Lan nóng giận, nhào lên túm anh đánh.
　　　欧阳兰兰　　　　　　　热　生气　扑　上　揪　他　打
（欧阳兰兰急了，扑上来揪住他就打。）

上述例句的意象图式如下。

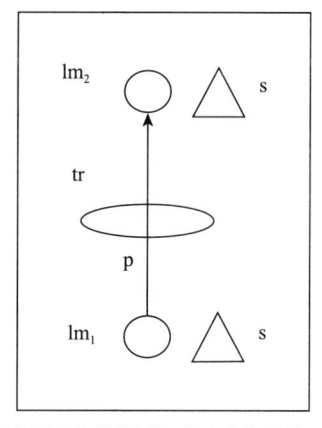

图 2-70　越南语趋向补语"lên"（上）的第一种意象图式

图 2-70 是例（70）中趋向补语"lên"（上）的意象图式，表示射体

tr 沿着路径 p 离开位于低处的界标 lm₁ 向位于高处的界标 lm₂ 移动，立足点 s 有可能在界标 lm₁，也有可能在界标 lm₂。该例中，射体 tr 是"người"（人），界标 lm₁ 是地上，界标 lm₂ 是"giường của tôi"（我的床），路径 p 是"nhảy"（跳）的轨迹。"người"（人）沿着"nhảy"（跳）的轨迹从地上移动到"giường của tôi"（我的床）上。

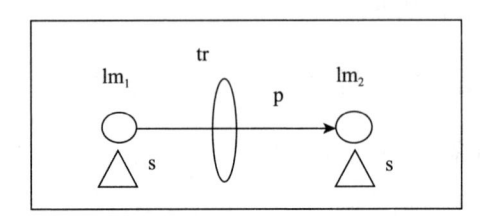

图 2-71　越南语趋向补语"lên"（上）的第二种意象图式

图 2-71 是例（71）中趋向补语"lên"（上）的意象图式，表示射体 tr 沿着路径 p 离开界标 lm₁ 向在面前的界标 lm₂ 移动，立足点 s 有可能在界标 lm₁，也有可能在界标 lm₂。该例中，射体 tr 是"Âu Dương Lan Lan"（欧阳兰兰），界标 lm₁ 是"Âu Dương Lan Lan"（欧阳兰兰）所在的位置，界标 lm₂ 是"anh"（他）所在的位置，路径 p 是"nhào"（扑）的轨迹。"Âu Dương Lan Lan"（欧阳兰兰）沿着"nhào"（扑）的轨迹离开原来的地方移动到"anh"（他）所在的地方。

2.2.4　越南语趋向补语"xuống"（下）的意象图式

越南语趋向补语"xuống"（下）的意象图式体现在空间的物理运动之中。据考察，越南语趋向补语"xuống"（下）基本上只有一种意象图式。例如：

（72）Bố cũng chạy xuống lầu theo cô.
　　　爸爸 也 跑　下　楼　跟　她
　　　（父亲也跟着她跑下了楼。）

上述例句的意象图式如下。

第二章　汉—越语趋向补语的意象图式　69

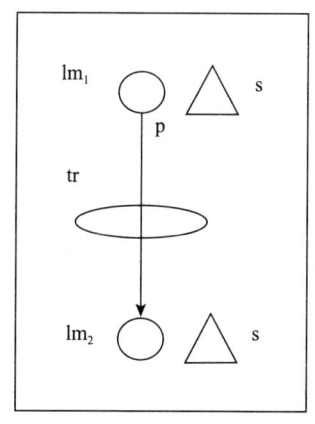

图 2-72　越南语趋向补语"xuống"（下）的意象图式

图 2-72 是例（72）中趋向补语"xuống"（下）的意象图式，表示射体 tr 沿着路径 p 离开位于高处的界标 lm₁ 向位于低处的界标 lm₂ 移动，立足点 s 有可能在界标 lm₁，也有可能在界标 lm₂。该例中，射体 tr 是"bố"（爸爸），界标 lm₁ 是楼上，界标 lm₂ 是楼下，路径 p 是"chạy"（跑）的轨迹。"bố"（爸爸）沿着"chạy"（跑）的轨迹从楼上移动到楼下。

2.2.5　越南语趋向补语"vào"（进）的意象图式

越南语趋向补语"vào"（进）的意象图式体现在空间的物理运动之中。据考察，越南语趋向补语"vào"（进）基本上只有一种意象图式。例如：

（73）Đỗ Trường Phát đi <u>vào</u> nhà ăn.
　　　杜长发　　　　走 进　食堂
　　（杜长发走进了食堂。）

上述例句的意象图式如下。

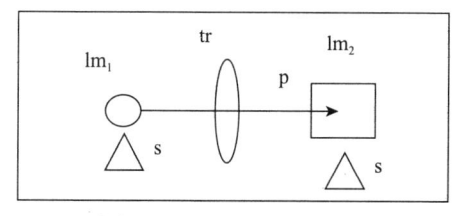

图 2-73　越南语趋向补语"vào"（进）的意象图式

图 2-73 是例（73）中趋向补语"vào"（进）的意象图式，表示射体 tr 沿着路径 p 离开界标 lm₁ 进入界标 lm₂，立足点 s 有可能在界标 lm₁，也有可能在界标 lm₂。该例中，射体 tr 是"Đỗ Trường Phát"（杜长发），界标 lm₁ 是"Đỗ Trường Phát"（杜长发）所在的位置，界标 lm₂ 是"nhà ăn"（食堂）（方形），路径 p 是"đi"（走）的轨迹。"Đỗ Trường Phát"（杜长发）沿着"đi"（走）的轨迹离开原来所在的地方移动到"nhà ăn"（食堂）。

2.2.6 越南语趋向补语"ra"（出）的意象图式

越南语趋向补语"ra"（出）的意象图式体现在空间的物理运动之中。据考察，越南语趋向补语"ra"（出）基本上只有一种意象图式。例如：

（74）Văn Yến từ trong nhà bếp thò người ra.
　　　文燕　从　里　厨房　探　人　出
（文燕从厨房里探出身来。）

上述例句的意象图式如下。

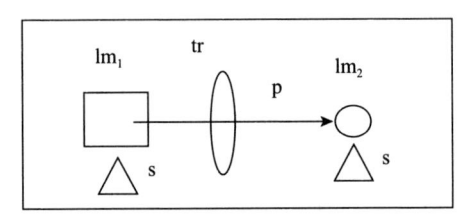

图 2-74　越南语趋向补语"ra"（出）的意象图式

图 2-74 是例（74）中趋向补语"ra"（出）的意象图式，表示射体 tr 沿着路径 p 离开界标 lm₁ 移动到界标 lm₂，立足点 s 有可能在界标 lm₁，也有可能在界标 lm₂。该例中，射体 tr 是"người"（人），界标 lm₁ 是"nhà bếp"（厨房）的里面，界标 lm₂ 是"nhà bếp"（厨房）的外面，路径 p 是"thò"（探）的轨迹。"người"（人）沿着"thò"（探）的轨迹离开"nhà bếp"（厨房）移动到"nhà bếp"（厨房）的外面。

2.2.7 越南语趋向补语"về"（回）的意象图式

越南语趋向补语"về"（回）的意象图式体现在空间的物理运动之中。据考察，越南语趋向补语"về"（回）基本上只有一种意象图式。例如：

（75）Khánh Xuân vội vàng chạy về cơ quan.

  庆春   匆匆 赶 回 机关

  （庆春匆匆赶回机关。）

上述例句的意象图式如下。

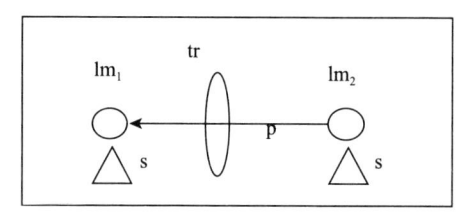

图 2-75 越南语趋向补语"về"（回）的意象图式

图 2-75 是例（75）中趋向补语"về"（回）的意象图式，主要凸显从界标 lm₂ 至界标 lm₁ 的运动过程，射体 tr 从界标 lm₂ 沿着路径 p 返回界标 lm₁，立足点 s 有可能在界标 lm₁，也有可能在界标 lm₂。该例中，射体 tr 是"Khánh Xuân"（庆春），界标 lm₁ 是"cơ quan"（机关），界标 lm₂ 是"Khánh Xuân"（庆春）离开"cơ quan"（机关）后所在的位置，路径 p 是连接界标 lm₂ 和界标 lm₁ 的线路，也是"chạy"（赶）的轨迹。"Khánh Xuân"（庆春）离开"cơ quan"（机关）外边的某处，沿着"chạy"（赶）的轨迹返回"cơ quan"（机关）。

2.2.8 越南语趋向补语"qua/ sang"（过）的意象图式

越南语趋向补语"qua/ sang"（过）的意象图式体现在空间的物理运动之中。据考察，越南语趋向补语"qua/ sang"（过）基本上有两种意象图式。例如：

（76）Hình như có một đàn chim từ trên đầu họ bay qua.
　　　好像　　有一群　鸟从上　头他们飞　过
　　（好像一群鸟儿从他们的头上飞过。）

（77）Nó đi qua con hẻm dài.
　　　他走过　　胡同　　长
　　（他走过长长的胡同。）

上述例句的意象图式如下。

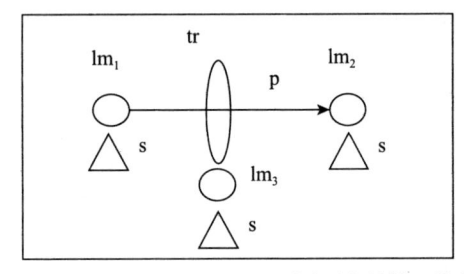

图 2-76　越南语趋向补语"qua/ sang"（过）的第一种意象图式

图 2-76 是例（76）中趋向补语"qua/ sang"（过）的意象图式，表示射体 tr 沿着路径 p 离开界标 lm_1 移动到界标 lm_2，途中经过了界标 lm_3，立足点 s 有可能在界标 lm_1，有可能在界标 lm_2，也有可能在界标 lm_3。该例中，射体 tr 是"một đàn chim"（一群鸟儿），界标 lm_1、lm_2 在句中没有出现，界标 lm_3 是"đầu họ"（他们的头），立足点 s 可能在"đầu họ"（他们的头），也有可能在界标 lm_1 或界标 lm_2。路径 p 是"bay"（飞）的轨迹。"một đàn chim"（一群鸟儿）沿着"bay"（飞）的轨迹从某处移动到某处，途中经过了"đầu họ"（他们的头）。

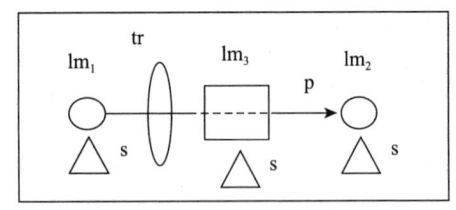

图 2-77　越南语趋向补语"qua/ sang"（过）的第二种意象图式

图 2-77 是例（77）中趋向补语"qua/ sang"（过）的意象图式，表示射体 tr 沿着路径 p 离开界标 lm_1，穿过界标 lm_3，移动到界标 lm_2，立足点 s 有可

能在界标 lm₁, 有可能在界标 lm₂, 也有可能在界标 lm₃。该例中, 射体 tr 是"nó"(他), 界标 lm₁ 是"nó"(他) 原来所在的位置, 界标 lm₂ 没有出现, 界标 lm₃ 是"con hẻm"(胡同)(方形), 立足点 s 有可能位于"con hẻm"(胡同), 也有可能在界标 lm₁ 或 lm2, 路径 p 是"đi"(走)的轨迹。"nó"(他)沿着"đi"(走)的轨迹离开界标 lm₁, 穿过界标 lm₃, 移动到界标 lm₂。

2.3 汉—越语趋向补语意象图式的异同

2.3.1 汉语趋向补语"来"的意象图式和越南语趋向补语"đến/ tới/ lại"(来)的意象图式的异同

汉语趋向补语"来"有六种意象图式, 越南语趋向补语"đến/ tới/ lại"(来) 只有一种意象图式。可见, 汉语趋向补语"来"的意象图式比越南语趋向补语"đến/ tới/ lại"(来) 的多。

图 2-1 与图 2-68 基本相同。当汉语句子中趋向补语"来"的意象图式是图 2-1 时, 越南语会用"谓词 + đến/ tới/ lại (来)"来对应汉语"谓词 + 来"。

图 2-1 与图 2-71 基本相同。当汉语句子中趋向补语"来"的意象图式是图 2-1 时, 越南语会用"谓词 + lên (上)"来对应汉语"谓词 + 来"。

图 2-1 与图 2-76 基本相同。当汉语句子中趋向补语"来"的意象图式是图 2-1 时, 越南语会用"谓词 + qua/ sang (过)"来对应汉语"谓词 + 来"。

图 2-2 与图 2-70 基本相同。当汉语句子中趋向补语"来"的意象图式是图 2-2 时, 越南语会用"谓词 + lên (上)"来对应汉语"谓词 + 来"。

图 2-3 与图 2-72 基本相同。当汉语句子中趋向补语"来"的意象图式是图 2-3 时, 越南语会用"谓词 + xuống (下)"来对应汉语"谓词 + 来"。

图 2-4 与图 2-73 基本相同。当汉语句子中趋向补语"来"的意象图式是图 2-4 时, 越南语会用"谓词 + vào (进)"来对应汉语"谓词 + 来"。

图 2-5 与图 2-74 基本相同。当汉语句子中趋向补语"来"的意象图式是图 2-5 时, 越南语会用"谓词 + ra (出)"来对应汉语"谓词 + 来"。

图 2-6 与图 2-75 基本相同。当汉语句子中趋向补语"来"的意象图式是图 2-6 时, 越南语会用"谓词 + về (回)"来对应汉语"谓词 + 来"。

2.3.2 汉语趋向补语"去"的意象图式和越南语趋向补语"đi"（去）的意象图式的异同

汉语趋向补语"去"有五种意象图式，越南语趋向补语"đi"（去）只有一种意象图式。可见，汉语趋向补语"去"的意象图式比越南语趋向补语"đi"（去）的多。

图 2-7 与图 2-69 基本相同。当汉语句子中趋向补语"去"的意象图式是图 2-7 时，越南语会用"谓词 + đi（去）"来对应汉语"谓词 + 去"。

图 2-7 与图 2-71 基本相同。当汉语句子中趋向补语"去"的意象图式是图 2-7 时，越南语会用"谓词 + lên（上）"来对应汉语"谓词 + 去"。

图 2-7 与图 2-76 基本相同。当汉语句子中趋向补语"去"的意象图式是图 2-7 时，越南语会用"谓词 + qua/ sang（过）"来对应汉语"谓词 + 去"。

图 2-8 与图 2-70 基本相同。当汉语句子中趋向补语"去"的意象图式是图 2-8 时，越南语会用"谓词 + lên（上）"来对应汉语"谓词 + 去"。

图 2-9 与图 2-72 基本相同。当汉语句子中趋向补语"去"的意象图式是图 2-9 时，越南语会用"谓词 + xuống（下）"来对应汉语"谓词 + 去"。

图 2-10 与图 2-73 基本相同。当汉语句子中趋向补语"去"的意象图式是图 2-10 时，越南语会用"谓词 + vào（进）"来对应汉语"谓词 + 去"。

图 2-11 与图 2-74 基本相同。当汉语句子中趋向补语"去"的意象图式是图 2-11 时，越南语会用"谓词 + ra（出）"来对应汉语"谓词 + 去"。

2.3.3 汉语"上"组、"起"组趋向补语的意象图式和越南语趋向补语"lên"（上）的意象图式的异同

汉语趋向补语"上""上来""上去"各有四种意象图式，汉语趋向补语"起""起来"各有三种意象图式，越南语趋向补语"lên"（上）有两种意象图式。可见，汉语趋向补语"上""上来""上去""起""起来"的意象图式比越南语趋向补语"lên"（上）的多。

图 2-12、图 2-16、图 2-20、图 2-62、图 2-65 与图 2-70 基本相同。当汉语句子中趋向补语"上""上来""上去"的意象图式分别是图 2-12、图 2-16、图 2-20 时，越南语会用"谓词 + lên（上）"来对应汉语"谓词 +

上 / 上来 / 上去"。当汉语句子中趋向补语"起""起来"的意象图式分别是图 2-62、图 2-65 时，越南语会用"谓词 + lên（上）"来对应汉语"谓词 + 起 / 起来"。

图 2-13、图 2-17、图 2-21、图 2-63、图 2-66 与图 2-71 基本相同。当汉语句子中趋向补语"上""上来""上去"的意象图式分别是图 2-13、图 2-17、图 2-21 时，越南语会用"谓词 + lên（上）"来对应汉语"谓词 + 上 / 上来 / 上去"。当汉语句子中趋向补语"起""起来"的意象图式分别是图 2-63、图 2-66 时，越南语会用"谓词 + lên（上）"来对应汉语"谓词 + 起 / 起来"。

图 2-13、图 2-17、图 2-21 与图 2-68 基本相同，都表示趋近面前的目标。当汉语句子中趋向补语"上""上来""上去"的意象图式分别是图 2-13、图 2-17、图 2-21 时，越南语会用"谓词 + đến/ tới/ lại（来）"来对应汉语"谓词 + 上 / 上来 / 上去"。

图 2-14、图 2-18、图 2-22 与图 2-73 基本相同。当汉语句子中趋向补语"上""上来""上去"的意象图式分别是图 2-14、图 2-18、图 2-22 时，越南语会用"谓词 + vào（进）"来对应汉语"谓词 + 上 / 上来 / 上去"。

图 2-15、图 2-19、图 2-23、图 2-64、图 2-67 与图 2-74 基本相同。当汉语句子中趋向补语"上""上来""上去"的意象图式分别是图 2-15、图 2-19、图 2-23 时，越南语会用"谓词 + ra（出）"来对应汉语"谓词 + 上 / 上来 / 上去"。当汉语句子中趋向补语"起""起来"的意象图式分别是图 2-64、图 2-67 时，越南语会用"谓词 + ra（出）"来对应汉语"谓词 + 起 / 起来"。

2.3.4 汉语"下"组趋向补语的意象图式和越南语趋向补语"xuống"（下）的意象图式的异同

汉语趋向补语"下""下来""下去"各有三种意象图式，越南语趋向补语"xuống"（下）只有一种意象图式。可见，汉语趋向补语"下""下来""下去"的意象图式比越南语趋向补语"xuống"（下）的多。

图 2-24、图 2-27、图 2-30 与图 2-72 基本相同。当汉语句子中趋向补语"下""下来""下去"的意象图式分别是图 2-24、图 2-27、图 2-30 时，

越南语会用"谓词 + xuống（下）"来对应汉语"谓词 + 下 / 下来 / 下去"。

图 2-25、图 2-28、图 2-31 与图 2-73 基本相同。当汉语句子中趋向补语"下""下来""下去"的意象图式分别是图 2-25、图 2-28、图 2-31 时，越南语会用"谓词 + vào（进）"来对应汉语"谓词 + 下 / 下来 / 下去"。

图 2-26、图 2-29、图 2-32 与图 2-74 基本相同。当汉语句子中趋向补语"下""下来""下去"的意象图式分别是图 2-26、图 2-29、图 2-32 时，越南语会用"谓词 + ra（出）"来对应汉语"谓词 + 下 / 下来 / 下去"。

2.3.5 汉语"进"组趋向补语的意象图式和越南语趋向补语"vào"（进）的意象图式的异同

汉语趋向补语"进""进来""进去"各有两种意象图式，越南语趋向补语"vào"（进）只有一种意象图式。可见，汉语趋向补语"进""进来""进去"的意象图式比越南语趋向补语"vào"（进）的多。

图 2-33、图 2-35、图 2-37 与图 2-73 基本相同。当汉语句子中趋向补语"进""进来""进去"的意象图式分别是图 2-33、图 2-35、图 2-37 时，越南语会用"谓词 + vào（进）"来对应汉语"谓词 + 进 / 进来 / 进去"。

图 2-34、图 2-36、图 2-38 与图 2-72 基本相同。当汉语句子中趋向补语"进""进来""进去"的意象图式分别是图 2-34、图 2-36、图 2-38 时，越南语会用"谓词 + xuống（下）"来对应汉语"谓词 + 进 / 进来 / 进去"。

2.3.6 汉语"出"组趋向补语的意象图式和越南语趋向补语"ra"（出）的意象图式的异同

汉语趋向补语"出""出来"各有三种意象图式，趋向补语"出去"有两种意象图式，越南语趋向补语"ra"（出）只有一种意象图式。可见，汉语趋向补语"出""出来""出去"的意象图式比越南语趋向补语"ra"（出）的多。

图 2-39、图 2-42、图 2-45 与图 2-74 基本相同。当汉语句子中趋向补语"出""出来""出去"的意象图式分别是图 2-39、图 2-42、图 2-45 时，越南语会用"谓词 + ra（出）"来对应汉语"谓词 + 出 / 出来 / 出去"。

图 2-40、图 2-43 与图 2-68 基本相同。当汉语句子中趋向补语

"出""出来"的意象图式分别是图 2-40、图 2-43 时，越南语会用"谓词 + đến/ tới/ lại（来）"来对应汉语"谓词 + 出 / 出来"。

图 2-40、图 2-46 与图 2-69 基本相同。当汉语句子中趋向补语"出""出去"的意象图式分别是图 2-40、图 2-46 时，越南语会用"谓词 + đi（去）"来对应汉语"谓词 + 出 / 出去"。

图 2-41、图 2-44 与图 2-70 基本相同。当汉语句子中趋向补语"出""出来"的意象图式分别是图 2-41、图 2-44 时，越南语会用"谓词 + lên（上）"来对应汉语"谓词 + 出 / 出来"。

2.3.7 汉语"回"组趋向补语的意象图式和越南语趋向补语"về"（回）的意象图式的异同

汉语趋向补语"回""回来""回去"各有两种意象图式，越南语趋向补语"về"（回）只有一种意象图式。可见，汉语趋向补语"回""回来""回去"的意象图式比越南语趋向补语"về"（回）的多。

图 2-47、图 2-49、图 2-51 与图 2-75 基本相同。当汉语句子中趋向补语"回""回来""回去"的意象图式分别是图 2-47、图 2-49、图 2-51 时，越南语会用"谓词 + về（回）"来对应汉语"谓词 + 回 / 回来 / 回去"。

图 2-47、图 2-49、图 2-51 与图 2-68、图 2-69 基本相同。然而，越南语趋向补语"lại"（来）具有 [+ 返回] 语义特征，"đi"（去）具有 [- 返回] 语义特征。因此，当汉语句子中的趋向补语"回""回来""回去"的意象图式分别是图 2-47、图 2-49、图 2-51 时，越南语会用"谓词 + lại（来）"来对应汉语"谓词 + 回 / 回来 / 回去"。

图 2-48、图 2-50、图 2-52 与图 2-73 基本相同。当汉语句子中趋向补语"回""回来""回去"的意象图式分别是图 2-48、图 2-50、图 2-52 时，越南语会用"谓词 + vào（进）"来对应汉语"谓词 + 回 / 回来 / 回去"。

2.3.8 汉语"过"组趋向补语的意象图式和越南语趋向补语"qua/ sang"（过）的意象图式的异同

汉语趋向补语"过""过来""过去"各有三种意象图式，越南语趋向补语"qua/ sang"（过）有两种意象图式。可见，汉语趋向补语"过""过来""过去"的意象图式比越南语趋向补语"qua/ sang"（过）的多。

图 2-53、图 2-56、图 2-59 与图 2-76 基本相同。当汉语句子中趋向补语"过""过来""过去"的意象图式分别是图 2-53、图 2-56、图 2-59 时，越南语会用"谓词 + qua/ sang（过）"来对应汉语"谓词 + 过 / 过来 / 过去"。

图 2-54、图 2-57、图 2-60 与图 2-77 基本相同。当汉语句子中趋向补语"过""过来""过去"的意象图式分别是图 2-54、图 2-57、图 2-60 时，越南语会用"谓词 + qua（过）"来对应汉语"谓词 + 过 / 过来 / 过去"。

图 2-55、图 2-58、图 2-61 与图 2-74 基本相同。当汉语句子中趋向补语"过""过来""过去"的意象图式分别是图 2-55、图 2-58、图 2-61 时，越南语会用"谓词 + ra（出）"来对应汉语"谓词 + 过 / 过来 / 过去"。

在图 2-54、图 2-57、图 2-60 中，当我们只关注从界标 lm$_1$ 至界标 lm$_3$ 的移动时，它们与图 2-73 基本相同，此时越南语会用"谓词 + vào（进）"来对应汉语"谓词 + 过 / 过来 / 过去"；当我们只关注从界标 lm$_3$ 至界标 lm$_2$ 的移动时，它们与图 2-74 基本相同，此时越南语会用"谓词 + ra（出）"来对应汉语"谓词 + 过 / 过来 / 过去"。

图 2-56、图 2-58、图 2-61 与图 2-68 基本相同。当汉语句子中趋向补语"过来"的意象图式是图 2-56 时，越南语会用"谓词 + đến/ tới/ lại（来）"来对应汉语"谓词 + 过来"。

图 2-59 与图 2-69 基本相同。当汉语句子中趋向补语"过去"的意象图式是图 2-59 时，越南语会用"谓词 + đi（去）"来对应汉语"谓词 + 过去"。

2.4　本章小结

汉语趋向补语"进""进来""进去""出去""回""回来""回去"各有两种意象图式，趋向补语"下""下来""下去""出""出来""过""过来""过去""起""起来"各有三种意象图式，趋向补语"上""上来""上去"各有四种意象图式，趋向补语"去"有五种意象图式，趋向补语"来"

有六种意象图式。

越南语趋向补语"đến/ tới/ lại"（来）、"đi"（去）、"xuống"（下）、"vào"（进）、"ra"（出）、"về"（回）各有一种意象图式，趋向补语"lên"（上）、"qua/ sang"（过）各有两种意象图式。

可见，汉语趋向补语的意象图式比越南语趋向补语的多。因此，汉语趋向补语意象图式与越南语趋向补语意象图式存在复杂多样的对应关系。具体情况如表 2-1 所示。

表 2-1 汉语趋向补语意象图式与越南语趋向补语意象图式的对应关系

越南语 汉语	đến/ tới/ lại	đi	lên	xuống	vào	ra	về	qua/ sang
来	+		+	+	+	+	+	+
去		+	+	+	+	+		+
上	+		+		+	+		
上来	+		+		+	+		
上去	+		+					
下				+	+	+		
下来				+	+	+		
下去				+	+	+		
进					+	+		
进来					+	+		
进去					+	+		
出	+	+	+			+		
出来	+		+			+		
出去		+				+		
回	+				+		+	
回来	+				+		+	
回去	+				+		+	
过					+	+	+	+
过来	+				+	+	+	+
过去		+			+	+	+	+
起			+			+		
起来			+			+		

第三章　汉语趋向补语在越南语中的对应形式

我们从汉越语言对比语料（101万字）中共提取出8095个汉语趋向补语用例。其中，各组趋向补语的具体数量如表3-1。

表 3-1　汉越对比语料中汉语趋向补语的分布

单位：个

趋向补语	基本义	引申义	合计
"来、去"趋向补语	913	140	1053
"上"组趋向补语	397	525	922
"下"组趋向补语	540	585	1125
"进"组趋向补语	455	/	455
"出"组趋向补语	958	976	1934
"回"组趋向补语	210	/	210
"过"组趋向补语	552	72	624
"起"组趋向补语	561	1211	1772
合计	4586	3509	8095

下面，我们分别对汉语各组趋向补语的基本义和引申义在越南语中的对应形式进行讨论。

3.1　汉语"来、去"组趋向补语在越南语中的对应形式

汉语"来、去"组趋向补语包括"来"和"去"两个趋向补语。它们既有基本义，又有引申义。我们将其基本义分别记为"来$_1$""去$_1$"，将其

引申义分别记为"来₂""去₂"。

我们对汉越语言对比语料（101万字）进行筛选，共找到1053个"来、去"组趋向补语用例。其中，有534个趋向补语"来"的用例（"来₁"489个，"来₂"45个），519个趋向补语"去"的用例（"去₁"424个，"去₂"95个）。

3.1.1 汉语"来、去"组趋向补语基本义在越南语中的对应形式

汉语趋向补语"来₁""去₁"都可以表示人或物通过动作朝着立足点移动或离开立足点朝着另一处所移动，立足点是说话人或叙述人所在的位置（刘月华，1998：64、79）。它们都可以与表示躯体、物体运动的动词，表示可使物体改变位置的动作行为动词，表示使事物改变领属、占有等关系的动词搭配，构成"谓词+来₁/去₁"结构。

通过考察与对比分析我们发现，汉语"谓词+来₁"结构在越南语中有4类10种对应形式，"谓词+去₁"结构在越南语中有3类8种对应形式。具体情况如表3-2所示。

表3-2 汉语"来、去"组趋向补语基本义在越南语中的总体对应形式
—— 基于汉越语言对比语料的统计

单位：个

越南语 \ 汉语		谓词+来₁	谓词+去₁
谓词		168	156
谓词+趋向补语		314	260
1	谓词+đến/tới/lại（来）	253	/
2	谓词+đi（去）	/	148
3	谓词+lên（上）	10	15
4	谓词+xuống（下）	3	9
5	谓词+vào（进）	10	43
6	谓词+ra（出）	15	33
7	谓词+về（回）	16	/
8	谓词+qua/sang（过）	7	12
谓词+结果补语		3	/
1	谓词+được（得）	3	/
谓词+介词		4	8
1	谓词+theo（跟）	4	8

3.1.1.1 越南语用"谓词"来对应汉语"谓词 + 来₁/ 去₁"

越南语有时直接用"谓词"来对应汉语"谓词 + 来₁/ 去₁"结构。例如:

(1) 直接向楼梯处<u>走来</u>。(海岩《永不瞑目》)
    Đi thẳng về phía cầu thang.
    走 直 向 楼梯

(2) 看到一根骨头在空中<u>飞去</u>。(王朔《看上去很美》)
    Nhìn thấy một cục xương bay trong không trung.
    看 见 一 块 骨头 飞 中   空中

例(1)中,立足点是"楼梯处",汉语用动趋结构"走来"表示人通过动作"走"向"楼梯处"移动,越南语的对应"đi"(走)只表示移动的意思,不表示立足点的具体位置。例(2)中,立足点是叙述人所在的位置,汉语用动趋结构"飞去"表示通过动作使事物离开立足点,越南语的对应形式"bay"(飞)只表示移动的意思,不表示立足点的具体位置。

3.1.1.2 越南语用"谓词 + 趋向补语"来对应汉语"谓词 + 来₁/ 去₁"

越南语有时会在谓词后加上趋向补语来对应汉语"谓词 + 来₁/ 去₁"结构。据考察,越南语一般会在谓词后加上趋向补语"đến/ lại/ tới"(来)、"lên"(上)、"xuống"(下)、"vào"(进)、"ra"(出)、"về"(回)、"qua/ sang"(过)来对应汉语"谓词 + 来₁"结构,一般会在谓词后加上趋向补语"đi"(去)、"lên"(上)、"xuống"(下)、"vào"(进)、"ra"(出)、"qua/ sang"(过)来对应汉语"谓词 + 去₁"结构。

越南语中,趋向动词"đi"(去)表示远离主体或对象,"đến/ lại/ tới"(来)表示趋近说话人或某一对象(Nguyễn Kim Thản,1999:259)。换言之,越南语中"V + đến/ lại/ tới(来)"和"V + đi(去)"结构有确定的立足点,而"V + lên(上)/ xuống(下)/ vào(进)/ ra(出)/ về(回)/ qua/sang(过)"结构没有确定的立足点。也就是说,汉语"V + 来/ 去"的各种越南语对应形式中只有"V + đến/ lại/ tới(来)"和"V + đi(去)"有确定的立足点,其他对应形式没有。越南语的立足点主要是靠具体语境来确定的。

a. 越南语用"谓词 + lên（上）"来对应汉语"谓词 + 来₁/ 去₁"

越南语有时用结构"谓词 + lên（上）"来对应汉语"谓词 + 来₁/ 去₁"结构。例如：

（3）站起来用肉眼看着正一步步向山上跑来的元豹。（王朔《千万别把我当人》）

Đứng dậy dùng mắt thật nhìn Nguyên Báo đang chạy từng bước lên
站　　起　用　眼　真　看　　元豹　　正在　跑　一步步　上
trên núi.
上　山

（4）独自向楼上走去。（海岩《永不瞑目》）

Tự mình đi lên lầu.
自己　　走上　楼

例（3）中，立足点是移动者所在的位置，汉语用动趋结构"跑来"表示移动者通过动作"跑"向立足点移动。例（4）中，立足点在楼下，汉语用动趋结构"走去"表示通过动作"走"使人离开立足点向"楼上"移动。例（3）趋向补语"来"的意象图式是图 2-1，例（4）趋向补语"去"的意象图式是图 2-7，它们与越南语趋向补语"lên"（上）的图 2-71 基本相同。因此，越南语分别用"chạy lên"（跑＿上）、"đi lên"（走＿上）来对应汉语例（3）的"跑来"、例（4）的"走去"。

b. 越南语用"谓词 + xuống（下）"来对应汉语"谓词 + 来₁/ 去₁"

越南语有时用结构"谓词 + xuống（下）"来对应汉语"谓词 + 来₁/ 去₁"结构。例如：

（5）楼上传来了沉闷的哭声。（余华《在细雨中呼喊》）

Trên lầu vọng xuống tiếng khóc trầm buồn.
上　楼　传　下　　哭声　　　沉闷

（6）随他们向地下室走去。（王蒙《青狐》）

Theo　họ　đi xuống tầng hầm.
随　　他们　走 下　　地下室

例（5）中，立足点是叙述人所在的位置（即"楼下"），汉语用动趋结构"传来"表示"哭声"从"楼上"传到立足点。例（6）中，立足点是"他们"所在的位置，汉语用动趋结构"走去"表示"他们"通过动作"走"从立足点向"地下室"移动。例（5）趋向补语"来"的意象图式是图 2-3，例（6）趋向补语"去"的意象图式是图 2-9，它们与越南语趋向补语"xuống"（下）的图 2-72 基本相同。因此，越南语分别用"vọng xuống"（传＿下）、"đi xuống"（走＿下）来对应汉语例（5）的"传来"、例（6）的"走去"。

c. 越南语用"谓词 + vào（进）"来对应汉语"谓词 + 来₁/去₁"

越南语有时用结构"谓词 + vào（进）"来对应汉语"谓词 + 来₁/去₁"结构。例如：

（7）醒来眼前一片漆黑，爸爸妈妈和方超在外屋吃饭，门虚掩着，<u>传来</u>碗匙相碰人的低语声。（王朔《看上去很美》）

  Tỉnh lại xung quanh đen sì, bố mẹ và Phương Siêu ăn cơm ở
  醒 来 周围 漆黑 父母 和 方超 吃饭 在
  phòng ngoài, cửa khép hờ, <u>vọng vào</u> tiếng thìa bát chạm nhau và
  外屋 门 虚掩 传进 声 匙 碗 碰 相互 和
  tiếng người thấp giọng nói.
  声 人 低 声音

（8）庆春说完这话，转身向自己的办公室<u>走去</u>。（海岩《永不瞑目》）
  Khánh Xuân nói xong, quay người <u>đi vào</u> phòng làm việc của mình.
  庆春 说完 转身 走进 办公室 的 自己

例（7）中，立足点是叙述人所在的位置，汉语用动趋结构"传来"表示通过动作"传"使事物移向立足点。例（8）中，立足点是"庆春"所在的位置，汉语用动趋结构"走去"表示"庆春"通过动作"走"向"自己的办公室"移动。例（7）趋向补语"来"的意象图式是图 2-4，例（8）趋向补语"去"的意象图式是图 2-10，它们与越南语趋向补语"vào"（进）的图 2-73 基本相同。因此，越南语分别用"vọng vào"（传＿进）、"đi vào"（走＿进）来对应汉语例（7）的"传来"、例（8）的"走去"。

d. 越南语用"谓词 + ra（出）"来对应汉语"谓词 + 来₁/ 去₁"

越南语有时用结构"谓词 + ra（出）"来对应汉语"谓词 + 来₁/ 去₁"结构。例如：

（9）听到里面传来巨大的喘息声。（王朔《看上去很美》）
　　Nghe thấy bên trong vọng ra tiếng thở rất lớn.
　　听　到　里面　传出　喘息声　很　大

（10）我父亲往外走去时，依然嚷嚷着。（余华《在细雨中呼喊》）
　　Khi bố tôi đi ra ngoài, vẫn lủng bủng.
　　时　爸　我　走出　外　还　嚷嚷

例（9）中，立足点是听到声音的人所在的位置，汉语用动趋结构"传来"表示通过动作"传"使"喘息声"从里面向外面移动。例（10）中，汉语用动趋结构"走去"表示通过动作使人向"外"移动。例（9）趋向补语"来"的意象图式是图 2-5，例（10）趋向补语"去"的意象图式是图 2-11，它们与越南语趋向补语"ra"（出）的图 2-74 基本相同。因此，越南语分别用"vọng ra"（传_出）、"đi ra"（走_出）来对应汉语例（9）的"传来"、例（10）的"走去"。

e. 越南语用"谓词 + qua/ sang（过）"来对应汉语"谓词 + 来₁/ 去₁"

越南语有时用结构"谓词 + qua/ sang（过）"来对应汉语"谓词 + 来₁/ 去₁"结构。例如：

（11）他就想调到白有光这边来。（王蒙《青狐》）
　　Anh ta liền muốn điều sang chỗ Bạch Hữu Quang.
　　他　就　想　调　过　处　白有光

（12）又揪住另一个孩子的衣领往一边摔去。（余华《在细雨中呼喊》）
　　Lại túm cổ áo một đứa khác quăng sang một bên.
　　又　揪　衣领　一　个　别的　摔　过　一边

例（11）中，立足点是"白有光"所在的位置，汉语用动趋结构"调来"表示通过动作"调"使"他"从某处向立足点移动。例（12）中，汉语用动趋结构"摔去"表示通过动作使"孩子"向某处移动。例（11）趋向补语"来"的意象图式是图 2-1，例（12）趋向补语"去"的意象图式是图 2-7，它们与越南语趋向补语"qua/ sang"（过）的图 2-76 基本相同。因此，越南语分别用"điều sang"（调 _ 过）、"quăng sang"（摔 _ 过）来对应汉语例（11）的"调来"、例（12）的"摔去"。

f. 越南语用"谓词 + về（回）"来对应汉语"谓词 + 来₁"

越南语有时用结构"谓词 + về（回）"来对应汉语"谓词 + 来₁"结构。例如：

（13）去商场文具柜台买来皮筋。（王朔《看上去很美》）
　　　　Đi cửa hàng văn phòng phẩm mua dây chun về.
　　　　去　商场　　文具　　　　买　皮筋　回

例（13）中，立足点是说话人所在的位置，汉语用动趋结构"买来"表示通过动作"买"使物体改变领属、占有关系。例（13）趋向补语"来"的意象图式是图 2-6，与越南语趋向补语"về"（回）的图 2-75 基本相同，因此越南语用"mua về"（买 _ 回）来对应汉语"买来"。

g. 越南语用"谓词 + đến/ tới/ lại（来）"来对应汉语"谓词 + 来₁"

越南语有时用结构"谓词 + đến/ tới/ lại（来）"来对应汉语"谓词 + 来₁"结构。例如：

（14）看见他们跑来发出兴奋的叫嚣。（王朔《看上去很美》）
　　　　Nhìn thấy bọn này chạy đến càng hứng thú hét lên lanh lảnh.
　　　　看　见　他们　　跑　来　越　兴奋　　喊　上　嘹亮

例（14）中，立足点是叙述人所在的位置，表示"他们"通过动作"跑"向立足点移动。例（14）趋向补语"来"的意象图式是图 2-1，与越南语趋向补语"đến"（来）的图 2-68 相同。因此，越南语用"chạy đến"（跑 _ 来）来对应汉语动趋结构"跑来"。

h. 越南语用"谓词 + đi（去）"来对应汉语"谓词 + 去₁"

越南语有时用"谓词 + đi（去）"结构来对应汉语"谓词 + 去₁"结构。例如：

（15）你们瞅谁别扭，我就<u>跑去</u>肩并肩和他挽起手。（王朔《千万别把我当人》）

  Các anh xem ai xấu hổ, tôi sẽ <u>chạy đi</u> vai kề vai dắt tay với anh ta.
  你们 看 谁 别扭 我 将 跑 去 肩并肩 挽手 跟 他

例（15）中，立足点是"我"所在的位置，表示"我"离开立足点向"他"所在的位置移动。例（15）趋向补语"去"的意象图式是图 2-7，与越南语趋向补语"đi"（去）的图 2-69 相同。因此越南语用"chạy đi"（跑_去）来对应汉语动趋结构"跑去"。

3.1.1.3 越南语用"谓词+结果补语"来对应汉语"谓词+来₁"

越南语有时用在谓词后加上结果补语"được"（得）的结构来对应汉语"谓词+来₁"结构。例如：

（16）有人不知从哪里<u>找来</u>两根撬杠。（海岩《永不瞑目》）

  Không biết từ đâu có người <u>tìm được</u> hai chiếc xà beng.
  不 知 从 哪儿 有 人 找 得 两 个 撬杠

例（16）中，立足点是叙述人所在的位置，汉语用动趋结构"找来"表示通过动作"找"使"撬杠"从某处移向立足点，越南语的对应形式"tìm được"（找_得）表示动作的结果。

3.1.1.4 越南语用"谓词+介词"来对应汉语"谓词+来₁/去₁"

越南语有时用结构"谓词+theo（跟）"来对应汉语"谓词+来₁/去₁"结构。例如：

（17）一个手握镰刀的男人远远<u>追来</u>。（余华《在细雨中呼喊》）

  Một người đàn ông cầm liềm từ xa <u>đuổi theo</u>.
  一 个 男人 拿 镰刀 从 远 追 跟

（18）庆春也<u>带去</u>了一兜水果。（海岩《永不瞑目》）

  Khánh Xuân cũng <u>mang theo</u> một túi trái cây.
  庆春 也 带 跟 一 袋 水果

例（17）中，立足点是叙述人所在的位置，汉语用动趋结构"追来"

表示"男人"通过动作"追"从远处向立足点移动,越南语的对应形式"đuổi theo"(追_跟)表示动作的方向。例(18)中,立足点是"庆春"所在的位置,汉语用动趋结构"带去"表示通过动作使"水果"改变位置,越南语的对应形式"mang theo"(带_跟)表示动作的方向。

3.1.2 汉语"来、去"组趋向补语引申义在越南语中的对应形式

汉语趋向补语"来$_2$""去$_2$"可以表示实现某种状态(刘月华,1998:65、80)。趋向补语"来$_2$"只能和动词"醒"结合,构成"谓词+来$_2$"结构。趋向补语"去$_2$"可以和动词"睡""死"结合,构成"谓词+去$_2$"结构。

此外,汉语趋向补语"去$_2$"还可以表示"除去"(刘月华,1998:80),可以与"消减""去除""脱离"类动词结合,构成"谓词+去$_2$"结构。

通过考察与对比分析我们发现,汉语"谓词+来$_2$"结构在越南语中有3类3种对应形式,"谓词+去$_2$"结构在越南语中有3类4种对应形式。具体情况如表3-3所示。

表3-3 汉语"来、去"组趋向补语引申义在越南语中的总体对应形式
—— 基于汉越语言对比语料的统计

单位:个

越南语		汉语	谓词+来$_2$	谓词+去$_2$
谓词			8	77
谓词+趋向补语			14	14
1	谓词+đến/tói/lại(来)		14	/
2	谓词+đi(去)		/	12
3	谓词+ra(出)		/	2
谓词+结果补语			23	4
1	谓词+dậy(起)		23	/
2	谓词+sạch(干净)		/	4

3.1.2.1 越南语用"谓词"来对应汉语"谓词+来$_2$/去$_2$"

当谓词为"醒"时,越南语有时会直接用谓词来对应汉语"谓词+来$_2$"结构。当谓词为"睡""死"以及"去除""脱离"类动词时,越南语有时也

会直接用谓词来对应汉语"谓词+去₂"结构。例如：

（19）<u>醒来</u>以后你会觉得舒服极了。（王朔《千万别把我当人》）
　　　Sau khi <u>tỉnh</u> cậu sẽ　thấy　cực kỳ　dễ chịu.
　　　以后　　醒　你　将　觉得　极其　　舒服
（20）我的父亲已经知道儿子<u>死去</u>了。（余华《在细雨中呼喊》）
　　　Bố tôi đã biết con trai mình <u>chết</u> rồi.
　　　父　我 已 知　儿子　自己　死　了
（21）欧阳兰兰<u>擦去</u>眼泪。（海岩《永不瞑目》）
　　　Âu Dương Lan Lan <u>lau</u> nước mắt.
　　　欧阳兰兰　　　　　　　擦　眼泪

例（19）中，汉语用趋向补语"来"表示实现"醒"的状态，越南语直接用动词"tỉnh"（醒）来对应汉语"醒来"。例（20）中，汉语用趋向补语"去"表示"死"的状态成为事实，越南语直接用动词"chết"（死）来对应汉语"死去"。例（21）中，动词"擦"为"去除"类动词，越南语直接用动词"lau"（擦）来对应汉语"擦去"。

3.1.2.2　越南语用"谓词+趋向补语"来对应汉语"谓词+来₂/去₂"

a. 越南语用"谓词+lại（来）"来对应汉语"谓词+来₂"

当谓词为"醒"时，越南语有时会用结构"谓词+lại（来）"来对应汉语"谓词+来₂"结构。例如：

（22）钱文<u>醒来</u>了。（王蒙《青狐》）
　　　Tiền Văn đã <u>tỉnh lại</u>.
　　　钱文　　已　醒　来

例（22）中，汉语用趋向补语"来"表示实现"醒"的状态，越南语在动词"tỉnh"（醒）后加上趋向补语"lại"（来）来对应。越南语的"tỉnh lại"（醒＿来）具有恢复的意思，表示人从昏迷的状态转到正常的状态，不具有起床的意思。但汉语"醒来"兼有这两种意思。

b. 越南语用"谓词+đi（去）"来对应汉语"谓词+去₂"

当谓词为动词"睡""死""消减"类动词，"去除""脱离"类动词时，越南语有时会用"谓词 + đi（去）"结构来对应汉语"谓词 + 去$_2$"结构。汉语"谓词 + 去$_2$"和越南语"谓词 + đi（去）"都可以表示使某事、某物不存在的意思。例如：

（23）即便弟弟还活着也将重新<u>死去</u>。（余华《在细雨中呼喊》）
　　　Cho dù em trai tôi còn sống cũng sẽ lại <u>chết đi</u>.
　　　即便　弟弟我　还活　也　将又　死去

（24）这样可以<u>减去</u>头晕。（余华《在细雨中呼喊》）
　　　Như thế có thể <u>giảm đi</u> cơn nhức đầu.
　　　这样　　可以　减　去　　头晕

（25）她究竟应该<u>剃去</u>她的那点黑髭还是应该不予置理？（王蒙《青狐》）
　　　Rốt cuộc cô có nên <u>cạo</u> hàng lông đen ấy <u>đi</u> hay cứ để mặc nó
　　　究竟　　她有该　剃　排　髭黑那去还　不理睬　它
　　　như thế?
　　　那样

例（23）中，汉语用趋向补语"去"表示"死"的状态成为事实，越南语在动词"chết"（死）之后加上趋向补语"đi"（去）来对应。例（24）中，动词"减"是"消减"类动词，越南语在动词"giảm"（减）后边加上趋向动词"đi"（去）来对应汉语"减去"，表示"头晕"消减的意思。例（25）中，动词"剃"是"去除""脱离"类动词，越南语在动词"cạo"（剃）后加上趋向动词"đi"（去）来表达汉语"剃去"，表示通过动作"剃"使"黑髭"不存在。

c. 越南语用"谓词 + ra（出）"来对应汉语"谓词 + 去$_2$"

当谓词为"去除""脱离"类动词时，越南语有时会用"谓词 + ra（出）"结构来对应汉语"谓词 + 去$_2$"结构。例如：

（26）索性也<u>脱去</u>衣裤。（王朔《千万别把我当人》）
　　　Dứt khoát cũng <u>cởi</u> áo quần <u>ra</u>.
　　　索性　　　也　脱　衣裤　出

例（26）中，动词"脱"是"去除""脱离"类动词，越南语在动词"cởi"（脱）后加上趋向补语"ra"（出）来表达汉语"脱去"，表示"衣裤"已被脱掉不再在人身上的意思。

3.1.2.3　越南语用"谓词 + 结果补语"来对应汉语"谓词 + 来$_2$/ 去$_2$"

a. 越南语用"谓词 + dậy（起）"来对应汉语"谓词 + 来$_2$"

当谓词为动词"醒"时，越南语有时会在动词后加上结果补语"dậy"（起）来对应汉语"谓词 + 来$_2$"结构。例如：

（27）下午醒来家里一般只有我一个人。（王朔《看上去很美》）
　　　Buổi chiều tỉnh dậy trong nhà thường chỉ có một mình tôi.
　　　下午　　　醒 起　里　家　一般　只　有　一　自己 我

例（27）中，汉语用趋向补语"来"表示实现"醒"的状态，越南语在动词"tỉnh"（醒）后加上结果补语"dậy"（起）来对应。越南语的"tỉnh dậy"（醒 _ 起）具有起床的意思，不具有恢复的意思，而汉语的"醒来"兼有这两种意思。

b. 越南语用"谓词 + sạch（干净）"来对应汉语"谓词 + 去$_2$"

当谓词为"去除""脱离"类动词时，越南语有时会用"谓词 + sạch（干净）"结构来对应汉语"谓词 + 去$_2$"结构。例如：

（28）求我将血洗去。（余华《在细雨中呼喊》）
　　　Van xin tôi rửa　sạch　máu.
　　　求　　我　洗　干净　血

例（28）中，汉语动词"洗"是"去除""脱离"类动词，越南语在动词"rửa"（洗）后加上结果补语"sạch"（干净）来对应汉语"洗去"，表示通过动作"洗"使"血"不存在，越南语"sạch"（干净）具有净尽、精光、无余的意思。

汉语"来、去"组趋向补语在越南语中的对应形式可以总结为表 3-4。

表 3-4　汉语"来、去"组趋向补语在越南语中的对应形式

义类	意义	谓词	谓词 + 来	谓词 + 去
基本义	表示人或物通过动作向立足点移动或离开立足点向另一处所趋近	表示躯体、物体运动的动词 表示可使物体的动作行为动词 表示使事物改变领属、占有等关系的动词	V V + đến/ lại/ tới/ lên/ xuống/ vào/ ra/ về/ qua/ sang V + theo/ được	V V + đi/ lên/ xuống/ vào/ ra/ qua/ sang V + theo
引申义	表示实现某种状态	"醒"	V V + lại V + dậy	
		"睡""死"		V V + đi
	表示"除去"	"消减"类动词		V + đi
		"去除""脱离"类动词		V V + đi/ ra V + sạch

从表 3-4 可见，汉语"来、去"组趋向补语在越南语中有多种对应形式。谓词后的趋向补语"来""去"因谓词词义不同，表义功能也有所不同，因此它们在越南语中有多种不同的对应形式。汉语趋向补语"来""去"的意象图式比越南语趋向补语"đến/ tới/ lại"（来）、"đi"（去）的多，汉语趋向补语"来""去"在越南语中的对应形式与其意象图式也有很大关系。

3.2　汉语"上"组趋向补语在越南语中的对应形式

汉语"上"组趋向补语包括"上""上来""上去"三个趋向补语。它们既有基本义，又有引申义。我们将其基本义分别记为"上$_1$""上来$_1$""上去$_1$"，将其引申义分别记为"上$_2$""上来$_2$""上去$_2$"。

我们对汉越语言对比语料（101 万字）进行筛选，共找到 922 个"上"组趋向补语用例，其中有 734 个趋向补语"上"的用例（"上$_1$"226 个，"上$_2$"508 个），88 个趋向补语"上来"的用例（"上来$_1$"86 个，"上

来₂"2个），100个趋向补语"上去"的用例（"上去₁"85个，"上去₂"15个）。

3.2.1 汉语"上"组趋向补语基本义在越南语中的对应形式

汉语趋向补语"上₁""上来₁""上去₁"都可以表示通过动作使人或物体由低处移向高处，都可以表示通过动作使人或物体趋近于某一目标（刘月华，1998：111、125、135）。它们都可以和表示人或物体自身运动的动词、表示可使物体改变位置的动词、"呈送"类动词、"追赶"类动词搭配，构成"谓词+上₁/上来₁/上去₁"结构。

通过考察与对比分析我们发现，趋向补语"上₁"在越南语中有4类7种对应形式，趋向补语"上来₁"在越南语中有4类7种对应形式，趋向补语"上去₁"在越南语中有3类6种对应形式。具体情况如表3-5所示。

表3-5 汉语"上"组趋向补语基本义在越南语中的总体对应形式
—— 基于汉越语言对比语料的统计

单位：个

越南语	汉语	谓词+上₁	谓词+上来₁	谓词+上去₁
	谓词	63	15	14
	谓词+趋向补语	148	63	66
1	谓词+lên（上）	131	40	41
2	谓词+đến/lại/tới（来）	2	19	16
3	谓词+vào（进）	12	1	8
4	谓词+ra（出）	3	3	1
	谓词+结果补语	3	2	/
1	谓词+kịp（及）	3	2	/
	谓词+介词	12	6	5
1	谓词+theo（跟）	12	6	5

3.2.1.1 越南语用"谓词"来对应汉语"谓词+上₁/上来₁/上去₁"

当谓词为表示人或物体自身运动的动词或为"呈送"类动词时，越南语有时会直接用"谓词"来对应汉语"谓词+上₁/上来₁/上去₁"，表示通过动作使人或物体由低处移向高处。例如：

(29) 过了天梯天桥, 又过了仙女楼, 便一举登上了司马台的巅峰。(海岩《永不瞑目》)

  Qua thang trời, cầu trời, lại qua Lầu Tiên Nữ, lên đỉnh cao nhất
  过　　天梯　　天桥　又　过　仙女楼　　登　顶　高　最
  của Tư Mã Đài.
  的　　司马台

例 (29) 的动词 "登" 是表示人自身运动的动词。它在越南语中有 "leo"（爬）、"trèo"（爬）、"lên"（上）3 种表达方式。当我们选择 "leo"（爬）、"trèo"（爬）来表达时，其后要加上趋向补语 "lên"（上）来对应汉语 "登上"。当我们选择 "lên"（上）来表达时，由于语言的经济性原则，其后不必再加上趋向补语 "lên"（上）来对应汉语 "登上"。

(30) 我愿意献上这幅摄影作品。(王蒙《青狐》)
  Tôi nguyện dâng hiến tác phẩm nhiếp ảnh này.
  我　愿意　　献　　　作品　　摄影　　这

(31) 他干脆把自己的新作草稿交了上去。(王蒙《青狐》)
  Hắn nộp béng các bản thảo mới sáng tác của mình.
  他　交　干脆　各　草稿　新　创作　的　自己

例 (30)(31) 的动词 "献" "交" 是 "呈送" 类动词，越南语直接用动词 "dâng hiến"（献）、"nộp"（交）来对应汉语 "献上" "交上去"。越南语动词 "dâng hiến"（献）、"nộp"（交）都具有 [+ 呈送][+ 向上] 的语义特征。因此，越南语动词 "dâng hiến"（献）、"nộp"（交）后面不带趋向动词 "lên"（上）也能表示汉语 "献上" "交上去" 的意思。

当谓词为表示人或物体自身运动的动词时，越南语有时也会直接用 "谓词" 来对应汉语 "谓词 + 上₁/ 上来₁/ 上去₁"，表示通过动作使人或物体趋近于某一目标。例如：

(32) 走上了来时的大路。(海岩《永不瞑目》)
  Đi con đường lúc đến.
  走　　路　时候　来

（33）四、五个大汉端着刺刀围了上来。(王朔《千万别把我当人》)
Bốn năm chàng trai lực lưỡng cầm lưỡi lê bao vây.
四　 五　 男人　　 强壮　　拿　 刺刀　　围

（34）当他和苏杭迎上去时，母亲没有理睬他们。(余华《在细雨中呼喊》)
Khi cậu và Tô Hàng nghênh đón, mẹ phớt lờ họ.
当　他　和　苏杭　　迎　　　妈　不理睬　他们

例（32）（33）（34）中，动词"走""围""迎"都是表示人或物体自身运动的动词。越南语直接用动词"đi"（走）、"bao vây"（围）、"nghênh đón"（迎）来对应汉语动趋结构"走上""围上来""迎上去"。

3.2.1.2　越南语用"谓词+趋向补语"来对应汉语"谓词+上₁/上来₁/上去₁"

越南语有时会在谓词后加上趋向补语来对应汉语"谓词+上₁/上来₁/上去₁"结构。据考察，当趋向补语"上₁/上来₁/上去₁"表示通过动作使人或物体由低处移向高处时，越南语会在动词后加上趋向补语"lên"（上）来对应；当趋向补语"上₁/上来₁/上去₁"表示通过动作使人或物体趋近于面前的目标时，越南语会在谓词后加上趋向补语"lên"（上）、"đến/lại/tới"（来）、"vào"（进）、"ra"（出）来对应。

a. 越南语用"谓词+lên（上）"来对应汉语"谓词+上₁/上来₁/上去₁"

当谓词为表示人或物体自身运动的动词、表示可使事物改变位置的动词、"呈送"类动词时，越南语会在谓词后加上趋向补语"lên"（上）来对应汉语"谓词+上₁/上来₁/上去₁"结构，表示通过动作使人或物体由低处移向高处，或表示通过动作使人或物体趋近于某一目标。例如：

（35）每到这时，就会有一个人跳上我的床。(王朔《看上去很美》)
Mỗi lần đến giờ này liền có một người nhảy lên giường của tôi.
每次 到 时 这 就 有 一 人 跳上 床 的 我

（36）递上来的名片上写着姓黄名万平。(海岩《永不瞑目》)
Trên tấm danh thiếp đưa lên ghi tên Hoàng Vạn Bình.
上 张 名片 递上 写名 黄万平

（37）她纵身把自己扔了上去。（王朔《看上去很美》）
　　　Cô nhún người quăng mình lên.
　　　她　纵身　　 扔　 身体　上

例（35）的动词"跳"是表示人或物体自身运动的动词，其立足点不确定。例（36）的动词"递"是"呈送"类动词，其立足点是看名片的人。例（37）的动词"扔"是表示可使物体改变位置的动词，其立足点不在床上。例（35）趋向补语"上"的意象图式是图2-12，例（36）趋向补语"上来"的意象图式是图2-16，例（37）趋向补语"上去"的意象图式是图2-20，它们与越南语趋向补语"lên"（上）的图2-70基本相同。因此，越南语分别在动词"nhảy"（跳）、"đưa"（递）、"quăng"（扔）后加上趋向动词"lên"（上）来对应汉语例（35）的"跳上"、例（36）的"递上来"、例（37）的"扔上去"。越南语三个对应句子的表达都没有确定的立足点。

b. 越南语用"谓词 + đến/ tới/ lại（来）"来对应汉语"谓词 + 上₁/ 上来₁/ 上去₁"

当谓词为表示人或物体自身运动的动词、"追赶"类动词时，越南语有时会在谓词后加上趋向补语"đến/ tới/ lại"（来）来对应汉语"谓词 + 上₁/ 上来₁/ 上去₁"结构，表示通过动作使人或物体趋近于某一目标。例如：

（38）赵航宇率众抢上前。（王朔《千万别把我当人》）
　　　Triệu Hàng Vũ dẫn mọi người tranh đến phía trước.
　　　赵航宇　　　率　大家　　抢　来　前边
（39）同学们全围了上来。（余华《在细雨中呼喊》）
　　　Tất cả bạn bè vây lại.
　　　所有　同学　围　来
（40）有五、六个同龄的男孩从后面追上去。（余华《在细雨中呼喊》）
　　　Có năm sáu bé trai cùng tuổi từ đằng sau đuổi đến.
　　　有　五　六　男孩　同龄　　从　后面　　追　来

例（38）（39）的动词"抢""围"是表示人或物体自身运动的动词，例（40）的动词"追"是"追赶"类动词。例（38）趋向补语"上"的意象图式是图 2-13，例（39）趋向补语 "上来" 的意象图式是图 2-17，例（40）趋向补语 "上去" 的意象图式是图 2-21，它们与越南语趋向补语 "đến/ tới/ lại"（来）的图 2-68 基本相同。因此，越南语分别在动词 "tranh"（抢）、"vây"（围）、"đuổi"（追）后加上趋向补语 "đến/ tới/ lại"（来）来对应汉语例（38）的 "抢上"、例（39）的 "围上来"、例（40）的 "追上去"。

c. 越南语用 "谓词 + vào（进）" 来对应汉语 "谓词 + 上₁/ 上来₁/ 上去₁"

当谓词为表示人或物体自身运动的动词、表示可使物体改变位置的动词时，越南语有时会在谓词后加上趋向补语 "vào"（进）来对应汉语 "谓词 + 上₁/ 上来₁/ 上去₁" 结构，表示通过动作使人或物体趋近于某一目标。例如：

（41）似有无穷无尽的海潮涌上沙滩。（王朔《千万别把我当人》）
　　　Những đợt sóng vô cùng vô tận dội vào bãi cát.
　　　 各   批   海浪   无穷无尽   涌 进 沙滩
（42）一块烧红的铁板被抬了上来。（王朔《千万别把我当人》）
　　　Một tấm thép nung đỏ được khiêng vào.
　　　 一   张   铁   烧   红   被   抬   进
（43）孙光明并不是最早冲上去的。（余华《在细雨中呼喊》）
　　　Tôn Quang Minh không phải là người xông vào sớm nhất.
　　　 孙光明   不   是 人   冲   进 早   最

例（41）（43）的动词 "涌""冲" 是表示人或物体自身运动的动词。例（42）的动词 "抬" 是表示可使物体改变位置的动词。例（41）趋向补语 "上" 的意象图式是图 2-14，例（42）趋向补语 "上来" 的意象图式是图 2-18，例（43）趋向补语 "上去" 的意象图式是图 2-22，它们与越南语趋向补语 "vào"（进）的图 2-73 基本相同。因此，越南语分别在动词 "dội"（涌）、"khiêng"（抬）、"xông"（冲）后加上趋向补语 "vào"（进）来表达汉语例（41）的 "涌上"、例（42）的 "抬上来"、例（43）的 "冲上去"。

d. 越南语用 "谓词 + ra（出）" 来对应汉语 "谓词 + 上₁/ 上来₁/ 上去₁"

当谓词为表示人或物体自身运动的动词、表示可使物体改变位置的动词时，越南语有时会在谓词后加上趋向补语 "ra"（出）来对应汉语 "谓

词+上₁/上来₁/上去₁"结构,表示通过动作使人或物体趋近于某一目标。例如:

(44)一路叮令当啷从二食堂小松林里<u>冲上</u>小马路。(王朔《看上去很美》)

  Leng ca leng keng từ nhà ăn số 2 trong rừng thông <u>đâm ra</u>
  丁零当啷   从 食堂 2号 里 松林 冲出
  con đường nhỏ.
  马路 小

(45)常少乐朝厨房喊道,"先把凉菜<u>端上来</u>。"(转引自北京大学现代汉语语料库)

  Thường Thiếu Lạc gọi về phía nhà bếp, "<u>bưng</u> món ăn nguội <u>ra</u> trước."
  常少乐   喊 朝 厨房 端 凉菜 出 先

(46)刘顺明英勇地大张双臂<u>冲上去</u>。(王朔《千万别把我当人》)
  Lưu Thuận Minh anh dũng <u>xông ra</u> dang rộng hai tay.
  刘顺明 英勇 冲 出 张 宽 双臂

例(44)(46)的动词"冲"是表示人或物体自身运动的动词。例(45)的动词"端"是表示可使物体改变位置的动词。例(44)趋向补语"上"的意象图式是图2-15,例(45)趋向补语"上来"的意象图式是图2-19,例(46)趋向补语"上去"的意象图式是图2-23,它们与越南语趋向补语"ra"(出)的图2-74基本相同。因此,越南语分别在动词"đâm"(冲)、"bưng"(端)、"xông"(冲)后加上趋向补语"ra"(出)来对应汉语例(44)的"冲上"、例(45)的"端上来"、例(46)的"冲上去"。

3.2.1.3 越南语用"谓词+结果补语"来对应汉语"谓词+上₁/上来₁"

当谓词为"追赶"类动词时,越南语有时会在谓词后加上结果补语"kịp"(及)来对应汉语"谓词+上₁/上来₁"。例如:

(47)钱文在后面追,追得气喘吁吁,还是没有<u>追上</u>。(王蒙《青狐》)
  Tiền Văn đuổi ở phía sau, đuổi đến thở hồn hển, vẫn không <u>đuổi kịp</u>.
  钱文 追 在 后面 追到 喘吁吁 还 不 追 及

（48）别人跟上来时已经叫他占领一多半了。（王朔《看上去很美》）

  Lúc người khác theo kịp đã bị ông chiếm hơn một nửa rồi.
  时　　别人　　跟及　已　被　他　占　多　一　半　了

  例（47）（48）的动词"追""跟"都是"追赶"类动词，越南语在动词"đuổi"（追）、"theo"（跟）后加上结果补语"kịp"（及）来对应汉语动趋结构"追上""跟上来"。

3.2.1.4　越南语用"谓词+介词"来对应汉语"谓词+上₁/上来₁/上去₁"

  当谓词为"追赶"类动词时，越南语有时会在谓词后加上介词"theo"（跟）来对应汉语"谓词+上₁/上来₁/上去₁"。例如：

（49）他没有再追上来。（海岩《永不瞑目》）

  Anh không đuổi theo nữa.
  他　不　追　跟　再

（50）方枪枪也一下变得敏捷，踩着桌子追上去。（王朔《看上去很美》）

  Phương Thương Thương cũng trở nên nhanh nhẹn, đạp bàn đuổi theo.
  方枪枪　　　　　　　也　变得　敏捷　　　踩　桌子　追　跟

  例（49）（50）的动词"追"是"追赶"类动词，越南语在动词"đuổi"（追）后加上结果补语"theo"（跟）来对应汉语动趋结构"追上来""追上去"。

3.2.2　汉语"上"组趋向补语引申义在越南语中的对应形式

  汉语趋向补语"上₂""上来₂""上去₂"都可以表示接触、附着以至固定（刘月华，1998：112、126、135）。除此之外，趋向补语"上₂"还可以表示实现了预期目的或希望实现的目的（刘月华，1998：114）及表示进入新的状态（刘月华，1998：115）。趋向补语"上来₂"只可以与"粘连"类动词搭配，构成"谓词+上来₂"结构。趋向补语"上去₂"可以与"粘连"类动词、"填充、覆盖"类动词、"踩踏"类动词、"写画"类动词搭配，构成"谓词+上去₂"结构。趋向补语"上₂"可搭配的动词类型比

"上来₂""上去₂"多得多。

通过考察与对比分析我们发现，趋向补语"上₂"在越南语中有3类6种对应形式，趋向补语"上来₂"在越南语中有1类1种对应形式，趋向补语"上去₂"在越南语中有2类2种对应形式。具体情况如表3-6所示。

表3-6　汉语"上"组趋向补语引申义在越南语中的总体对应形式
—— 基于汉越语言对比语料的统计

单位：个

越南语 \ 汉语		谓词+上₂	谓词+上来₂	谓词+上去₂
谓词		349	/	4
谓词+趋向补语		135	2	11
1	谓词+lên（上）	70	2	11
2	谓词+đến/lại/tới（来）	39	/	/
3	谓词+vào（进）	26	/	/
谓词+结果补语		24	/	/
1	谓词+được（得）/đậu（及格）	17	/	/
2	谓词+thêm（添）	7	/	/

3.2.2.1　越南语用"谓词+趋向补语"来对应汉语"谓词+上₂/上来₂/上去₂"

越南语有时会在谓词后加上趋向补语来对应汉语"谓词+上₂/上来₂/上去₂"结构，表示接触、附着以至固定。据考察，越南语会在谓词后加上趋向补语"lên"（上）来对应汉语"谓词+上来₂/上去₂"结构，在谓词后加上趋向补语"lên"（上）、"vào"（进）、"lại"（来）来对应汉语"谓词+上₂"结构。

a. 越南语用"谓词+lên（上）"来对应汉语"谓词+上₂/上来₂/上去₂"

当谓词为"粘连"类动词时，越南语有时会在谓词后加上趋向补语"lên"（上）来对应汉语"谓词+上₂/上来₂/上去₂"。当谓词为"填充、覆盖"类动词、"踩踏"类动词、"写画"类动词时，越南语有时会在动词后加上趋向补语"lên"（上）来对应汉语"谓词+上₂/上去₂"。当谓词为"穿戴"类动词、"点燃"类动词或表示一般肢体动作的动词时，越南语有时会在谓词后加上趋向补语"lên"（上）来对应汉语"谓词+上₂"。例如：

（51）她匆匆披上衣服。（王蒙《青狐》）

  Cô ấy vội vàng khoác áo lên.

  她　　匆匆　　披　衣服 上

（52）写上自己和唐阿姨的名字。（王朔《看上去很美》）

  Viết lên tên mình và dì Đường.

  写　　上　名字 自己 和　唐阿姨

（53）他立即贴了上去。（王蒙《青狐》）

  Anh ta vội vàng kề sát lên.

  他　　立即　　贴　上

（54）一铲一铲泥抹上去。（王蒙《青狐》）

  Từng xẻng từng xẻng bùn trát lên.

  每　铲　每　铲　泥　抹　上

例（51）的动词"披"是"穿戴"类动词，例（52）的动词"写"是"写画"类动词，例（53）的动词"贴"是"粘连"类动词，例（54）的动词"抹"是"填充、覆盖"类动词。越南语在动词"khoác"（披）、"viết"（写）、"kề sát"（贴）、"trát"（抹）后加上趋向动词"lên"（上）来表达汉语动趋结构"披上""写上""贴上去""抹上去"。

b. 越南语用"谓词 + vào（进）"来对应汉语"谓词 + 上$_2$"

当谓词为"粘连"类动词、"添加"类动词、"穿戴"类动词时，越南语有时会在谓词后加上趋向补语"vào"（进）来对应汉语"谓词 + 上$_2$"。例如：

（55）不不不，沾上这个他就废了。（海岩《永不瞑目》）

  Không không không, vướng vào chuyện này đời anh tiêu tàn.

  不　　不　　不　沾　进　事　这 命 他 废

例（55）的动词"沾"是"粘连"类动词，越南语在动词"vướng"（沾）后加上趋向补语"vào"（进）来对应汉语动趋结构"沾上"。

c. 越南语用"谓词 + lại（来）"来对应汉语"谓词 + 上$_2$"

当谓词为"捆绑"类动词、"封闭"类动词、"闭合"类动词时，越南语有时会在谓词后加上趋向补语"lại"（来）来对应汉语"谓词 + 上$_2$"。例如：

（56）他就"咚"的一声关上了门。（王蒙《青狐》）

　　　　Anh đóng cửa lại một cái "rầm".
　　　　他　关　门　来　一　个　咚

例（56）的动词"关"是"闭合"类动词，越南语在动词"đóng"（关）之后加上趋向补语"lại"（来）来表达汉语动趋结构"关上"。

3.2.2.2　越南语用"谓词"来对应汉语"谓词+上$_2$/上去$_2$"

当谓词为"粘连"类动词、"填充、覆盖"类动词、"捆绑"类动词、"封闭"类动词、"闭合"类动词、"逢遇"类动词、"看选"类动词、"穿戴"类动词、"点燃"类动词、"制作、组装"类动词、表示一般肢体动作的动词时，越南语有时会直接用谓词来对应汉语"谓词+上$_2$"结构，表示接触、附着以至固定。当谓词为"填充、覆盖"类动词时，越南语有时会直接用谓词来对应汉语"谓词+上去$_2$"结构，表示接触、附着以至固定时。例如：

（57）临时安装上的锁扣空着。（海岩《永不瞑目》）

　　　　Ổ khóa lắp đặt tạm thời treo lủng lẳng.
　　　　锁　　安装　　临时　　挂　　悬

（58）刚掰开一只，另一只又飞快地补上去。（王朔《看上去很美》）

　　　　Vừa gỡ ngón này ra, ngón khác lại nhanh chóng bổ sung.
　　　　刚　掰　手指　这　出　手指　另　又　飞快　补充

例（57）的动词"安装"是"制作、组装"类动词，例（58）的动词"补"是"填充、覆盖"类动词。越南语直接用动词"lắp đặt"（安装）、"bổ sung"（补充）来表达汉语动趋结构"安装上""补上去"。

越南语也会直接用谓词来对应汉语"谓词+上$_2$"结构，表示进入新状态。例如：

（59）他可以在郊外的一个空地上爱不释手地开上三个小时。（海岩《永不瞑目》）

　　　　Anh có thể lái ba tiếng đồng hồ trên một mảnh đất trống ở ngoại ô.
　　　　他　可以　开　三　个　小时　上　一　块　空地　在　郊外

例(59)中,越南语直接用动词"lái"(开)来对应汉语动趋结构"开上",表示进入新状态。

3.2.2.3 越南语用"谓词 + 结果补语"来对应汉语"谓词 + 上₂"

越南语有时会在谓词后加上结果补语来对应汉语"谓词 + 上₂"结构,表示接触、附着以至固定,或表示实现了预期目的或希望实现的目的。据考察,越南语会在谓词后加上结果补语"thêm"(添)、"được"(得)来对应汉语"谓词 + 上₂"结构。

a. 越南语用"谓词 + thêm(添)"来对应汉语"谓词 + 上₂"

当谓词为"添加"类动词时,越南语有时会在谓词后加上结果补语"thêm"(添)来对应汉语"谓词 + 上₂",表示接触、附着以至固定。例如:

(60)配上拍黄瓜吃米饭。(王蒙《青狐》)

　　Phối thêm dưa leo đập ăn cơm.

　　配　添　黄瓜　拍　吃饭

例(60)的动词"配"是"添加"类动词。越南语在动词"phối"(配)后加上结果补语"thêm"(添)来表达汉语动趋结构"配上"。

b. 越南语用"谓词 + được(得)"来对应汉语"谓词 + 上₂"

当谓词为"粘连"类动词时,越南语有时会在谓词后加上结果补语"được"(得)来对应汉语"谓词 + 上₂",表示接触、附着以至固定。当谓词为"吃穿"类动词、"买、取、交、还"类动词、"考、当"类动词时,越南语有时会在谓词后加上结果补语"được"(得)来对应汉语"谓词 + 上₂",表示实现了预期目的或希望实现的目的。例如:

(61)谁也不可能再接上五十年代。(王蒙《青狐》)

　　Chẳng ai có thể lại đón nhận được những năm 50.

　　没有 谁 可能 又　　接　得　五十年代

(62)没有交上一个换心的。(王蒙《青狐》)

　　Không kết giao được một người tri kỉ.

　　不　　结交　　得　一　个　知己

例(61)的动词"接"是"粘连"类动词,例(62)的动词"交"是

"买、取、交、还"类动词。越南语在动词"đón nhận"（接）、"kết giao"（结交）后加上结果补语"được"（得）来对应汉语动趋结构"接上""交上"。

汉语"上"组趋向补语在越南语中的对应可以总结为表 3-7。

表 3-7 汉语"上"组趋向补语在越南语中的对应形式

义类	意义	谓词	谓词+上	谓词+上来	谓词+上去
基本义	表示通过动作使人或物体由低处移向高处	表示人或物体自身运动的动词、"呈送"类动词	V V+ lên		
		表示可使物体改变位置的动词	V+ lên		
		"搞、抓、促、提"			V+ lên
	表示通过动作使人或物体趋近于面前的目标	表示人或物体自身运动的动词	V V + lên/ đến/tới/lại/ ra/ vào		
		表示可使物体改变位置的动词	V+ lên/ ra/ vào		
		"追赶"类动词	V V + đến/tới V + theo/ kịp		
引申义	表示接触、附着以至固定	"粘连"类动词	V V + lên/ vào V + được	V + lên	
		"填充、覆盖"类动词	V V + lên		V V + lên
		"踩踏"类、"写画"类动词	V+ lên		V + lên
		"捆绑"类、"封闭"类、"闭合"类动词	V V + lại		
		"逢遇"类、"看选"类、"制作、组装"类动词	V		
		"添加"类动词	V + thêm V + vào		
		"穿戴"类动词	V V + lên/ vào		
		"点燃"类、表示一般肢体动作的动词	V V + lên		

续表

义类	意义	谓词	谓词 + 上	谓词 + 上来	谓词 + 上去
引申义	表示实现了预期目的或希望实现的目的	"吃穿"类、"买、取、交、还"类动词	V + được		
		"考、当"类动词	V + được/ đậu		
	表示进入新的状态	动词	V		

从表 3–7 可见，汉语"上"组趋向补语在越南语中有多种对应形式。谓词后的"上"组趋向补语因谓词词义不同，表义功能也有所不同，因此它们在越南语中有多种不同的对应形式。汉语趋向补语"上""上来""上去"的意象图式比越南语趋向补语"lên"（上）的多，汉语趋向补语"上""上来""上去"在越南语中的对应形式与其意象图式也有很大关系。

3.3 汉语"下"组趋向补语在越南语中的对应形式

汉语"下"组趋向补语包括"下""下来""下去"。它们既有基本义，又有引申义。我们将其基本义分别记为"下₁""下来₁""下去₁"，将其引申义分别记为"下₂""下来₂""下去₂"。

我们对汉越语言对比语料（101 万字）进行筛选，共找到 1125 个"下"组趋向补语用例，其中有 594 个趋向补语"下"的用例（"下₁"335 个，"下₂"259 个），359 个趋向补语"下来"的用例（"下来₁"137 个，"下来₂"222 个），172 个趋向补语"下去"的用例（"下去₁"68 个，"下去₂"104 个）。

3.3.1 汉语"下"组趋向补语基本义在越南语中的对应形式

汉语趋向补语"下₁""下来₁""下去₁"都可以表示通过动作使人或物体由高处向低处移动，还可以表示通过动作使人或物体退离面前的目标（刘月华，1998：156、181、182、200）。它们都可以和表示躯体动作的动词、表示可使物体改变位置的动作行为动词、"派发"类动词、"凹陷"类动词、"后退"类动词搭配，构成"谓词 + 下₁/ 下来₁/ 下去₁"结构。

通过考察与对比分析我们发现，趋向补语"下₁"在越南语中有2类4种对应形式①，趋向补语"下来₁"在越南语中有2类3种对应形式②，趋向补语"下去₁"在越南语中有2类4种对应形式。具体情况如表3-8所示。

表3-8　汉语"下"组趋向补语基本义在越南语中的总体对应形式
——基于汉越语言对比语料的统计

单位：个

越南语 \ 汉语		谓词+下₁	谓词+下来₁	谓词+下去₁
谓词		84	28	18
谓词+趋向补语		251	109	50
1	谓词+xuống（下）	247	102	46
2	谓词+ra（出）	2	7	3
3	谓词+vào（进）	2	/	1

3.3.1.1　越南语用"谓词"来对应汉语"谓词+下₁/下来₁/下去₁"

当谓词为表示躯体或物体自身运动的动词、表示躯体动作的动词、表示可使物体改变位置的动作行为动词时，越南语有时会直接用谓词来对应汉语"谓词+下₁/下来₁/下去₁"结构，表示通过动作使人或物体由高处向低处移动。当谓词为"后退"类动词时，越南语有时也会直接用谓词来对应汉语"谓词+下₁/下来₁/下去₁"结构，表示通过动作使人或物体退离面前的目标。例如：

（63）青狐终于伤心地落下了眼泪。（王蒙《青狐》）
　　　Cuối cùng Thanh Hồ thương tâm quá rơi nước mắt.
　　　终于　　　青狐　　伤心　过　落　眼泪

（64）父亲在门前的台阶上坐了下来。（余华《在细雨中呼喊》）
　　　Bố ngồi trên bậc thềm trước cửa.
　　　爸　坐　上　台阶　　前　　门

---

① 我们所考察的语料中没有出现趋向补语"下₁"的越南语对应形式"谓词+được（得）"，但当谓词为"容纳"类动词时会存在这种对应形式。

② 我们所考察的语料中没有出现趋向补语"下来₁"的越南语对应形式"谓词+vào（进）"，但当谓词为"凹陷"类动词时会存在这种对应形式。

（65）西门庆也会败下阵来。（王蒙《青狐》）
　　　Tây Môn Khánh cũng có thể thua trận.
　　　西门庆　　　　也　会　　败阵
（66）放入嘴中一仰头就咽了下去。（余华《在细雨中呼喊》）
　　　Cho vào miệng ngẩng đầu nuốt.
　　　放　入　嘴　　仰头　咽

例（63）的动词"落"是表示躯体、物体自身运动的动词，例（64）的动词"坐"是表示躯体动作的动词，例（65）的动词"败阵"是"后退"类动词，例（66）的"咽"是表示可使物体改变位置的动作行为动词。越南语直接用动词"rơi"（落）、"ngồi"（坐）、"thua trận"（败阵）、"nuốt"（咽）来对应汉语动趋结构"落下""坐下来""败下阵来""咽下去"。

3.3.1.2　越南语用"谓词+趋向补语"来对应汉语"谓词+下$_1$/下来$_1$/下去$_1$"

越南语有时会在谓词后加上趋向补语来对应汉语"谓词+下$_1$/下来$_1$/下去$_1$"结构，表示通过动作使人或物体由高处向低处移动，或表示通过动作使人或物体退离面前的目标。据考察，越南语会在谓词后加上趋向补语"xuống"（下）、"ra"（出）、"vào"（进）来对应汉语"谓词+下$_1$/下来$_1$/下去$_1$"结构。

a. 越南语用"谓词+xuống（下）"来对应汉语"谓词+下$_1$/下来$_1$/下去$_1$"

当谓词为表示躯体或物体自身运动的动词、表示躯体动作的动词、表示可使物体改变位置的动作行为动词、"派发"类动词、"凹陷"类动词、"后退"类动词时，越南语会在谓词后加上趋向补语"xuống"（下）来对应汉语"谓词+下$_1$/下来$_1$/下去$_1$"结构。例如：

（67）父亲也跟着她跑下了楼。（海岩《永不瞑目》）
　　　Bố cũng chạy xuống lầu theo cô.
　　　爸　也　跑　下　楼　跟　她
（68）肖童又躺下来。（海岩《永不瞑目》）
　　　Tiêu Đồng lại nằm xuống.
　　　肖童　　　又　躺　下

（69）忘了自己是谁，大模大样把作业发了下去。（王朔《看上去很美》）

  Quên mình là ai, nghênh ngang phát bài tập xuống.
  忘 自己是谁 大模大样 发 作业 下

  例（67）的动词"跑"是表示躯体、物体自身运动的动词，例（68）的动词"躺"是表示躯体动作的动词，例（69）的动词"发"是"派发"类动词。例（67）趋向补语"下"的意象图式是图 2-24，例（68）趋向补语"下来"的意象图式是图 2-27，例（69）趋向补语"下去"的意象图式是图 2-30，它们与越南语趋向补语"xuống"（下）的图 2-72 基本相同。因此，越南语分别在动词"chạy"（跑）、"nằm"（躺）、"phát"（发）后加上趋向补语"xuống"（下）来表达汉语例（67）的"跑下"、例（68）的"躺下来"、例（69）的"发下去"。

  b. 越南语用"谓词+ra（出）"来对应汉语"谓词+下₁／下来₁／下去₁"

  当谓词为表示躯体或物体自身运动的动词、"派发"类动词时，越南语会在谓词后加上趋向补语"ra"（出）来对应汉语"谓词+下₁／下来₁／下去₁"结构。例如：

（70）接着嘴巴一歪掉下了眼泪。（余华《在细雨中呼喊》）
  Sau đó mồm méo xệch trào ra nước mắt.
  接着 嘴巴 歪 掉出 眼泪

（71）考卷发下来果然很简单。（王朔《看上去很美》）
  Đề thi phát ra quả nhiên rất đơn giản.
  考卷 发出 果然 很 简单

（72）我正改作业哩，明天还得发下去。（转引自北京大学现代汉语语料库）
  Tôi đang sửa bài tập, ngày mai còn phải phát ra.
  我 正 改 作业 明天 还 要 发 出

  例（70）的动词"掉"是表示躯体、物体自身运动的动词，例（71）（72）的动词"发"是"派发"类动词。例（70）趋向补语"下"的意象图式是图 2-26，例（71）趋向补语"下来"的意象图式是图 2-29，例（72）趋向补语"下去"的意象图式是图 2-32，它们与趋向补语"ra"（出）的图 2-74 基本相同。因此，越南语分别在动词"trào"（掉）、"phát"（发）后加上趋向补语"ra"（出）来对应汉语例（70）的"掉下"、例（71）的"发下来"、例（72）的"发下去"。

c. 越南语用"谓词 + vào（进）"来对应汉语"谓词 + 下₁/ 下来₁/ 下去₁"

当谓词为"凹陷"类动词时，越南语有时会在谓词后加上趋向补语"vào"（进）来对应汉语"谓词 + 下₁/ 下来₁/ 下去₁"结构。当谓词为表示可使物体改变位置的动作行为动词时，越南语有时会在谓词后加上趋向补语"vào"（进）来对应汉语"谓词 + 下₁/ 下去₁"结构。例如：

（73）端起茶缸子一口喝下肚。（王朔《看上去很美》）

　　　Cầm bình trà uống một phát vào bụng.
　　　端　茶缸　喝　一　口　进　肚子

（74）自从接到运涛入狱的消息，不几天，脸瘦下来。（转引自刘月华，1998）

　　　Từ khi nghe tin Vận Đào vào tù, không mấy hôm, mặt hóp vào.
　　　自从　听　消息 云涛　进 狱　不　几 天　脸　瘦　进

（75）我把它吞下去。（王朔《千万别把我当人》）

　　　Tôi nuốt nó vào.
　　　我　吞　它 进

例（73）（75）的动词"喝""吞"是表示可使物体改变位置的动作行为动词，例（74）的动词"瘦"是"凹陷"类动词。例（73）趋向补语"下"的意象图式是图 2-25，例（74）趋向补语"下来"的意象图式是图 2-28，例（75）趋向补语"下去"的意象图式是图 2-31，它们与越南语趋向补语"vào"（进）的图 2-73 基本相同。因此，越南语分别在动词"uống"（喝）、"hóp"（瘦）、"nuốt"（吞）后加上趋向补语"vào"（进）来对应汉语例（73）的"喝下"、例（74）的"瘦下来"、例（75）的"吞下去"。

3.3.1.3 越南语用"谓词 + 结果补语"来对应汉语"谓词 + 下₁"

越南语有时会在谓词后加上结果补语来对应汉语"谓词 + 下₁"结构，表示通过动作使人或物体由高处向低处移动。据考察，当谓词为"容纳"类动词时，越南语会在动词后加上结果补语"được"（得）来对应汉语"谓词 + 下₁"结构。例如：

(76) 五六平方米也好，只要能搁下一张桌子。（转引自刘月华，1998）
Năm sáu mét vuông cũng được, chỉ cần có thể để được một
 五   六   平米   也好   只要   能   搁 得 一
cái bàn.
个 桌子

例（76）的动词"搁"是"容纳"类动词，越南语在动词"để"（搁）后加上结果补语"được"（得）来对应汉语动趋结构"搁下"。

3.3.2 汉语"下"组趋向补语引申义在越南语中的对应形式

汉语趋向补语"下₂""下来₂""下去₂"都可以表示物体的一部分（或次要物体）从整体（主要物体）脱离，还可以表示由动态或其他状态进入某种相对静止或较"低"的状态（刘月华，1998：157、158、182、183、201）。除此之外，趋向补语"下来₂"还可以表示完成某一动作（刘月华，1998：183），趋向补语"下去₂"还可以表示继续进行某种动作或保持某种状态（刘月华，1998：201）。

通过考察与对比分析我们发现，趋向补语"下₂"在越南语中有 2 类 4 种对应形式[①]，趋向补语"下来₂"在越南语中有 4 类 8 种对应形式[②]，趋向补语"下去₂"在越南语中有 4 类 5 种对应形式。具体情况如表 3-9 所示。

[①] 我们所考察的语料中没有出现趋向补语"下₂"的越南语对应形式"V + đi（去）"，但当谓词为"裁减、去除"类动词时会存在这种对应形式。

[②] 我们所考察的语料中没有出现趋向补语"下来₂"的越南语对应形式"V + ra（出）"，但当谓词为"裁减、去除"类动词时会存在这种对应形式。

表 3-9 汉语"下"组趋向补语引申义在越南语中的总体对应形式
——基于汉越语言对比语料的统计

单位：个

越南语 \ 汉语		谓词+下$_2$	谓词+下来$_2$	谓词+下去$_2$
谓词		112	78	54
谓词+趋向补语		147	123	13
1	谓词+ra（出）	17	18	8
2	谓词+xuống（下）	13	13	/
3	谓词+lại（来）	117	76	/
4	谓词+trở lại（回来）	/	8	/
5	谓词+đi（去）	/	8	5
谓词+结果补语		/	3	20
1	谓词+được（得）	/	3	/
2	谓词+tiếp（继续）	/	/	20
动词+谓词		/	18	17
1	trở nên（成为）+谓词	/	18	/
2	tiếp tục（继续）+谓词	/	/	17

3.3.2.1 越南语用"谓词"来对应汉语"谓词+下$_2$/下来$_2$/下去$_2$"

当谓词为可使物体分离的动作行为动词、表示"接受、取得"意义或取得方式的动作行为动词、"写画"类动词、"剩余、积存、遗留、拖延"动词、表示"决定"或"使决定"意义的动词时，越南语有时会直接用"谓词"来对应汉语"谓词+下$_2$/下来$_2$"，表示物体的一部分（或次要物体）从整体（或主要物体）脱离。例如：

(77) 老板解下围裙。（王朔《千万别把我当人》）
　　　Ông chủ cởi tạp dề.
　　　老板　　解　围裙
(78) 是肖童坚决主张买才买下来的。（海岩《永不瞑目》）
　　　Là Tiêu Đồng cương quyết đòi mua mới mua.
　　　是　肖童　　坚决　　要买　才买

例（77）的动词"解"是可使物体分离的动作行为动词，例（78）的动词"买"是表示"接受、取得"意义或取得方式的动作行为动词。越南语直接用动词"cởi"（解）、"mua"（买）来对应汉语动趋结构"解下""买下来"。

当谓词为表示"使具有""使存在"意义的动词时，越南语有时直接用"谓词"来对应汉语"谓词+下₂"，表示物体的一部分（或次要物体）从整体（或主要物体）脱离。例如：

（79）预感到自己闯下了大祸。（余华《在细雨中呼喊》）
　　　Đoán mình đã gây tai họa lớn.
　　　预感 自己 已 闯   祸 大

例（79）的动词"闯"是"使具有""使存在"意义动词，越南语直接用动词"gây"（闯）来对应汉语动趋结构"闯下"。

当谓词为"安定"类动词时，越南语有时直接用"谓词"来对应汉语"谓词+下来₂"，表示由动态进入静态。例如：

（80）找一个安静的地方，静下心来好好练。（王朔《千万别把我当人》）
　　　Tìm một nơi yên tĩnh, tĩnh tâm luyện tập.
　　　找　一　地方　安静　　 静心　　 练习

例（80）的动词"静心"是"安定"类动词，越南语直接用动词"tĩnh tâm"（静心）来对应汉语动趋结构"静下心来"，表示由动态进入静态。

当谓词为形容词时，越南语直接用"谓词"来对应汉语"谓词+下来₂/下去₂"，表示由其他状态进入某种相对较"低"的状态。例如：

（81）天色还没有暗下来。（海岩《永不瞑目》）
　　　Trời vẫn chưa tối.
　　　天　还　没　暗
（82）庆春见他情绪一点点低沉下去。（海岩《永不瞑目》）
　　　Khánh Xuân thấy tâm trạng anh ấy từ từ trầm lặng.
　　　庆春　　　 看　情绪　　　他　　 慢慢　低沉

例（81）（82）中，越南语直接用形容词"tối"（暗）、"trầm lặng"（低

沉)来对应汉语动趋结构"暗下来""低沉下去",表示由其他状态进入某种相对较"低"的状态。

当谓词为表示具体动作的动词、"做办、进行"类动词、"生活、忍受"类动词、"保持、坚持"类动词时,越南语有时直接用"谓词"来对应汉语"谓词+下去₂",表示继续进行某种动作或保持某种状态。例如:

(83)她脆弱的生命就很难持续下去。(余华《在细雨中呼喊》)
  Tính mạng yếu đuối của bà rất khó duy trì.
  生命　　脆弱　　的 她 很 难 持续

例(83)中,越南语直接用动词"duy trì"(持续)来对应汉语动趋结构"持续下去",表示继续保持某种状态。越南语动词"duy trì"(持续)具有[+继续]语义特征。因此,越南语动词"duy trì"(持续)后面或前面不加上动词"tiếp tục"(继续)也能表示汉语动趋结构"持续下去"的意思。

3.3.2.2 越南语用"谓词+趋向补语"来对应汉语"谓词+下₂/下来₂/下去₂"

越南语有时会在谓词后加上趋向补语来对应汉语"谓词+下₂/下来₂/下去₂"结构,表示物体的一部分(或次要物体)从整体(或主要物体)脱离,也可表示由动态进入静态。据考察,越南语会在谓词后加上趋向补语"xuống"(下)、"ra"(出)、"đi"(去)、"lại"(来)、"trở lại"(回来)来对应汉语"谓词+下₂/下来₂/下去₂"结构。

a. 越南语用"谓词+ra(出)"来对应汉语"谓词+下₂/下来₂/下去₂"

当谓词为"裁减、去除"类动词时,越南语有时会在谓词之后加上趋向补语"ra"(出)来对应汉语"谓词+下₂/下来₂/下去₂"结构。当谓词为可使物体分离的动作行为动词时,越南语在谓词之后加上趋向补语"ra"(出)来对应汉语"谓词+下₂/下来₂"。例如:

(84)写在从练习簿里撕下的纸上。(余华《在细雨中呼喊》)
  Viết trên tờ giấy xé ra từ quyển vở bài tập.
  写　上　纸　撕出 从　练习簿

(85)他把西服上衣脱下来小心地放在一边以防弄皱。(海岩《永不

瞑目》）

   Anh cởi áo veston ra cẩn thận đặt một bên để tránh làm nhăn.
   他 脱 西服 出 小心 放 一边 以防 弄 皱

（86）一个人的能力总是有限的，迟早要被人刷下去。（转引自北京大学现代汉语语料库）

   Năng lực một người luôn có hạn, sớm muộn cũng bị người ta loại ra.
   能力 一 人 总 有限 早晚 也被人 刷 出

  例（84）（85）中，动词"撕""脱"是可使物体分离的动作行为动词，越南语在动词"xé"（撕）、"cởi"（脱）后加上趋向补语"ra"（出）来对应汉语动趋结构"撕下""脱下来"。例（86）的动词"刷"是"裁减、去除"类动词，越南语在动词"loại"（刷）后加上趋向补语"ra"（出）来对应汉语动趋结构"刷下去"。

  b. 越南语用"谓词 + xuống（下）"来对应汉语"谓词 + 下₂/ 下来₂"

  当谓词为可使物体分离的动作行为动词时，越南语有时会在谓词之后加上趋向补语"xuống"（下）来对应汉语"谓词 + 下₂/ 下来₂"结构。例如：

（87）现在脱下裤衩到帘子后面去。（王朔《千万别把我当人》）

   Bây giờ tụt quần xuống đi vào sau tấm rèm.
   现在 脱 裤 下 走 进 后 帘子

（88）欧阳天把手上的手表摘下来。（海岩《永不瞑目》）

   Âu Dương Thiên tháo đồng hồ trên tay xuống.
   欧阳天 摘 手表 上 手 下

  例（87）（88）中，动词"脱""摘"是可使物体分离的动作行为动词，越南语在动词"tụt"（脱）、"tháo"（摘）后加上趋向补语"xuống"（下）来对应汉语动趋结构"脱下""摘下来"。

  c. 越南语用"谓词 + đi（去）"来对应汉语"谓词 + 下₂/ 下来₂/ 下去₂"

  当谓词为"裁减、去除"类动词时，越南语有时会在谓词之后加上趋向补语"đi"（去）来对应汉语"谓词 + 下₂/ 下去₂"结构，表示物体的一部分（或次要物体）从整体（或主要物体）脱离。例如：

（89）据了解，7条线路，110辆车，将<u>裁下</u>107位售票员。(转引自北京大学现代汉语语料库)

  Theo tìm hiểu, 7 tuyến xe, 110 chiếc, sẽ <u>cắt đi</u> 107 nhân viên
  据 了解 7 线 车 110 辆 将 裁 去 107 人员
  bán vé.
  售 票

（90）你们班上人多，<u>减下去</u>几个吧。(转引自刘月华，1998)
  Lớp các anh người đông, <u>giảm đi</u> mấy người đi.
  班 你们 人 多 减 去 几 个 吧

例（89）（90）中，动词"裁""减"是"裁减、去除"类动词，越南语在动词"cắt"（裁）、"giảm"（减）后加上趋向补语"đi"（去）来对应汉语动趋结构"裁下""减下去"。

当谓词为形容词时，越南语有时会直接用形容词来对应汉语"谓词+下来₂/下去₂"，表示由动态进入静态。例如：

（91）庆春的口气也一下子<u>软下来</u>。(海岩《永不瞑目》)
  Giọng Khánh Xuân cũng bỗng <u>mềm đi</u>.
  口气 庆春 也 一下子 软 去

（92）仇恨一旦<u>淡漠下去</u>，我和苏杭的友谊也就逐渐散失。(余华《在细雨中呼喊》)
  Một khi thù hận <u>nhạt đi</u>, tình bạn giữa tôi và Tô Hàng cũng
  一旦 仇恨 淡 去 友谊 之间 我 和 苏杭 也
  mất dần.
  失 逐渐

例（91）（92）中，越南语在形容词"mềm"（软）、"nhạt"（淡）后加上趋向补语"đi"（去）来对应汉语"软下来""淡漠下去"。

d. 越南语用"谓词+lại（来）"来对应汉语"谓词+下₂/下来₂"

当谓词为"剩余"类、"积存"类、"遗留"类、"拖延"类、"写画"类动词时，越南语有时会在谓词之后加上趋向补语"lại"（来）来对应汉语

"谓词+下₂/下来₂"结构,表示物体的一部分(或次要物体)从整体(或主要物体)脱离。当谓词为"裁减、去除"类动词时,越南语在谓词之后加上趋向补语"lại"(来)来对应汉语"谓词+下₂"结构,表示物体的一部分(或次要物体)从整体(或主要物体)脱离。例如:

(93)接下来的画面显然已是第二台摄像机<u>拍下</u>的。(海岩《永不瞑目》)
　　　Những cảnh tiếp theo hiển nhiên là máy quay thứ hai <u>quay lại</u>.
　　　一些　　画面　接着　　显然　　是　摄像机　第　二　拍　来
(94)青年时期的一切都将永远地<u>存留下来</u>。(王蒙《青狐》)
　　　Tất cả của thời trẻ đều sẽ mãi mãi <u>lưu giữ lại</u>.
　　　一切　的　青年时　都　将　永远　存留　来

例(93)的动词"拍"是"写画"类动词,例(94)的动词"存留"是"积存"类动词。越南语在动词"quay"(拍)、"lưu giữ"(存留)后加上趋向补语"lại"(来)来对应汉语动趋结构"拍下""存留下来"。

当谓词为"停息"类、"安定"类动词时,越南语有时会在谓词之后加上趋向补语"lại"(来)来对应汉语"谓词+下₂/下来₂"结构,表示由动态或其他状态进入某种相对静止或较"低"的状态。例如:

(95)赵航宇长出一口气,<u>定下神</u>。(王朔《千万别把我当人》)
　　　Triệu Hàng Vũ thở một cái dài, <u>định thần lại</u>.
　　　赵航宇　　　叹　一　个　长　定神　　来
(96)他的这句话使女民警<u>站下来</u>。(海岩《永不瞑目》)
　　　Câu nói này của anh khiến người nữ cảnh sát <u>đứng lại</u>.
　　　这句话　　的　他　使　女警察　　　　站　来

例(95)的动词"定神"是"安定"类动词,例(96)的动词"站"是"停息"类。越南语在动词"định thần"(定神)、"đứng"(站)后加上趋向补语"lại"(来)来对应汉语动趋结构"定下神""站下来"。

当谓词为形容词时,越南语有时会在形容词后加上趋向补语"lại"(来)来对应汉语"谓词+下来₂"结构,表示由动态或其他状态进入某种相对静止或较"低"的状态。例如:

（97）电报上的句子依次<u>简短下来</u>。（王朔《千万别把我当人》）

　　　Câu trên điện báo lần lượt <u>ngắn gọn lại</u>.
　　　句子 上 电报 依次　　简短 来

例（97）中，越南语在形容词"ngắn gọn"（简短）后加上趋向动词"lại"（来）来对应汉语"简短下来"。

e. 越南语用"谓词 + trở lại（回来）"来对应汉语"谓词 + 下来₂"

当谓词为"安定"类动词或形容词时，越南语有时会在谓词后加上趋向补语"lại"（来）来对应汉语"谓词 + 下来₂"结构，表示由动态或其他状态进入某种相对静止或较"低"的状态。例如：

（98）大约半小时以后他才稍稍<u>镇静下来</u>。（余华《在细雨中呼喊》）

　　　Khoảng nửa tiếng sau ông mới hơi <u>bình tĩnh trở lại</u>.
　　　大约　　半　小时　后　他　才　稍　镇静　　　回来

（99）她的心情立即<u>松弛下来</u>。（海岩《永不瞑目》）

　　　Tâm trạng của cô lập tức <u>thoải mái trở lại</u>.
　　　心情　　　的　她　立即　松弛　　　回来

例（98）（99）中，越南语在动词"bình tĩnh"（镇静）和形容词"thoải mái"（松弛）后加上趋向补语"trở lại"（回来）来对应汉语"镇静下来""松弛下来"结构。

3.3.2.3 越南语用"谓词 + 结果补语"来对应汉语"谓词 + 下来₂/下去₂"

a. 越南语用"谓词 + được（得）"来对应汉语"谓词 + 下来₂"

当谓词为表示持续性动作的动词时，越南语会在谓词后加上结果补语"được"（得）来对应汉语"谓词 + 下来₂"，表示完成某一动作。例如：

（100）连这个都<u>忍下来</u>了。（王蒙《青狐》）

　　　Ngay cả việc này cũng <u>nhịn được</u>.
　　　连　事　这　也　忍　得

例（100）的动词"忍"是表示持续性动作的动词，越南语在动词"nhịn"（忍）后加上结果补语"được"（得）来对应汉语动趋结构"忍下来"。

b. 越南语用"谓词 + tiếp（继续）"来对应汉语"谓词 + 下去₂"

当谓词为表示具体动作的动词、"做办、进行"类动词、"生活、忍受"类动词、"保持、坚持"类动词时，越南语有时会在谓词后加上结果补语"tiếp"（继续）来对应汉语"谓词 + 下去₂"，表示继续进行某种动作或保持某种状态。例如：

（101）几乎没法儿<u>进行下去</u>了。（海岩《永不瞑目》）
　　　Gần như không có　cách　nào <u>tiến hành　tiếp</u>.
　　　几乎　　没有　　法儿　　　　进行　　继续

例（101）的动词"进行"是"做办、进行"类动词，越南语在动词"tiến hành"（进行）之后加上动词"tiếp"（继续）来对应汉语动趋结构"进行下去"。

3.3.2.4　越南语用"动词 + 谓词"来对应汉语"谓词 + 下来₂/ 下去₂"

a. 越南语用"trở nên（成为）+ 谓词"来对应汉语"谓词 + 下来₂"

当谓词为形容词时，越南语有时会在谓词前加上动词"trở nên"（成为）来对应汉语"谓词 + 下来₂"，表示由动态进入静态。例如：

（102）校园里一下<u>清静下来</u>。（海岩《永不瞑目》）
　　　Trường học　bỗng　<u>trở nên yên tĩnh</u>.
　　　学校　　　　一下　成为　　清静

例（102）中，越南语在形容词"yên tĩnh"（清静）之前加上"trở nên"（成为）来对应汉语"清静下来"。

b. 越南语用"tiếp tục（继续）+ 谓词"来对应汉语"谓词 + 下去₂"

当谓词为表示具体动作的动词、"做办、进行"类动词、"生活、忍受"类动词、"保持、坚持"类动词，或谓词为形容词时，越南语有时会在谓词前加上动词"tiếp tục"（继续）来对应汉语"谓词 + 下去₂"，表示继续进行某种动作或保持某种状态。例如：

（103）这差事再<u>干下去</u>，我都不知道该怎么干了。（海岩《永不瞑目》）
　　　<u>Tiếp tục làm</u> việc này, tôi cũng chẳng　biết　nên làm thế nào.
　　　继续　干　　事　这　我也　　不　　知道　该 干 怎么

（104）那咱们俩也就很难再好下去啦。（海岩《永不瞑目》）

　　Thế thì hai chúng ta cũng khó mà tiếp tục tốt đẹp.
　　那　　俩　我们　也　难以　　继续　　好

例（103）（104）中，越南语在动词"làm"（干）、形容词"tốt đẹp"（好）之前加上动词"tiếp tục"（继续）来对应汉语"干下去""好下去"。

汉语"下"组趋向补语在越南语中的对应可以总结为表 3-10。

表 3-10　汉语"下"组趋向补语在越南语中的对应形式

义类	意义	谓词	谓词 + 下	谓词 + 下来	谓词 + 下去
基本义	表示通过动作使人或物体由高处向低处移动	表示躯体、物体自身运动的动词	V V + xuống/ ra		V V + xuống
		表示躯体动作的动词	V V + xuống		
		表示可使物体改变位置的动作行为动词	V V + xuống/ vào	V V + xuống	V V + xuống/ vào
		"派发"类动词	V + xuống/ ra		
		"凹陷"类动词	V + xuống/ vào		
		"容纳"类动词	V + được		
	表示通过动作使人或物体退离面前的目标	"后退"类动词	V V + xuống		
引申义	表示物体的一部分（或次要物体）从整体（或主要物体）脱离	可使物体分离的动作行为动词	V V + xuống/ ra		
		"裁减、去除"类动词	V + đi/ ra/ lại	V + ra	V + đi/ ra
		"接受、取得"意义或取得方式的动作行为动词			
		"写画"类动词	V		
		"剩余""积存""遗留""拖延"动词	V + lại		
		表示"决定"或"使决定"意义的动词	V		
		表示"使具有""使存在"意义的动词	V		

续表

义类	意义	谓词	谓词+下	谓词+下来	谓词+下去
引申义	表示完成某一动作	表示持续性动作的动词		V + được	
	表示由动态进入静态	"停息"类动词	V + lại		
		"安定"类动词	V + lại	V V + lại/ trở lại	
		形容词		Adj Adj + đi/ lại/ trở lại trở nên + Adj	Adj Adj + đi
	表示继续进行某种动作或保持某种状态	表示具体动作的动词，"做办、进行"类、"生活、忍受"类、"保持、坚持"类动词			V V + tiếp tiếp tục + V
		形容词			tiếp tục+ Adj

从表 3-10 可见，汉语"下"组趋向补语在越南语中有多种对应形式。谓词后的"下"组趋向补语因谓词词义不同，表义功能也有所不同，因此它们在越南语中有多种不同的对应形式。汉语趋向补语"下""下来""下去"的意象图式比越南语趋向补语"xuống"（下）的多，汉语趋向补语"下""下来""下去"在越南语中的对应形式与其意象图式也有很大关系。

3.4　汉语"进"组趋向补语在越南语中的对应形式

汉语"进"组趋向补语包括"进""进来""进去"。它们只有基本义，没有引申义。它们都表示人或物体通过动作从外面移动到里面（刘月华，1998：206、211、216）。

我们对汉越语言对比语料（101 万字）进行筛选，共找到 455 个"进"组趋向补语用例，其中有 319 个趋向补语"进"的用例、49 个趋向补语"进来"的用例、87 个趋向补语"进去"的用例。

通过考察与对比分析我们发现，趋向补语"进"在越南语中有 2 类 3

种对应形式，趋向补语"进来"在越南语中有 1 类 1 种对应形式[①]，趋向补语"进去"在越南语中有 2 类 3 种对应形式。具体情况如表 3-11 所示。

表 3-11　汉语"进"组趋向补语在越南语中的总体对应形式
——基于汉越语言对比语料的统计

单位：个

越南语	汉语	谓词 + 进	谓词 + 进来	谓词 + 进去
	谓词	5	/	4
	谓词 + 趋向补语	314	49	83
1	谓词 + vào（进）	296	49	80
2	谓词 + xuống（下）	18	/	3

3.4.1　越南语用"谓词"来对应汉语"谓词 + 进/进来/进去"

当谓词为表示躯体或物体自身运动的动作动词时，越南语有时会直接用谓词来对应汉语"谓词 + 进/进来/进去"。例如：

（105）现在住进了广州的白天鹅宾馆。（海岩《永不瞑目》）
　　　Hiện　ở　khách sạn Thiên Nga Trắng Quảng Châu.
　　　现　住　旅馆　　白天鹅　　　　广州

（106）陌生人住进来很不方便。（转引自北京大学现代汉语语料库）
　　　Người lạ　ở　rất không tiện.
　　　陌生人　住　很　不　方便

（107）和庆春假扮夫妻到旅店里开个房间住进去。（海岩《永不瞑目》）
　　　Giả vợ chồng với Khánh Xuân đến khách sạn thuê phòng ở.
　　　假　夫妇　　跟　庆春　　到　旅店　租　房间　住

例（105）~（107）中，越南语直接用动词"ở"（住）来对应汉语动趋结构"住进""住进来""住进去"。

[①] 我们所考察的语料中没有出现趋向补语"进来"的越南语对应形式"谓词""谓词 + xuống（下）"两种形式，但实际上存在这种对应形式。

3.4.2 越南语用"谓词+趋向补语"来对应汉语"谓词+进/进来/进去"

越南语有时会在谓词后加上趋向补语来对应汉语"谓词+进/进来/进去"结构，表示人或物体通过动作从外面移动到里面。据考察，越南语会在谓词后加上趋向补语"vào"（进）、"xuống"（下）来对应汉语"谓词+进/进来/进去"结构。

3.4.2.1 越南语用"谓词+vào（进）"来对应汉语"谓词+进/进来/进去"

当动词为表示躯体或物体自身运动的动作动词、表示躯体动作的动词或表示可使物体改变位置的动作行为动词时，越南语有时会在谓词之后加上趋向补语"vào"（进）来对应汉语"谓词+进/进来/进去"结构。当谓词为表示可使领有、占有等关系转移的动作动词时，越南语有时会在谓词之后加上趋向补语"vào"（进）来对应汉语"谓词+进/进来"结构。当谓词为"凹陷"类动词时，越南语有时会在谓词之后加上趋向补语"vào"（进）来对应汉语"谓词+进/进去"结构。例如：

（108）杜长发走进了食堂。（海岩《永不瞑目》）

    Đỗ Trường Phát đi vào nhà ăn.
    杜长发   走 进 食堂

（109）有一只手从敞开的车窗外把三十元钱钞票递进来。（转引自刘月华，1998）

    Có một bàn tay từ ngoài cửa xe mở rộng đưa vào ba mươi đồng.
    有 一 手 从 外 车窗   敞开 递进 三十 元

（110）手连胳膊一起伸进去。（王朔《看上去很美》）

    Thò cả bàn tay lẫn cánh tay vào.
    伸 整 手 连 胳膊 进

例（108）的动词"走"是表示躯体或物体自身运动的动作动词，例（109）的动词"递"是表示可使物体改变位置的动作行为动词，例（110）的动词"伸"是表示躯体动作的动词。例（108）趋向补语"进"的意象图式是图 2-33，例（109）趋向补语"进来"的意象图式是图 2-35，例（110）趋向补语"进去"的意象图式是图 2-37，它们与越南语趋向补语"vào"（进）的图 2-73 基本相同。因此，越南语分别在动词"đi"（走）、"đưa"（递）、"thò"（伸）后加上趋向补语"vào"（进）来对应汉语例（108）的"走进"、例（109）的"递进来"、例（110）的"伸进去"。

3.4.2.2　越南语用"谓词 + xuống（下）"来对应汉语"谓词 + 进 / 进来 / 进去"

当动词为表示躯体或物体自身运动的动作动词时，越南语有时会在谓词之后加上趋向补语"xuống"（下）来对应汉语"谓词 + 进 / 进来 / 进去"结构。当谓词为"凹陷"类动词时，越南语有时会在谓词之后加上趋向补语"xuống"（下）来对应汉语"谓词 + 进 / 进去"结构。当动词为表示可使物体改变位置的动作行为动词时，越南语有时会在谓词之后加上趋向补语"xuống"（下）来对应汉语"谓词 + 进"结构。例如：

（111）我的父母就像是两只被扔进水里的鸡一样。（余华《在细雨中呼喊》）

　　　　Bố mẹ tôi giống như hai con gà bị vứt xuống nước.
　　　　父母　我　像　　二 只 鸡 被 扔　下　水

（112）我爸的车子开天窗，一定是从天窗里掉进来的。（转引自北京大学现代汉语语料库）

　　　　Xe ba tôi mở cửa sổ mái, chắc chắn là rớt từ cửa sổ mái xuống.
　　　　车 爸 我 开　天窗　　一定　是 掉 从　天窗　　下

（113）小朋友们格外敬畏那枪刺上的凹进去的血槽。（王朔《看上去很美》）

　　　　Lũ trẻ rất tôn kính và sợ hãi rãnh máu lõm xuống trên mũi súng.
　　　　小孩们　很　　敬畏　　　　血槽　凹　下　　上　枪刺

例（111）的动词"扔"是表示可使物体改变位置的动作行为动词，例（112）的动词"掉"是表示躯体或物体自身运动的动作动词，例（113）的动词"凹"是"凹陷"类动词。例（111）趋向补语"进"的意象图式是图 2-34，例（112）趋向补语"进来"的意象图式是图 2-36，例（113）趋向补语"进去"的意象图式是图 2-38，它们与越南语趋向补语"xuống"（下）的图 2-72 基本相同。因此，越南语分别在动词"vứt"（扔）、"rót"（掉）、"lõm"（凹）后加上趋向补语"xuống"（下）来对应汉语例（111）的"扔进"、例（112）的"掉进来"、例（113）的"凹进去"。

汉语"进"组趋向补语在越南语中的对应可以总结为表 3-12。

表 3-12 汉语"进"组趋向补语在越南语中的对应形式

义类	意义	谓词	谓词+进	谓词+进来	谓词+进去
基本义	表示人或物体通过动作从外面移动到里面	表示躯体或物体自身运动的动作动词	V V + vào/ xuống		
		表示躯体动作的动词	V + vào		
		表示可使物体改变位置的动作行为动词	V + vào/ xuống	V + vào	
		表示可使领有、占有等关系转移的动作动词	V + vào		
		"凹陷"类动词	V + vào/ xuống		V + vào/ xuống

从表 3-12 可见，汉语"进"组趋向补语在越南语中有多种对应形式。谓词后的"进"组趋向补语因谓词词义不同，表义功能也有所不同，因此它们在越南语中有多种不同的对应形式。汉语趋向补语"进""进来""进去"的意象图式比越南语趋向补语"vào"（进）的多，汉语趋向补语"进""进来""进去"在越南语中的对应形式与其意象图式也有很大关系。

3.5 汉语"出"组趋向补语在越南语中的对应形式

汉语"出"组趋向补语包括"出""出来""出去"。"出"和"出来"既有基本义，又有引申义；"出去"只有基本义，没有引申义。我们将其基本义分别记为"出₁""出来₁""出去"，将其引申义分别记为"出₂""出来₂"。

我们对汉越语言对比语料（101 万字）进行筛选，共找到 1934 个"出"组趋向补语用例，其中有 1226 个趋向补语"出"的用例（"出₁"535 个，

"出₂"691个），588个趋向补语"出来"的用例（"出来₁"303个，"出来₂"285个），120个趋向补语"出去"的用例。

3.5.1 汉语"出"组趋向补语基本义在越南语中的对应形式

汉语趋向补语"出₁""出来₁""出去"都可以表示人或物通过动作由里面移到外面（刘月华，1998：230、247、256）。它们都可以和表示躯体或物体自身运动的动词、表示肢体动作的动词、表示可使物体改变位置的动词、表示领有或占有关系转移的动词搭配，构成"谓词 + 出₁/ 出来₁/ 出去"结构。

通过考察与对比分析我们发现，趋向补语"出₁"在越南语中有3类7种对应形式，趋向补语"出来₁"在越南语中有3类4种对应形式，趋向补语"出去"在越南语中有2类3种对应形式。具体情况如表3-13所示。

表3-13 汉语"出"组趋向补语基本义在越南语中的总体对应形式
—— 基于汉越语言对比语料的统计

单位：个

越南语		汉语	谓词 + 出₁	谓词 + 出来₁	谓词 + 出去
谓词			108	53	27
谓词 + 趋向补语			404	248	93
	1	谓词 + ra（出）	388	238	81
	2	谓词 + lên（上）	8	10	/
	3	谓词 + đi（去）	6	/	12
	4	谓词 + đến/ lại（来）	2	/	/
谓词 + 结果补语			23	2	/
	1	谓词 + được（得）	3	2	/
	2	谓词 + khỏi（离开）	20	/	/

3.5.1.1 越南语用"谓词"来对应汉语"谓词 + 出₁/ 出来₁/ 出去"

当谓词为表示躯体或物体自身运动的动词、表示肢体动作的动词、表示可使物体改变位置的动词、表示领有或占有关系转移的动词时，越南语有时会直接用谓词来对应汉语"谓词 + 出₁/ 出来₁/ 出去"，表示人或物通过动作由里面移到外面。例如：

（114）他向庆春伸出一只手。（海岩《永不瞑目》）
　　　　Anh đưa một bàn tay về phía Khánh Xuân.
　　　　他　伸　一　只手　　向　　庆春

（115）想把龙门石重新抬出来。（余华《在细雨中呼喊》）
　　　　Muốn khiêng　lại　hòn đá long môn.
　　　　想　　抬　　重新　　石头龙门

（116）他二十六号上午把一辆车借出去。（海岩《永不瞑目》）
　　　　Sáng ngày 26, hắn mượn một chiếc xe.
　　　　上午天　26 他　借　一　辆　车

例（114）的动词"伸"是表示肢体动作的动词，例（115）的动词"抬"是表示可使物体改变位置的动词，例（116）的动词"借"是表示领有或占有关系转移的动词。越南语直接用动词"đưa"（伸）、"khiêng"（抬）、"mượn"（借）来对应汉语动趋结构"伸出""抬出来""借出去"。

3.5.1.2　越南语用"谓词 + 趋向补语"来对应汉语"谓词 + 出₁/ 出来₁/ 出去"

越南语有时会在谓词后加上趋向补语来对应汉语"谓词 + 出₁/ 出来₁/ 出去"结构，表示人或物通过动作由里面移到外面。据考察，越南语会在谓词后加上趋向补语"ra"（出）、"lên"（上）、"đi"（去）、"đến/ lại"（来）来对应汉语"谓词 + 出₁/ 出来₁/ 出去"结构。

a. 越南语用"谓词 + ra（出）"来对应汉语"谓词 + 出₁/出来₁/出去"

当谓词为表示躯体或物体自身运动的动词、表示肢体动作的动词、表示可使物体改变位置的动词、表示领有或占有关系转移的动词时，越南语有时会在谓词后加上趋向补语"ra"（出）来对应汉语"谓词 + 出₁/出来₁/出去"。例如：

（117）楼上窗户就有人探出头。（王朔《看上去很美》）
　　　　Cửa sổ trên lầu　có　người thò đầu ra.
　　　　窗户　　上楼　有　人　探头　出

（118）我是从保育院跑出来的。（王朔《看上去很美》）
　　　　Cháu chạy　từ　vườn trẻ　ra.
　　　　我　跑　从　保育院　出

(119)拿起歌谱也从窗口扔了出去。(余华《在细雨中呼喊》)
　　　Cầm quyển sách nhạc cũng từ cửa sổ vứt ra.
　　　拿　　歌谱　　也　从　窗口　扔出

例(117)的动词"探"是表示肢体动作的动词,例(118)的动词"跑"是表示躯体或物体自身运动的动词,例(119)的动词"扔"是表示可使物体改变位置的动词。例(117)趋向补语"出"的意象图式是图2-39,例(118)趋向补语"出来"的意象图式是图2-42,例(119)趋向补语"出去"的意象图式是图2-45,它们与越南语趋向补语"ra"(出)的图2-74基本相同。因此,越南语分别在动词"thò"(探)、"chạy"(跑)、"vứt"(扔)后加上趋向补语"ra"(出)来对应汉语例(117)的"探出"、例(118)的"跑出来"、例(119)的"扔出去"。

b. 越南语用"谓词 + lên(上)"来对应汉语"谓词 + 出₁/出来₁"

当谓词为动词"冒"时,越南语在动词"bốc"(冒)后加上趋向补语"lên"(上)来对应汉语动趋结构"冒出""冒出来"。例如:

(120)烟斗里冒出滚滚的烟。(王朔《千万别把我当人》)
　　　Khói từ tẩu thuốc bốc lên cuồn cuộn.
　　　烟　从　烟斗　　冒上　滚滚
(121)肖童脑门上几乎冒出火来。(海岩《永不瞑目》)
　　　Trên đầu Tiêu Đồng gần như bốc lửa lên.
　　　上　脑门　肖童　　几乎　冒火上

例(120)趋向补语"出"的意象图式是图2-41,例(121)趋向补语"出来"的意象图式是图2-44,它们与越南语趋向补语"lên"(上)的图2-70基本相同。因此,越南语在动词后加上趋向补语"lên"(上)来对应汉语动趋结构。

c. 越南语用"谓词 + đi(去)"来对应汉语"谓词 + 出₁/出去"

当谓词为表示可使物体改变位置的动词时,越南语有时会在谓词后加上趋向补语"đi"(去)来对应汉语"谓词 + 出₁/出去"结构。当谓词为表示躯体或物体自身运动的动词时,越南语有时会在谓词后加上趋向补语

"đi"(去)来对应汉语"谓词+出去"结构。例如：

（122）母亲在倩姑寄出稿件以前就通读了她的手稿。（王蒙《青狐》）
　　　　Mẹ đọc hết bản thảo của Sảnh Cô trước khi cô gửi bản thảo đi.
　　　　妈　读完　手稿　的　倩姑　　以前　她　寄　稿件　去

（123）他和建军这么早就跑出去。（海岩《永不瞑目》）
　　　　Anh và Kiến Quân chạy đi sớm như vậy.
　　　　他　和　建军　　跑　去　早　这么

例（122）的动词"寄"是表示可使物体改变位置的动词，例（123）的动词"跑"是表示躯体或物体自身运动的动词。例（122）趋向补语"出"的意象图式是图 2-40，例（123）趋向补语"出去"的意象图式是图 2-46，它们与越南语趋向补语"đi"（去）的图 2-69 基本相同。因此，越南语分别在动词"gửi"（寄）、"chạy"（跑）后加上趋向补语"đi"（去）来对应汉语例（122）的动趋结构"寄出"、例（123）的动趋结构"跑出去"。

d. 越南语用"谓词+đến/ lại（来）"来对应汉语"谓词+出₁"

当谓词为表示领有或占有关系转移的动词时，越南语有时会在谓词后加上趋向补语"đến/ lại"（来）来对应汉语"谓词+出₁"结构。例如：

（124）只给我留出平躺身体的一线缝隙。（王朔《看上去很美》）
　　　　Chỉ để lại một khoảng cách rất mong manh dọc theo cơ thể
　　　　只　留来　一　　距离　　很　单薄　　沿着　身体
　　　　nằm ngửa của tôi.
　　　　平躺　　　的　我

例（124）中，越南语在动词"để"（留）后加上趋向动词"lại"（来）来对应汉语动趋结构"留出"。

3.5.1.3 越南语用"谓词+结果补语"来对应汉语"谓词+出₁/出来₁"

越南语有时会在谓词后加上结果补语来对应汉语"谓词+出₁/出来₁"结构，表示人或物通过动作由里面移到外面。据考察，越南语会在谓词后加上结果补语"được"（得）、"khỏi"（离开）来对应汉语"谓词+出₁/出来₁"结构。

a. 越南语用"谓词 + được（得）"来对应汉语"谓词 + 出 $_1$/出来 $_1$"

当谓词为表示躯体或物体自身运动的动词时，越南语有时在动词后加上趋向动词"được"（得）来对应汉语动趋结构"谓词 + 出 $_1$"。当谓词为表示可使物体改变位置的动词时，越南语有时在动词后加上趋向动词"được"（得）来对应汉语动趋结构"谓词 + 出来 $_1$"。例如：

（125）<u>跑出</u>二十来米的孙光平开始摇摇摆摆。（余华《在细雨中呼喊》）
　　　　Tôn Quang Bình <u>chạy được</u> hai mươi mét bắt đầu　lảo đảo.
　　　　孙光平　　　　跑　得　二十　米　开始　摇摇摆摆
（126）我半夜溜进去从里面调了这几份文件<u>出来</u>。（海岩《永不瞑目》）
　　　　Nửa đêm tôi lẻn vào <u>lấy được</u> mấy tài liệu này.
　　　　半夜　我溜进拿得　几　文件　这

例（125）的动词"跑"是表示躯体或物体自身运动的动词，例（126）的动词"调"是表示可使物体改变位置的动词。越南语在动词"chạy"（跑）、"lấy"（拿）后加上结果补语"được"（得）来对应汉语动趋结构"跑出""调出来"。

b. 越南语用"谓词 + khỏi（离开）"来对应汉语"谓词 + 出 $_1$"

当谓词为表示躯体或物体自身运动的动词时，越南语有时会在谓词后加上结果补语"khỏi"（离开）对应汉语"谓词 + 出 $_1$"结构。例如：

（127）他和庆春一起<u>走出</u>屋子。（海岩《永不瞑目》）
　　　　Anh và Khánh Xuân　cùng　<u>đi khỏi</u>　nhà.
　　　　他　和　　庆春　　一起　去　离开　家

例（127）中，动词"走"是表示躯体或物体自身运动的动词，越南语在动词"đi"（去）后加上结果补语"khỏi"（离开）来对应汉语动趋结构"走出"。

3.5.2　汉语"出"组趋向补语引申义在越南语中的对应形式

汉语趋向补语"出 $_2$""出来 $_2$"都可以表示经过动作受事由无到有、由无形到有形（刘月华，1998：231、248）。它们都可以和表示语言等有声音的动作行为动词，表示感官动作的动词，表示使人或事物获得新品质、新性质的动作行为动词，"制作"类、"查找"类、"生长"类、"思考"类、"引惹"类、"呈现、显露"类、"高大"类动词搭配，构成"谓词 + 出$_2$/ 出来$_2$"结构。

通过考察与对比分析我们发现，趋向补语"出$_2$"在越南语中有3类5种对应形式，趋向补语"出来$_2$"在越南语中有3类5种对应形式。具体情况如表3-14所示。

表 3-14　汉语"出"组趋向补语引申义在越南语中的总体对应形式
——基于汉越语言对比语料的统计

单位：个

越南语		汉语	谓词 + 出$_2$	谓词 + 出来$_2$
		谓词	280	104
		谓词 + 趋向补语	397	173
1		谓词 + ra（出）	378	156
2		谓词 + lên（上）	15	16
3		谓词 + đến/ lại（来）	4	1
		谓词 + 结果补语	14	8
1		谓词 + được（得）	14	8

3.5.2.1　越南语用"谓词"来对应汉语"谓词 + 出$_2$/ 出来$_2$"

当谓词为表示语言等有声音的动作行为动词，表示感官动作的动词，"制作"类、"查找"类、"生长"类、"思考"类、"呈现、显露"类、"高大"类动词时，越南语直接用谓词来对应汉语"谓词 + 出$_2$/ 出来$_2$"结构。例如：

（128）"我"的身上已经长出了鳞甲。（王蒙《青狐》）

　　　Trên mình "tôi" đã mọc vảy.
　　　上　身　我　已　长　鳞甲

（129）把该写的能写的写出来。（王蒙《青狐》）

　　　Viết những gì đáng viết, có thể viết.
　　　写　一些　什么　该　写　　能　写

例（128）的动词"长"是"生长"类动词，例（129）的动词"写"

是"制作"类动词。越南语直接用动词"mọc"(长)、"viết"(写)来对应汉语动趋结构"长出""写出来"。

3.5.2.2 越南语用"谓词+趋向补语"来对应汉语"谓词+出₂/出来₂"

越南语有时会在谓词后加上趋向补语来对应汉语"谓词+出₂/出来₂"结构。据考察,越南语会在谓词后加上趋向补语"ra"(出)、"lên"(上)、"đến/ lại"(来)来对应汉语"谓词+出₂/出来₂"结构。

a. 越南语用"谓词+ra(出)"来对应汉语"谓词+出₂/出来₂"

当谓词为表示语言等有声音的动作行为动词、表示感官动作的动词、"制作"类、"查找"类、"生长"类、"思考"类、"引惹"类、"呈现、显露"类动词时,越南语有时会在谓词后加上趋向补语"ra"(出)来对应汉语"谓词+出₂/出来₂"结构。例如:

(130)她<u>举出</u>了一些例子。(王蒙《青狐》)

　　Cô <u>đưa ra</u> một số ví dụ.

　　她　举　出　一些　例子

(131)农民先<u>创造出来</u>。(王蒙《青狐》)

　　Nông dân <u>sáng tạo ra</u> trước.

　　农民　　创造　出　先

例(130)的动词"举"是表示语言等有声音的动作行为动词,例(131)的动词"创造"是"制作"类动词。越南语在动词"đưa"(举)、"sáng tạo"(创造)后加上趋向补语"ra"(出)来对应汉语动趋结构"举出""创造出来"。

b. 越南语用"谓词+lên(上)"来对应汉语"谓词+出₂/出来₂"

当谓词为表示语言等有声音的动作行为动词、"呈现、显露"类动词时,越南语有时会在谓词后加上趋向补语"lên"(上)来对应汉语"谓词+出₂/出来₂"结构。例如:

(132)青狐伤心地<u>哭出</u>了声。(王蒙《青狐》)

　　Thanh Hồ đau khổ <u>khóc lên</u> tiếng.

　　青狐　　伤心　哭　上　声

（133）你的言语立刻会显出迎合来。（王蒙《青狐》）
　　　　Lời lẽ của anh lập tức sẽ hiện lên giọng vuốt đuôi a dua.
　　　　言语　的 你　立刻 会 显 上　　迎合

　　例（132）的动词"哭"是表示语言等有声音的动作行为动词，例（133）的动词"显"是"呈现、显露"类动词。越南语在动词"khóc"（哭）、"hiện"（显）后加上趋向补语"lên"（上）来对应汉语动趋结构"哭出""显出来"。

　　c. 越南语用"谓词 + đến/ lại（来）"来对应汉语"谓词 + 出$_2$/ 出来$_2$"
　　当谓词为"引惹"类动词时，越南语有时会在谓词后加上趋向补语"đến/ lại"（来）来对应汉语"谓词 + 出$_2$/ 出来$_2$"结构。当谓词为"思考"类动词时，越南语有时会在谓词后加上趋向补语"đến/ lại"（来）来对应汉语"谓词 + 出$_2$"结构。例如：

（134）当他想出这些坏主意时禁不住自个先乐翻了。（王朔《看上去很美》）
　　　　Mỗi khi nghĩ đến những ý tưởng xấu xa này cậu không nén được
　　　　每　当　想 来　一些　　主意　　坏　 这　他　禁不住
　　　　vui mừng.
　　　　高兴

（135）所引发出来对天空的敬畏。（余华《在细雨中呼喊》）
　　　　Dẫn đến sự tôn kính và sợ hãi đối với bầu trời.
　　　　引 来　　敬畏　　　　　　对 天空

　　例（134）的动词"想"是"思考"类动词，例（135）的动词"引发"是"引惹"类动词。越南语在动词"nghĩ"（想）、"dẫn"（引）后加上趋向补语"đến"（来）来对应汉语动趋结构"想出""引发出来"。

　　3.5.2.3 越南语用"谓词 + 结果补语"来对应汉语"谓词 + 出$_2$/ 出来$_2$"
　　当谓词为表示语言等有声音的动作行为动词，表示感官动作的动词，"制作"类、"查找"类动词等时，越南语有时在谓词后加上结果补语"được"（得）来对应汉语"谓词 + 出$_2$/ 出来$_2$"结构。例如：

（136）<u>搜出</u>的毒品被运到楼上的会议室里。(海岩《永不瞑目》)

Heroin <u>tìm được</u> bị chuyển đến phòng họp trên lầu.

毒品　找　得　被　运　到　会议室　上　楼

（137）脸皮子早就<u>锻炼出来</u>了。(海岩《永不瞑目》)

Vẻ mặt sớm đã <u>luyện được</u>.

脸皮　早　已　锻炼　得

例（136）的动词"搜"是"查找"类动词，例（137）的动词"锻炼"是表示使人或事物获得新品质、新性质的动作行为动词。越南语在动词"tìm"（找）、"luyện"（锻炼）后加上结果补语"được"（得）来对应汉语动趋结构"搜出""锻炼出来"。

汉语"出"组趋向补语在越南语中的对应可以总结为表3-15。

表3-15　汉语"出"组趋向补语在越南语中的对应形式

义类	意义	谓词	谓词+出	谓词+出来	谓词+出去
基本义	表示人或物通过动作由里面移到外面	表示躯体或物体自身运动的动词	V V + ra/ lên V + khỏi/ được	V V + ra/ lên	V V + ra/ đi
		表示肢体动作动词	V V + ra		
		表示可使物体改变位置的动词	V V + ra/ đi	V V + ra V + được	V V + ra/ đi
		表示领有或占有关系转移的动词	V V + ra/ lại	V V + ra	
引申义	表示经过动作受事由无到有、由无形到有形	"制作"类、"查找"类动词	V V + ra V + được		
		"生长"类动词	V V + ra		
		"思考"类动词	V V + ra/ đến	V V + ra	
		"引惹"类动词	V + ra/ đến		

续表

义类	意义	谓词	谓词+出	谓词+出来	谓词+出去
引申义	表示经过动作受事由无到有、由无形到有形	表示语言等有声音的动作行为动词	V V + ra/ lên V + được		
		"呈现、显露"类动词	V V + ra/ lên		
		表示感官动作的动词	V V + ra V + được		
		表示使人或事物获得新品质、新性质的动作行为动词	V + được		
		"高大"类动词	V		

从表 3-15 可见，汉语"出"组趋向补语在越南语中有多种对应形式。谓词后的"出"组趋向补语因谓词词义不同，表义功能也有所不同，因此它们在越南语中有多种不同的对应形式。汉语趋向补语"出""出来""出去"的意象图式比越南语趋向补语"ra"（出）的多，汉语趋向补语"出""出来""出去"在越南语中的对应形式与其意象图式也有很大关系。

3.6　汉语"回"组趋向补语在越南语中的对应形式

汉语"回"组趋向补语包括"回""回来""回去"。它们只有基本义没有引申义，都表示通过动作使人或物体向原处所移动（刘月华，1998：260、264、268）。

我们对汉越语言对比语料（101 万字）进行筛选，共找到 210 个"回"组趋向补语用例，其中有 104 个趋向补语"回"的用例、57 个趋向补语"回来"的用例、49 个趋向补语"回去"的用例。

通过考察与对比分析我们发现，趋向补语"回"在越南语中有 2 类 4 种对应形式，趋向补语"回来"在越南语中有 2 类 3 种对应形式，趋向补语"回去"在越南语中有2类3种对应形式^①。具体情况如表3-16所示。

表3-16 汉语"回"组趋向补语在越南语中的总体对应形式
—— 基于汉越语言对比语料的统计

单位：个

越南语 \ 汉语		谓词+回	谓词+回来	谓词+回去
谓词		5	6	6
谓词+趋向补语		99	51	43
1	谓词+về（回）	75	37	29
2	谓词+lại（来）	20	14	14
3	谓词+vào（进）	4	/	/

3.6.1 越南语用"谓词"来对应汉语"谓词+回/回来/回去"

当谓词为表示肢体动作的动词或表示可使物体改变位置的动作行为动词时，越南语有时会直接用谓词来对应汉语"谓词+回/回来/回去"，表示通过动作使人或物体向原处所移动。例如：

（138）然后领回护照，出境。（王蒙《青狐》）
　　　Sau đó nhận hộ chiếu, xuất cảnh.
　　　然后　领　护照　　出境
（139）哪位同学去把歌谱捡回来？（余华《在细雨中呼喊》）
　　　Em nào đi nhặt quyển nhạc?
　　　同学 哪个 去 捡 　歌谱
（140）他扭回头去看自己的书包。（余华《在细雨中呼喊》）
　　　Nó quay đầu nhìn cặp sách của mình.
　　　他　扭头　　看　书包　　的　自己

例（138）（139）的动词"领""捡"是表示可使物体改变位置的动作行为动词，例（140）的动词"扭头"是表示肢体动作的动词。越南语直接

---

① 我们所考察的语料中没有出现趋向补语"回来""回去"的"谓词+vào（进）"越南语对应形式，但当谓词为表示肢体动作的动词时会存在这种对应形式。

用动词"nhận"(领)、"nhặt"(捡)、"quay đầu"(扭头)来对应汉语动趋结构"领回""捡回来""扭回头去"。

3.6.2 越南语用"谓词+趋向补语"来对应汉语"谓词+回/回来/回去"

越南语有时会在谓词后加上趋向补语来对应汉语"谓词+回/回来/回去"结构,表示通过动作使人或物体向原处所移动。据考察,越南语会在谓词后加上趋向补语"về"(回)、"lại"(来)、"vào"(进)来对应汉语"谓词+回/回来/回去"结构。

3.6.2.1 越南语用"谓词+về(回)"来对应汉语"谓词+回/回来/回去"

当谓词为表示躯体或物体自身运动的动作动词,表示肢体动作的动词,表示可使物体改变位置的动作行为动词,表示可使领有、占有等关系转移的动作动词时,越南语有时在谓词后加上趋向补语"về"(回)来对应汉语"谓词+回/回来/回去"。例如:

(141) 庆春匆匆赶回机关。(海岩《永不瞑目》)
　　　Khánh Xuân vội vàng <u>chạy về</u> cơ quan.
　　　庆春　　匆匆　　　赶　回　机关
(142) <u>拿回</u>家<u>来</u>方感到问题之严重。(王蒙《青狐》)
　　　<u>Mang về</u> nhà mới cảm thấy vấn đề nghiêm trọng.
　　　拿　回　家　才　感到　　问题　严重
(143) 过几天我就将爹<u>赎回去</u>。(余华《在细雨中呼喊》)
　　　Qua vài hôm tôi sẽ <u>chuộc</u> cha <u>về</u>.
　　　过　几天　我　将　赎　　爸　回

例(141)的动词"赶"是表示躯体或物体自身运动的动作动词,例(142)的动词"拿"是表示可使物体改变位置的动作行为动词,例(143)的动词"赎"是表示可使领有、占有等关系转移的动作动词。例(141)趋向补语"回"的意象图式是图2-47,例(142)趋向补语"回来"的意象图式是图2-49,例(143)趋向补语"回去"的意象图式是图2-51,它们与越南语趋向补语"về"(回)的图 2-75 基本相同。因此,越南语分别在动词"chạy"(赶)、"mang"(拿)、"chuộc"(赎)之后加上趋向补语"về"(回)来对应汉语例(141)的"赶回"、例(142)的"拿回来"、例(143)的"赎回去"。

3.6.2.2 越南语用"谓词 + lại(来)"来对应汉语"谓词 + 回 / 回来 / 回去"

当谓词为表示躯体或物体自身运动的动作动词,表示肢体动作的动词,表示可使物体改变位置的动作行为动词,表示可使领有、占有等关系转移的动作动词时,越南语有时在谓词后加上趋向补语"lại"(来)来对应汉语"谓词 + 回 / 回来 / 回去"。例如:

(144)肖童抽回手。(海岩《永不瞑目》)
　　Tiêu Đồng rút tay lại.
　　肖童　　抽　手　来
(145)但把信封又递回来。(海岩《永不瞑目》)
　　Nhưng lại đưa lại lá thư.
　　但　　又　递来　信
(146)也不排除她返回去找肖童的可能。(海岩《永不瞑目》)
　　Cũng không loại trừ khả năng cô ấy quay lại tìm Tiêu Đồng.
　　也　不　　排除　可能　　　她　返来　找　肖童

例(144)的动词"抽"是表示肢体动作的动词,例(145)的动词"递"是表示可使物体改变位置的动作行为动词,例(146)的动词"返"是表示躯体或物体自身运动的动作动词。例(144)趋向补语"回"的意象图式是图 2-47,例(145)趋向补语"回来"的意象图式是图 2-49,例(146)趋向补语"回去"的意象图式是图 2-51,它们与越南语趋向补语"lại"(来)的图 2-68 基本相同。因此,越南语分别在动词"rút"(抽)、"đưa"(递)、"về"(返)后加上趋向补语"lại"(来)来对应汉语例(144)的"抽回"、例(145)的"递回来"、例(146)的"返回去"。

3.6.2.3 越南语用"谓词 + vào(进)"来对应汉语"谓词 + 回 / 回来 / 回去"

当谓词为表示肢体动作的动词时,越南语有时在谓词后加上趋向补语

"vào"（进）来对应汉语"谓词+回/回来/回去"。例如：

（147）李阿姨羞得满脸潮红，摔掉老院长的手，钻回被窝。（王朔《看上去很美》）

　　　　Dì Lý xấu hổ mặt đỏ bừng, hất tay viện trưởng già, chui vào chăn.
　　　　姨李　羞　脸　潮红　摔手　　院长　　老　钻进被窝

（148）把头由门口缩回来，做了一个鬼脸。（转引自刘月华，1998）

　　　　Rút đầu từ cửa vào, làm mặt hề.
　　　　缩　头 从 门　进　做　鬼脸

（149）看见林先生已在楼梯头了，她就缩回房去。（转引自北京大学现代汉语语料库）

　　　　Nhìn thấy ông Lâm đã ở đầu cầu thang, chị liền rút vào phòng.
　　　　看　见　林先生　已在头　楼梯　　她便 缩进　房

例（147）趋向补语"回"的意象图式是图2-48，例（148）趋向补语"回来"的意象图式是图2-50，例（149）趋向补语"回去"的意象图式是图2-52，它们与越南语趋向补语"vào"（进）的图2-73基本相同。因此，越南语分别在动词"chui"（钻）、"rút"（缩）后加上趋向补语"vào"（进）来表达汉语例（147）动趋结构"钻回"、例（148）动趋结构"缩回来"、例（149）动趋结构"缩回去"。

汉语"回"组趋向补语在越南语中的对应可以总结为表3-17。

表3-17　汉语"回"组趋向补语在越南语中的对应形式

义类	意义	谓词	谓词+回	谓词+回来	谓词+回去
基本义	表示通过动作使人或物体向原处所移动	表示躯体或物体自身运动的动作动词	V + về/ lại		
		表示肢体动作的动词	V	V + về/ lại/ vào	
		表示可使物体改变位置的动作行为动词	V	V + về/ lại	
		表示可使领有、占有等关系转移的动作动词	V + về/ lại		

从表 3-17 可见，汉语"回"组趋向补语在越南语中有多种对应形式。谓词后的"回"组趋向补语因谓词词义不同，表义功能也有所不同，因此它们在越南语中有多种不同的对应形式。汉语趋向补语"回""回来""回去"的意象图式比越南语趋向补语"về"（回）的多，汉语趋向补语"回""回来""回去"在越南语中的对应形式与其意象图式也有很大关系。

3.7 汉语"过"组趋向补语在越南语中的对应形式

汉语"过"组趋向补语包括"过""过来""过去"。它们既有基本义，又有引申义。我们将其基本义分别记为"过$_1$""过来$_1$""过去$_1$"，将其引申义分别记为"过$_2$""过来$_2$""过去$_2$"。

我们对汉越语言对比语料（101 万字）进行筛选，共找到 624 个"过"组趋向补语用例，其中有 209 个趋向补语"过"的用例（"过$_1$"194 个，"过$_2$"15 个），242 个趋向补语"过来"的用例（"过来$_1$"206 个，"过来$_2$"36 个），173 个趋向补语"过去"的用例（"过去$_1$"152 个，"过去$_2$"21 个）。

3.7.1 汉语"过"组趋向补语基本义在越南语中的对应形式

汉语趋向补语"过$_1$""过来$_1$""过去$_1$"都可以表示人或物通过动作经过某处所，都可以表示人或物体改变方向（刘月华，1998：282、298、299、314）。它们都可以和表示躯体或物体自身运动的动词、表示躯体动作的动词、表示可使物体改变位置的动作行为动词搭配，构成"谓词+过$_1$/过来$_1$/过去$_1$"结构。

通过考察与对比分析我们发现，趋向补语"过$_1$"在越南语中有 2 类 5 种对应形式，趋向补语"过来$_1$"在越南语中有 2 类 6 种对应形式，趋向补语"过去$_1$"在越南语中有 2 类 6 种对应形式。具体情况如表 3-18 所示。

表 3-18　汉语"过"组趋向补语基本义在越南语中的总体对应形式
　　　　——基于汉越语言对比语料的统计

单位：个

越南语 \ 汉语		谓词 + 过₁	谓词 + 过来₁	谓词 + 过去₁
谓词		39	60	42
谓词 + 趋向补语		155	146	110
1	谓词 + qua（过）	135	37	63
2	谓词 + đến/ tới/ lại（来）	17	97	36
3	谓词 + vào（进）	2	5	5
4	谓词 + ra（出）	1	4	1
5	谓词 + về（回）	/	3	/
6	谓词 + đi（去）	/	/	5

3.7.1.1　越南语用"谓词"来对应汉语"谓词 + 过₁/ 过来₁/ 过去₁"

当谓词为表示躯体或物体自身运动的动词、表示躯体动作的动词、表示可使物体改变位置的动作行为动词时，越南语有时直接用谓词来对应汉语"谓词 + 过₁/ 过来₁/ 过去₁"。例如：

（150）元豹转过身腼腆地含笑说。（王朔《千万别把我当人》）
　　　Nguyên Báo quay người mỉm cười bẽn lẽn.
　　　元豹　　转　身　　微笑　腼腆

（151）肖童向她跑过来。（海岩《永不瞑目》）
　　　Tiêu Đồng chạy về phía cô.
　　　肖童　　跑　　向　她

（152）另一个保安队员把他的破包劈头扔过去。（王朔《千万别把我当人》）
　　　Một nhân viên bảo vệ khác ném chiếc túi rách của ông ta.
　　　一　　保安　　　另　扔　　破包　　　　的他

例（150）的动词"转"是表示躯体动作的动词，越南语直接用动词"quay"（转）来对应汉语动趋结构"转过"，表示"元豹"改变方向。例（151）的动词"跑"是表示躯体或物体自身运动的动词，例（152）的动词"扔"是表示可使物体改变位置的动作行为动词,越南语直接用动词"chạy"(跑)、"ném"(扔)来对应汉语动趋结构"跑过来""扔过去",表示通过动作使人或物经过某处所。

3.7.1.2 越南语用"谓词+趋向补语"来对应汉语"谓词+过₁/过来₁/过去₁"

越南语有时会在谓词后加上趋向补语来对应汉语"谓词+过₁/过来₁/过去₁"结构,表示人或物通过动作由里面移到外面。据考察,越南语会在谓词后加上趋向补语"qua"(过)、"đến/ tới/ lại"(来)、"vào"(进)、"ra"(出)、"về"(回)、"đi"(去)来对应汉语"谓词+过₁/过来₁/过去₁"结构。

a. 越南语用"谓词+qua(过)"来对应汉语"谓词+过₁/过来₁/过去₁"

当谓词为表示躯体或物体自身运动的动词、表示躯体动作的动词、表示可使物体改变位置的动作行为动词时,越南语有时会在谓词后加上趋向补语"qua"(过)来对应汉语"谓词+过₁/过来₁/过去₁"。例如:

(153)好像一群鸟儿从他们的头上<u>飞过</u>。(王蒙《青狐》)
   Hình như có một đàn chim từ trên đầu họ <u>bay qua</u>.
   好像 有 一 群 鸟 从 上 头 他们 飞 过

(154)一只大猪被拎着耳朵拽出列迤俪歪斜<u>拖过来</u>。(王朔《看上去很美》)
   Một chú lợn to bị túm tai lôi ra khỏi đội hình <u>kéo qua</u>.
   一 只 猪 大 被 拎 耳 拽 出 离开 队列 拖 过

(155)她<u>回过头去</u>以后。(余华《在细雨中呼喊》)
   Sau khi cô ấy <u>quay đầu qua</u>.
   以后 她 回头 过

例(153)的动词"飞"是表示躯体或物体自身运动的动词,例(154)的动词"拖"是表示可使物体改变位置的动作行为动词,例(155)的动词"回头"是表示躯体动作的动词。例(153)趋向补语"过"的意象图式是图2-53,例(154)趋向补语"过来"的意象图式是图2-56,例(155)趋向补语"过去"的意象图式是图2-59,它们与越南语趋向补语"qua"(过)的图2-76基本相同。因此,越南语分别在动词"bay"(飞)、"kéo"

（拖）、"quay đầu"（回头）后加上趋向补语"qua"（过）来对应汉语例（153）的"飞过"、例（154）的"拖过来"、例（155）的"回过头去"。

b. 越南语用"谓词 + đến/ tới/ lại（来）"来对应汉语"谓词 + 过₁/ 过来₁/ 过去₁"

当谓词为表示躯体或物体自身运动的动词时，越南语有时会在谓词后加上趋向补语"đến/ tới/ lại"（来）来对应汉语"谓词 + 过来₁/ 过去₁"，表示人或物通过动作经过某处所。当谓词为表示躯体动作的动词时，越南语有时会在谓词后加上趋向补语"lại"（来）来对应汉语"谓词 + 过₁/ 过来₁/ 过去₁"，表示人或物体改变方向。例如：

（156）庆春慢慢转过身。（海岩《永不瞑目》）
　　　　Khánh Xuân chầm chậm quay người lại.
　　　　庆春　　　　慢慢　　转　身　来
（157）杜长发也冲过来了。（海岩《永不瞑目》）
　　　　Đỗ Trường Phát cũng xông đến.
　　　　杜长发　　　　也　冲来
（158）我立刻跑了过去。（余华《在细雨中呼喊》）
　　　　Tôi lập tức chạy đến.
　　　　我　立刻　跑　来

例（156）的动词"转"是表示躯体动作的动词，例（157）（158）的动词"冲""跑"是表示躯体或物体自身运动的动词。例（156）趋向补语"过"的意象图式是图 2-56，例（157）趋向补语"过来"的意象图式是图 2-58，例（158）趋向补语"过去"的意象图式是图 2-61，它们与越南语趋向补语"đến/ lại"（来）的图 2-68 基本相同。因此，越南语分别在动词"quay"（转）、"xông"（冲）、"chạy"（跑）后加上趋向补语"đến/ lại"（来）来对应汉语例（156）的"转过"、例（157）的"冲过来"、例（158）的"跑过去"。

c. 越南语用"谓词 + vào（进）"来对应汉语"谓词 + 过₁/ 过来₁/ 过去₁"

当谓词为表示躯体或物体自身运动的动词时，越南语有时会在谓词后加上趋向补语"vào"（进）来对应汉语"谓词 + 过₁/ 过来₁/ 过去₁"，表示人或物通过动作经过某处所。例如：

（159）爱情像风，吹拂过每一个细小的角落。（王蒙《青狐》）
　　　Tình yêu như làn gió, thổi vào mỗi một ngóc ngách bé nhỏ.
　　　爱情　　如　风　　吹　进　每一　　角落　　细小
（160）男孩向女孩身边靠过来。（王朔《看上去很美》）
　　　Thằng bé dựa sát vào người cô bé.
　　　男孩　　　靠　进　身　女孩
（161）从地上爬起来的苏杭又扑了过去。（余华《在细雨中呼喊》）
　　　Tô Hàng từ dưới đất bò dậy lại sấn vào.
　　　苏杭　从　下　地　爬起　又　扑进

例（159）（160）（161）的动词"吹拂""靠""扑"都是表示躯体或物体自身运动的动词。例（159）趋向补语"过"的意象图式是图2-54，例（160）趋向补语"过来"的意象图式是图2-57，例（161）趋向补语"过去"的意象图式是图2-60，它们与越南语趋向补语"vào"（进）的图2-73基本相同。因此，越南语分别在动词"thổi"（吹拂）、"dựa sát"（靠）、"sấn"（扑）后加上趋向补语"vào"（进）来对应汉语例（159）的"吹拂过"、例（160）的"靠过来"、例（161）的"扑过去"。

d. 越南语用"谓词 + ra（出）"来对应汉语"谓词 + 过₁/过来₁/过去₁"

当谓词为表示躯体或物体自身运动的动词时，越南语有时会在谓词后加上趋向补语"ra"（出）来对应汉语"谓词 + 过₁/过来₁/过去₁"，表示人或物通过动作经过某处所。例如：

（162）一阵麻人的寒战掠过全身。（王朔《看上去很美》）
　　　Một cuộc lạnh tê người lướt ra toàn thân.
　　　一　阵　战　麻人　掠　出　全身
（163）那个床上的女人也走过来了。（余华《在细雨中呼喊》）
　　　Người đàn bà trên giường cũng đi ra.
　　　女人　　　上床　　也　走出
（164）我和哥哥会激动地奔跑过去。（余华《在细雨中呼喊》）
　　　Tôi và anh trai xúc động chạy ra.
　　　我　和　哥哥　　激动　　跑出

例（162）(163)(164)的动词"掠""走""跑"都是表示躯体或物体自身运动的动词。例（162）趋向补语"过"的意象图式是图2-54，例（163）趋向补语"过来"的意象图式是图2-57，例（164）趋向补语"过去"的意象图式是图2-60，它们与越南语趋向补语"ra"（出）的图2-74基本相同。因此，越南语在动词"lướt"（掠）、"đi"（走）、"chạy"（跑）后加上趋向补语"ra"（出）来对应汉语例（162）的"掠过"、例（163）的"走过来"、例（164）的"奔跑过去"。

e. 越南语用"谓词+về（回）"来对应汉语"谓词+过来₁"

当谓词为表示躯体或物体自身运动的动词时，越南语有时会在谓词后加上趋向补语"về"（回）来对应汉语"谓词+过来₁"，表示人或物通过动作经过某处所。例如：

（165）一个黑狗子<u>奔过来</u>嚷。（王朔《千万别把我当人》）

　　　Một tên chó đen <u>chạy về</u> hô lớn.

　　　一　个　狗子　黑　奔　回　嚷

例（165）的动词"奔"是表示躯体或物体自身运动的动词，越南语在动词"chạy"（奔）后加上趋向补语"về"（回）来对应汉语动趋结构"奔过来"。

f. 越南语用"谓词+đi（去）"来对应汉语"谓词+过去₁"

当谓词为表示躯体动作的动词时，越南语有时会在谓词后加上趋向补语"đi"（去）来对应汉语"谓词+过去₁"，表示人或物改变方向。例如：

（166）苏宇还是毅然地<u>转过身去</u>。（余华《在细雨中呼喊》）

　　　Tô Vũ vẫn kiên quyết <u>quay</u> người <u>đi</u>.

　　　苏宇　还　　毅然　　转　　身　　去

例（166）的动词"转"是表示躯体动作的动词。例（166）趋向补语"过去"的意象图式是图2-59，与越南语趋向补语"đi"（去）的图2-69基本相同。因此，越南语在动词"quay"（转）后加上趋向补语"đi"（去）来对应汉语动趋结构"转过去"。

3.7.2 汉语"过"组趋向补语引申义在越南语中的对应形式

汉语趋向补语"过₂""过去₂"都可以表示"胜过""超过"的意思（刘月华，1998：283、315），可以与"比赛、较量"类动词搭配，构成"谓词+过₂/过去₂"。

汉语趋向补语"过来₂""过去₂"都可以表示"度过"的意思，也可以表示"完结"的意思，还可以表示进入某个状态（刘月华，1998：299、300、315）。它们可以与"度过、忍受"类动词，表示具体动作的动词，表示心理、生理状态或感受的动词搭配，构成"谓词+过来₂/过去₂"。

通过考察与对比分析我们发现，趋向补语"过₂"在越南语中有1类1种对应形式，趋向补语"过来₂"在越南语中有3类3种对应形式，趋向补语"过去₂"在越南语中有2类2种对应形式[①]。具体情况如表3-19所示。

表3-19 汉语"过"组趋向补语引申义在越南语中的总体对应形式
—— 基于汉越语言对比语料的统计

单位：个

越南语		汉语 谓词+过₂	谓词+过来₂	谓词+过去₂
谓词		15	20	13
谓词+趋向补语		/	15	8
1	谓词+lại（来）	/	15	/
2	谓词+đi（去）	/	/	8
谓词+结果补语		/	1	/
1	谓词+xong（完）	/	1	/

3.7.2.1 越南语用"谓词"来对应汉语"谓词+过₂/过来₂/过去₂"

当谓词为"比赛、较量"类动词时，越南语直接用谓词来对应汉语"谓词+过₂/过去₂"，表示"胜过""超过"的意思。当谓词为"度过、忍受"类动词时，越南语直接用谓词来对应汉语"谓词+过来₂/过去₂"，表示"度过"的意思。当谓词为表示心理、生理状态或感受的动词时，越南

[①] 我们所考察的语料中没有出现趋向补语"过去₂"的"谓词+xong（完）"这种越南语对应形式，但当谓词为表示具体动作的动词，且"谓词+过去"表示"完结"时会存在这种对应形式。

语有时会直接用谓词来对应汉语"谓词 + 过来₂/ 过去₂",表示进入某个状态。例如:

(167) 它的亲切胜过了文学评论的术语套话。(王蒙《青狐》)
　　　Sự thân thiết của nó hơn những thuật ngữ khách sáo của bình luận văn học.
　　　亲切　　的它胜　　术语　　套话　的 评论　文学
(168) 我不知道他这一天是怎样熬过来的。(余华《在细雨中呼喊》)
　　　Tôi không biết ngày ấy anh ấy sống thế nào.
　　　我　不　知道　那天　他　熬　怎样
(169) 那时候他已经流血过多昏迷过去。(海岩《永不瞑目》)
　　　Lúc ấy anh đã hôn mê vì chảy quá nhiều máu.
　　　那时　他已　昏迷　因 流 过 多　血

例(167)的动词"胜"是"比赛、较量"类动词,越南语直接用动词"hơn"(胜)来对应汉语动趋结构"胜过",表示"胜过""超过"的意思。例(168)的动词"熬"是"度过、忍受"类动词,越南语直接用动词"sống"(熬)来对应汉语动趋结构"熬过来",表示"度过"。例(169)的动词"昏迷"是表示心理、生理状态或感受的动词,越南语直接用动词"hôn mê"(昏迷)来对应汉语动趋结构"昏迷过去",表示进入某个状态。

3.7.2.2　越南语用"谓词 + 趋向补语"来对应汉语"谓词 + 过来₂/ 过去₂"

当谓词为表示心理、生理状态或感受的动词时,越南语有时会用"谓词 + lại(来)"来对应汉语"谓词 + 过来₂",用"谓词 + đi(去)"来对应汉语"谓词 + 过去₂",表示进入某个状态。例如:

(170) 元豹醒过来,睁开眼。(王朔《千万别把我当人》)
　　　Nguyên Báo tỉnh lại, mở mắt.
　　　元豹　　　醒 来 睁 眼
(171) 方枪枪又昏了过去。(王朔《看上去很美》)
　　　Phương Thương Thương lại ngất đi.
　　　方枪枪　　　　　　又 昏 去

例(170)(171)的动词"醒""昏"都是表示心理、生理状态或感受的动词。越南语在动词"tinh"(醒)后加上趋向补语"lại"(来)来对应汉语动趋结构"醒过来",在动词"ngất"(昏)后加上趋向补语"đi"(去)来对应汉语动趋结构"昏过去"。

3.7.2.3 越南语用"谓词+结果补语"来对应汉语"谓词+过来₂/过去₂"

当谓词为表示具体动作的动词时,越南语在动词后加上结果补语"xong"(完)来对应汉语"谓词+过来₂/过去₂"。例如:

(172)这就是刚刚<u>喘过点气儿来</u>的作家。(王蒙《青狐》)
　　　Đây chính là tác giả vừa mới <u>thở dốc xong</u>.
　　　这　　就是　作家　　刚刚　　喘气　　完

(173)我们<u>吵过去</u>就完。(转引自刘月华主编,1998)
　　　Chúng tôi <u>cãi xong</u> là hết.
　　　我们　　　吵　完　是完

例(172)(173)的动词"喘""吵"是表示具体动作的动词,越南语在动词"thở dốc"(喘气)、"cãi"(吵)后加上结果补语"xong"(完)来对应汉语动趋结构"喘过来""吵过去"。

汉语"过"组趋向补语在越南语中的对应可以总结为表3-20。

表3-20　汉语"过"组趋向补语在越南语中的对应形式

义类	意义	谓词	谓词+过	谓词+过来	谓词+过去
基本义	表示通过动作使人或物体经过某处所	表示躯体、物体自身运动的动词	V V + qua/ vào/ ra	V V + qua/ vào/ ra/ đến/ tới/ lại/ về	V V + qua/ vào/ ra/ đến/ tới/ lại
		表示躯体动作的动词	V + qua		
		表示可使物体改变位置的动作行为动词	V V + qua		
	表示人或物体改变方向	表示躯体动作的动词	V V + qua/ lại	V V + qua/ lại	V V + qua/ lại/ đi
引申义	表示"胜过、超过"	"比赛、较量"类动词	V		V
	表示"度过"	"度过、忍受"类动词		V	

续表

义类	意义	谓词	谓词+过	谓词+过来	谓词+过去
引申义	表示"完结"	表示具体动作的动词	V + xong		
	表示进入某个状态	表示人或物的正常心理、生理状态或感受的动词		V V + lại	
		表示人或物的非正常心理、生理状态或感受的动词			V V + đi

从表 3-20 可见，汉语"过"组趋向补语在越南语中有多种对应形式。谓词后的"过"组趋向补语因谓词词义不同，表义功能也有所不同，因此它们在越南语中有多种不同的对应形式。汉语趋向补语"过""过来""过去"的意象图式比越南语趋向补语"qua/ sang"（过）的多，汉语趋向补语"过""过来""过去"在越南语中的对应形式与其意象图式也有很大关系。

3.8 汉语"起"组趋向补语在越南语中的对应形式

汉语"起"组趋向补语包括"起""起来"。它们既有基本义，又有引申义。我们将其基本义分别记为"起₁""起来₁"，将其引申义分别记为"起₂""起来₂"。

我们对汉越语言对比语料（101 万字）进行筛选，共找到 1772 个"起"组趋向补语用例，其中有 815 个趋向补语"起"的用例（"起₁" 320 个，"起₂" 495 个），957 个趋向补语"起来"的用例（"起来₁" 241 个，"起来₂" 716 个）。

3.8.1 汉语"起"组趋向补语基本义在越南语中的对应形式

汉语趋向补语"起₁""起来₁"都可以表示人或物通过动作由低处向高处移动（刘月华，1998：336、374）。它们都可以和表示躯体或物体自身运动的动词、表示躯体动作的动词、可使物体改变位置的动作行为动词搭配，构成"谓词+起₁/起来₁"结构。

通过考察与对比分析我们发现，趋向补语"起₁"在越南语中有 3 类 3

种对应形式，趋向补语"起来₁"在越南语中有 3 类 3 种对应形式。具体情况如表 3-21 所示。

表 3-21　汉语"起"组趋向补语基本义在越南语中的总体对应形式
——基于汉越语言对比语料的统计

单位：个

越南语		汉语 谓词 + 起₁	谓词 + 起来₁
	谓词	144	15
	谓词 + 趋向补语	166	150
1	谓词 + lên（上）	166	150
	谓词 + 结果补语	10	76
1	谓词 + dậy（起）	10	76

3.8.1.1　越南语用"谓词"来对应汉语"谓词 + 起₁/ 起来₁"

当谓词为表示躯体、物体自身运动的动词，表示躯体动作的动词，可使物体改变位置的动作行为动词时，越南语有时会直接用谓词来对应汉语"谓词 + 起₁/ 起来₁"结构。例如：

（174）姑娘的父亲仰起脸。（余华《在细雨中呼喊》）
　　　　Bố　　cô gái ngẩng mặt.
　　　　父亲　姑娘　仰　　脸
（175）她只是赌气端起碗来走出食堂。（海岩《永不瞑目》）
　　　　Cô chỉ có thể giận dỗi cầm bát đi khỏi nhà ăn.
　　　　她　只　能　　赌气　　端　碗　走离开　食堂

例（174）的动词"仰"是表示躯体动作的动词，例（175）的动词"端"是可使物体改变位置的动作行为动词。越南语直接用动词"ngẩng"（仰）、"cầm"（端）来对应汉语动趋结构"仰起""端起来"。

3.8.1.2　越南语用"谓词 + 趋向补语"来对应汉语"谓词 + 起₁/ 起来₁"

当谓词为表示躯体、物体自身运动的动词，表示躯体动作的动词，可使物体改变位置的动作行为动词时，越南语有时会在谓词后加上趋向补语"lên"（上）来对应汉语"谓词 + 起₁/ 起来₁"结构。例如：

（176）他抬起了头。（王蒙《青狐》）
   Anh ngẩng đầu lên rồi.
   他　　抬　　头　上　了
（177）欧阳兰兰从沙发上跳起来。（海岩《永不瞑目》）
   Âu Dương Lan Lan từ trên ghế salon nhảy lên.
   欧阳兰兰　　　　从　上　沙发　　跳　上

  例（176）的动词"抬"是表示躯体动作的动词，例（177）的动词"跳"是表示躯体、物体自身运动的动词。例（176）趋向补语"起"的意象图式是图2-62，例（177）趋向补语"起来"的意象图式是图2-65，它们与越南语趋向补语"lên"（上）的图2-70基本相同。因此，越南语分别在动词"ngẩng"（抬）、"nhảy"（跳）后加上趋向补语"lên"（上）来对应汉语例（176）的"抬起"、例（177）的"跳起来"。

  3.8.1.3　越南语用"谓词 + 结果补语"来对应汉语"谓词 + 起$_1$/ 起来$_1$"

  当谓词为表示躯体、物体自身运动的动词时，越南语有时会在谓词后加上结果补语"dậy"（起）来对应汉语"谓词 + 起$_1$/ 起来$_1$"结构。例如：

（178）她说完，站起身走出客厅。（海岩《永不瞑目》）
   Cô nói xong, đứng dậy đi ra khỏi phòng khách.
   她　说　完　　站　起　走出　离开　　客厅
（179）庆春站起身来。（海岩《永不瞑目》）
   Khánh Xuân đứng dậy.
   庆春　　　　站　起

  例（178）（179）的动词"站"是表示躯体、物体自身运动的动词，越南语在动词"đứng"（站）后加上结果补语"dậy"（起）来对应汉语动趋结构"站起""站起来"。

  3.8.2　汉语"起"组趋向补语引申义在越南语中的对应形式

  汉语趋向补语"起$_2$""起来$_2$"都可以表示接合以至固定，也可以表示"凸出""隆起",还可以表示进入新的状态(刘月华,1998:337、338、339、374、376、377)。它们都可以和多种动词搭配,构成"谓词 + 起$_2$/起来$_2$"结构。趋向补语"起来$_2$"还可以和形容词搭配。

通过考察与对比分析我们发现,趋向补语"起$_2$"在越南语中有5类7种对应形式,趋向补语"起来$_2$"在越南语中有5类10种对应形式。具体情况如表3-22所示。

表3-22 汉语"起"组趋向补语引申义在越南语中的总体对应形式
—— 基于汉越语言对比语料的统计

单位:个

越南语		汉语	谓词 + 起$_2$	谓词 + 起来$_2$
		谓词	182	386
		谓词 + 趋向补语	285	240
1		谓词 + lên(上)	87	148
2		谓词 + đến/ tới/ lại(来)	181	59
3		谓词 + ra(出)	17	28
4		谓词 + trở lại(回来)	/	5
		谓词 + 结果补语	8	19
1		谓词 + dậy(起)	8	19
		动词 + 谓词	1	56
1		trở nên(成为)+ 谓词	1	39
2		bắt đầu(开始)+ 谓词	/	17
		谓词 + 介词	19	15
1		谓词 + về(回)	19	7
2		谓词 + hơn(比)	/	8

3.8.2.1 越南语用"谓词"来对应汉语"谓词 + 起$_2$/ 起来$_2$"

当谓词为"想、记"类、"收缩、聚集"类、"捆绑、封闭、关押"类、"收存、隐蔽"类、"引惹"类、"燃烧"类、"建造、做办"类动词,表示社会活动与精神活动的动词时,越南语有时直接用谓词来对应汉语"谓词 + 起$_2$/ 起来$_2$",表示接合以至固定。当谓词为表示不止一人、一方参与动作行为的动词,"连接、合并"类动词时,越南语有时直接用谓词来对应汉语"谓词 + 起来$_2$",表示接合以至固定。例如:

(180）苏家的屋前围起了围墙。（余华《在细雨中呼喊》）
　　　　Trước nhà họ Tô vây bức tường vây.
　　　　前　　屋　姓苏　围　　　围墙
(181) 仔细地收藏起来。（海岩《永不瞑目》）
　　　　Cất giữ kỹ càng.
　　　　收藏　　仔细

例（180）的动词"围"是"捆绑、封闭、关押"类动词，例（181）的动词"收藏"是"收存、隐蔽"类动词。越南语直接用动词"vây"（围）、"cất giữ"（收藏）来对应汉语动趋结构"围起""收藏起来"，表示接合以至固定。

当谓词为表示有声音的动作动词，表示思维、心理活动的动词，表示由不止一个动作完成的动作行为动词，表示人体动作的动词，表示与语言有关的动作动词时，越南语有时直接用谓词来对应"谓词＋起$_2$/起来$_2$"，表示进入新的状态。当谓词为形容词时，越南语有时直接用谓词来对应"谓词＋起$_2$/起来$_2$"，表示进入新的状态。例如：

(182) 隔壁屋里响起了电话的铃声。（海岩《永不瞑目》）
　　　　Tiếng chuông điện thoại reo trong phòng bên cạnh.
　　　　铃声　　　　　电话　　响　里　屋　隔壁
(183) 庆春的心颤抖起来。（海岩《永不瞑目》）
　　　　Trái tim Khánh Xuân run rẩy.
　　　　心　　　庆春　　颤抖

例（182）的动词"响"是表示有声音的动作动词，例（183）的动词"颤抖"是表示人体动作的动词。越南语直接用动词"reo"（响）、"run rẩy"（颤抖）来对应汉语动趋结构"响起""颤抖起来"，表示进入新的状态。

3.8.2.2　越南语用"谓词＋趋向补语"来对应汉语"谓词＋起$_2$/起来$_2$"

越南语有时会在谓词后加上趋向补语来对应汉语"谓词＋起$_2$/起来$_2$"结构。据考察，越南语会在谓词后加上趋向补语"lên"（上）、"đến/ tới/ lại"（来）、"ra"（出）、"trở lại"（回来）来对应汉语"谓词＋起$_2$/起来$_2$"结构。

第三章 汉语趋向补语在越南语中的对应形式

a. 越南语用"谓词 + lên（上）"来对应汉语"谓词 + 起₂/ 起来₂"

当谓词为"引惹"类、"燃烧"类、"建造、做办"类动词，表示社会活动与精神活动的动词时，越南语有时会在谓词后加上趋向补语"lên"（上）来对应汉语"谓词 + 起₂/ 起来₂"，表示接合以至固定。当谓词为"陈列、修饰"类动词时，越南语在谓词后加上趋向补语"lên"（上）来对应汉语"谓词 + 起来₂"，表示接合以至固定。例如：

（184）<u>搭起</u>那红绣楼。（王朔《千万别把我当人》）
　　　<u>Dựng lên</u> lầu hồng.
　　　　搭　　上　楼　红

（185）正是在为祖父催死的敲打声里<u>发展起来</u>的。（余华《在细雨中呼喊》）
　　　Chính là <u>phát triển lên</u> trong tiếng　gõ　thúc ông nội chết.
　　　　正　是　发展　　上　里　声　敲打　催　祖父　死

例（184）的动词"搭"是"建造、做办"类动词，例（185）的动词"发展"是表示社会活动与精神活动的动词。越南语在动词"dựng"（搭）、"phát triển"（发展）后加上趋向补语"lên"（上）来对应汉语动趋结构"搭起""发展起来"，表示接合以至固定。

当谓词为"隆鼓""噘弓""碰磨"类动词时，越南语在谓词后加上趋向补语"lên"（上）来对应汉语"谓词 + 起₂/ 起来₂"，表示"凸出""隆起"。例如：

（186）也有一笑就<u>隆起</u>的两块颧骨。（王朔《看上去很美》）
　　　Cũng có hai gò má hễ cười là <u>đội lên</u>.
　　　也　有　两　颧骨　凡　笑　是　隆起

（187）一只大青蛙<u>膨胀起来</u>。（王蒙《青狐》）
　　　Một con ếch to <u>phình lên</u>.
　　　一　　青蛙　大　膨胀　起

例（186）（187）的动词"隆""膨胀"是"隆鼓""噘弓""碰磨"类动词，越南语在动词"đội"（隆）、"phình"（膨胀）后加上趋向补语"lên"（上）来对应汉语动趋结构"隆起""膨胀起来"，表示"凸出""隆起"。

当谓词为表示有声音的动作动词、表示人体动作的动词、表示与语言有关的动作动词时，越南语在谓词后加上趋向补语"lên"（上）来对应汉语"谓词 + 起₂/ 起来₂"，表示进入新的状态。当谓词为形容词时，越南语在谓词后加上趋向补语"lên"（上）来对应汉语"谓词 + 起来₂"，表示进入新的状态。例如：

（188）他<u>唱起</u>了这首歌。（王蒙《青狐》）
   Anh đã <u>hát lên</u> bài hát này.
   他　已 唱 上　歌曲　 这
（189）饭后他们身上<u>暖了起来</u>。（王蒙《青狐》）
   Cơm xong, người　họ　<u>ấm lên</u>.
   饭　　完　 身体 他们　暖 上

例（188）的动词"唱"是表示有声音的动作动词，例（189）的"暖"是形容词。越南语在动词"hát"（唱）、形容词"ấm"（暖）后加上趋向补语"lên"（上）来对应汉语动趋结构"唱起""暖起来"，表示进入新的状态。

b. 越南语用"谓词 + đến/ tới/ lại（来）"来对应汉语"谓词 + 起₂/ 起来₂"

当谓词为"想、记"类、"收缩、聚集"类、"捆绑、封闭、关押"类、"收存、隐蔽"类动词时，越南语有时会在谓词后加上趋向补语"đến/ tới/ lại"（来）来对应汉语"谓词 + 起₂/ 起来₂"，表示接合以至固定。当谓词为"连接、合并"类动词时，越南语有时会在谓词后加上趋向补语"đến/ tới/ lại"（来）来对应汉语"谓词 + 起来₂"，表示接合以至固定。例如：

（190）我<u>想起</u>了无数欢欣的往事。（余华《在细雨中呼喊》）
   Tôi <u>nghĩ đến</u> nhiều chuyện cũ hân hoan.
   我　 想　来　多　　往事　欢欣
（191）细心地<u>包扎起来</u>。（余华《在细雨中呼喊》）
   <u>Bó　lại</u> tử tế.
   包扎 来 细心

例（190）的动词"想"是"想、记"类动词，例（191）的动词"包扎"是"捆绑、封闭、关押"类动词。越南语在动词"nghĩ"（想）、"bó"（包扎）后加上趋向补语"đến/ tới/ lại"（来）来对应汉语动趋结构"想

第三章 汉语趋向补语在越南语中的对应形式　155

起""包扎起来",表示接合以至固定。

c. 越南语用"谓词 + ra（出）"来对应汉语"谓词 + 起$_2$/起来$_2$"

当谓词为"想、记"类动词时，越南语有时会在谓词后加上趋向补语"ra"（出）来对应汉语"谓词 + 起$_1$/起来$_2$"，表示接合以至固定。例如：

（192）他<u>想起</u>今天是周末。（海岩《永不瞑目》）

　　　Anh <u>nhớ ra</u> hôm nay là cuối tuần.
　　　他　想　出　今天　是　周末

（193）你一说我也<u>想起来</u>了。（王朔《看上去很美》）

　　　Cậu vừa nói　tớ cũng <u>nhớ ra</u>.
　　　你　刚　说　我　也　想　出

例（192）（193）中，越南语在动词"nhớ"（想）后加上趋向补语"ra"（出）来对应汉语动趋结构"想起""想起来"。

当谓词为表示与语言有关的动作动词时，越南语有时会在谓词后加上趋向补语"ra"（出）来对应汉语"谓词 + 起$_1$/起来$_2$"，表示进入新的状态。例如：

（194）于是祝正鸿<u>说起</u>了一些事。（王蒙《青狐》）

　　　Thế là Chúc Chính Hồng <u>nói ra</u>　một số việc.
　　　于是　　祝正鸿　　说出　　一些　事

（195）<u>说起来</u>居然这么头头是道。（海岩《永不瞑目》）

　　　<u>Nói ra</u> lại có　　lý.
　　　说　出　又　有　道理

例（194）（195）中，越南语在动词"nói"（说）后加上趋向补语"ra"（出）来对应汉语动趋结构"说起""说起来"。

e. 越南语用"谓词 + trở lại（回来）"来对应汉语"谓词 + 起来$_2$"

当谓词为形容词时，越南语有时会在谓词后加上趋向补语"trở lại"（回来）来对应汉语"谓词 + 起来$_2$"，表示进入新状态。例如：

（196）姑娘们<u>活跃起来</u>。（王朔《千万别把我当人》）

　　　Các cô gái <u>sôi nổi trở lại</u>.
　　　姑娘们　　活跃　　回来

例（196）中，越南语在形容词"sôi nổi"（活跃）后加上趋向补语"trở lại"（回来）来对应汉语"活跃起来"。

3.8.2.3　越南语用"谓词+结果补语"来对应汉语"谓词+起$_2$/起来$_2$"

当谓词为"引惹"类动词时，越南语有时会在谓词后加上结果补语"dậy"（起）来对应汉语"谓词+起$_2$/起来$_2$"。例如：

（197）自身的肮脏<u>激起</u>了我对自己的愤恨。（余华《在细雨中呼喊》）
　　　Sự bẩn thiu của bản thân đã <u>khơi dậy</u> lòng căm hận của tôi với chính mình.
　　　肮脏　　的自身已激起　　愤恨　的我跟　自己
（198）老奶奶把高亚琴的心事<u>勾起来</u>了。（转引自刘月华，1998）
　　　Bà nội <u>khơi dậy</u> tâm sự của Cao Á Cầm.
　　　奶奶　勾起　心事的　　高亚琴

例（197）（198）中，越南语在动词"khơi"（激、勾）后加上结果补语"dậy"（起）来对应汉语动趋结构"激起""勾起来"。

3.8.2.4　越南语用"动词+谓词"来对应汉语"谓词+起$_2$/起来$_2$"

越南语有时会在谓词前加上动词来对应汉语"谓词+起$_2$/起来$_2$"结构。据考察，越南语会在谓词前加上动词"trở nên"（成为）、"bắt đầu"（开始）来对应汉语"谓词+起$_2$/起来$_2$"结构。

a. 越南语用"trở nên（成为）+谓词"来对应汉语"谓词+起$_2$/起来$_2$"

当谓词为表示思维、心理活动的动词时，越南语在谓词之前加上动词"trở nên"（成为）来对应汉语"谓词+起$_2$/起来$_2$"，表示进入新的状态。当谓词为形容词时，越南语在谓词之前加上动词"trở nên"（成为）来对应汉语"谓词+起来$_2$"，表示进入新的状态。例如：

（199）反而使我<u>怀疑起</u>自己是不是真的弄错了。（余华《在细雨中呼喊》）
　　　Trái lại khiến tôi <u>trở nên nghi ngờ</u> bản thân có thật sự làm sai không.
　　　反而　使我成为　　怀疑　自己　有真的弄错吗
（200）父亲立刻<u>严肃起来</u>。（海岩《永不瞑目》）
　　　Bố lập tức <u>trở nên nghiêm túc</u>.
　　　父立刻　成为　　　严肃

例（199）的动词"怀疑"是表示思维、心理活动的动词，越南语在动词"nghi ngờ"（怀疑）前加上动词"trở nên"（成为）来对应汉语动趋结构"怀疑起"。例（200）中，越南语在形容词"nghiêm túc"（严肃）前加上"trở nên"（成为）来对应汉语"严肃起来"。

b. 越南语用"bắt đầu（开始）+ 谓词"来对应汉语"谓词 + 起来₂"

当谓词为表示人体动作的动词，或为形容词时，越南语在谓词之前加上动词"bắt đầu"（开始）来对应汉语"谓词 + 起来₂"，表示进入新的状态。例如：

（201）他现在已经忙起来了。（王蒙《青狐》）
　　　Bây giờ anh đã bắt đầu bận rộn.
　　　现在　他已 开始　　忙

例（201）中，越南语在形容词"bận rộn"（忙）前加上动词"bắt đầu"（开始）来对应汉语"忙起来"。

3.8.2.5　越南语用"谓词 + 介词"来对应汉语"谓词 + 起₂/ 起来₂"

越南语有时会在谓词后加上介词来对应汉语"谓词 + 起₂/ 起来₂"结构。据考察，越南语会在谓词后加上介词"về"（回）、"hơn"（比）来对应汉语"谓词 + 起₂/ 起来₂"结构。

a. 越南语用"谓词 + về（回）"来对应汉语"谓词 + 起₂/ 起来₂"

当谓词为表示与语言有关的动作动词时，越南语有时会在谓词后加上介词"về"（回）来对应汉语"谓词 + 起₁/ 起来₂"，表示进入新的状态。例如：

（202）于是钱文和他随便谈起日本的历史和文学。（王蒙《青狐》）
　　　　Thế là Tiền Văn và anh bàn về lịch sử và văn học Nhật Bản.
　　　　于是　钱文　和他 谈 回 历史 和 文学　　日本
（203）他又说起雪山来了。（王蒙《青狐》）
　　　　Anh lại nói về Tuyết Sơn.
　　　　他　又 说 回 　雪山

例（202）（203）的动词"谈""说"是表示与语言有关的动作动词，越南语在动词"bàn"（谈）、"nói"（说）后加上介词"về"（回）来对应汉语动趋结构"谈起""说起来"。

b. 越南语用"谓词 + hơn（比）"来对应汉语"谓词 + 起来₂"

当谓词为形容词时，越南语有时在谓词后加上介词"hơn"（比）来对应汉语"谓词 + 起来₂"。例如：

（204）曲调简单起来了。（王蒙《青狐》）
　　　Điệu nhạc đơn giản hơn.
　　　曲调　　简单　　比

例（204）中，越南语在形容词"đơn giản"（简单）后加上"hơn"（比）来对应汉语"简单起来"。

汉语"起"组趋向补语在越南语中的对应可以总结为表 3-23。

表 3-23　汉语"起"组趋向补语在越南语中的对应形式

义类	意义	谓词	谓词 + 起	谓词 + 起来
基本义	表示通过动作使人或物由低处向高处移动	表示躯体、物体自身运动的动词	V V + lên V + dậy	
		表示躯体动作的动词	V	
		可使物体改变位置的动作行为动词	V + lên	
引申义	表示接合以至固定	"想、记"类动词	V V + đến/ tới/ lại/ ra	
		"收缩、聚集"类、"捆绑、封闭、关押"类、"收存、隐蔽"类动词	V V + lại	
		"引惹"类动词	V V + lên V + dậy	
		"燃烧"类动词、"建造、做办"类动词、表示社会活动与精神活动的动词	V V + lên	
		表示不止一人、一方参与动作行为的动词		V
		"陈列、修饰"类动词		V + lên

续表

义类	意义	谓词	谓词+起	谓词+起来
引申义	表示接合以至固定	"连接、合并"类动词		V V + lại
	表示"凸出""隆起"	"隆鼓""噘弓""碰磨"类动词	V + lên	
	表示进入新的状态	表示有声音的动作动词	V V + lên	
		表示思维、心理活动的动词	V trở nên + V	
		表示由不止一个动作完成的动作行为动词	V	
		表示人体动作的动词	V V + lên/ đến	V V + lên bắt đầu + V
		表示与语言有关的动作动词	V V + lên/ ra/ đến V + về	
		形容词		Adj Adj + trở lại/ lên trở nên/ bắt đầu + Adj Adj + hơn

从表3-23可见，汉语"起"组趋向补语在越南语中有多种对应形式。谓词后的"起"组趋向补语因谓词词义不同，表义功能也有所不同，因此它们在越南语中有多种不同的对应形式。汉语趋向补语"起""起来"的意象图式比越南语趋向补语"lên"（上）的多，汉语趋向补语"起""起来"在越南语中的对应形式与其意象图式也有很大关系。

3.9 本章小结

汉语趋向补语在越南语中的总体对应情况如表3-24和表3-25所示。

表 3-24　汉语趋向补语在越南语中的总体对应情况

单位：个

	越南语对应情况	汉语趋向补语基本义	汉语趋向补语引申义	共
1	谓词	1060	1682	2742
2	谓词 + 趋向补语	3372	1577	4949
3	谓词 + 结果补语	119	124	243
4	谓词 + 介词	35	34	69
5	动词 + 谓词	/	92	92
	合计	4586	3509	8095

表 3-25　汉语 22 个趋向补语在越南语中的对应情况

汉语＼越南语	谓词	谓词 + 趋向补语	谓词 + 结果补语	谓词 + 介词	动词 + 谓词
谓词 + 来$_1$	+	+	+	+	
谓词 + 来$_2$	+	+	+		
谓词 + 去$_1$	+	+		+	
谓词 + 去$_2$	+	+	+		
谓词 + 上$_1$	+	+	+	+	
谓词 + 上$_2$	+	+	+		
谓词 + 上来$_1$	+	+	+	+	
谓词 + 上来$_2$		+			
谓词 + 上去$_1$	+	+		+	
谓词 + 上去$_2$	+	+			
谓词 + 下$_1$	+	+			
谓词 + 下$_2$	+	+			
谓词 + 下来$_1$	+				
谓词 + 下来$_2$	+	+	+		+
谓词 + 下去$_1$	+	+			
谓词 + 下去$_2$	+	+	+		+
谓词 + 进	+	+			
谓词 + 进来	+	+			
谓词 + 进去	+	+			
谓词 + 出$_1$	+	+	+		
谓词 + 出$_2$	+	+	+		
谓词 + 出来$_1$	+	+	+		

续表

汉语＼越南语	谓词	谓词+趋向补语	谓词+结果补语	谓词+介词	动词+谓词
谓词+出来₂	+	+	+		
谓词+出去	+	+			
谓词+回	+	+			
谓词+回来	+	+			
谓词+回去	+	+			
谓词+过₁	+	+			
谓词+过₂	+				
谓词+过来₁	+				
谓词+过来₂	+	+	+		
谓词+过去₁	+	+			
谓词+过去₂	+	+	+		
谓词+起₁	+	+	+		
谓词+起₂	+	+	+	+	+
谓词+起来₁	+	+	+		
谓词+起来₂	+	+	+	+	+

从表3-24、表3-25可见，汉语趋向补语在越南语中的对应情况相当复杂。谓词后的趋向补语因谓词词义不同，表义功能也有所不同，因此汉语趋向补语在越南语中有多种不同的对应形式。同一组趋向补语在越南语中会有多种相同的对应形式，不同组的趋向补语会有多种相异的对应形式。各组趋向补语在越南语中的典型对应形式主要是在谓词后加上该组趋向动词的越南语对应动词。总体上看，汉语趋向补语基本义在越南语中有四种对应情况，汉语趋向补语引申义在越南语中有五种对应情况。汉语趋向补语的意象图式比越南语相应趋向补语的多，汉语趋向补语在越南语中的对应形式与其意象图式有很大关系。

第四章　汉语趋向补语句式在越南语中的对应形式

我们从汉越语言对比语料（101万字）中共提取出8095个汉语趋向补语用例。其中，7类14种趋向补语句的具体数量如表4-1所示。

表4-1　汉越对比语料中汉语趋向补语句式的分布

单位：个

编号		汉语趋向补语句式	数量
T1	T1a	V+C_1/C_2（基本义）	1148
	T1b	V+C_1/C_2（引申义）	502
T2	T2a	V+C_1+C_2（基本义）	1456
	T2b	V+C_1+C_2（引申义）	1251
T3	T3a	V+C_1/C_2+O（基本义）	1769
	T3b	V+C_1/C_2+O（引申义）	1606
T4	T4a	V+O+C_1/C_2（基本义）	29
	T4b	V+O+C_1/C_2（引申义）	0
T5	T5a	V+C_1+C_2+O（基本义）	16
	T5b	V+C_1+C_2+O（引申义）	10
T6	T6a	V+C_1+O+C_2（基本义）	150
	T6b	V+C_1+O+C_2（引申义）	140
T7	T7a	V+O+C_1+C_2（基本义）	18
	T7b	V+O+C_1+C_2（引申义）	0

下面，我们分别对汉语各类趋向补语句式在越南语中的对应形式进行讨论。

4.1 汉语 T1 句式在越南语中的对应形式

我们对汉越语言对比语料（101 万字）进行筛选，共找到 1650 个汉语 T1 句式用例，其中有 1148 个 T1a 句式的用例、502 个 T1b 句式的用例。通过考察与对比分析我们发现，汉语 T1a 句式在越南语中有四种对应形式，T1b 句式在越南语中有三种对应形式。具体情况如表 4-2 所示。

表 4-2　汉语 T1 句式在越南语中的总体对应形式
—— 基于汉越语言对比语料的统计

单位：个

汉语＼越南语	V	V+C	V+R	V+Prep	合计
T1a	369	762	9	8	1148
T1b	235	234	33	/	502

注："V"为谓词（动词、形容词），"C"为趋向补语，"R"为结果补语，"Prep"为介词。下同。

从表 4-2 可见，越南语"V+C"句式是汉语 T1a 句式的主要对应形式，越南语"V"和"V+C"句式是汉语 T1b 句式的主要对应形式。

4.1.1　越南语用"V"来对应汉语 T1a、T1b 句式

越南语有时用"V"句式来对应汉语 T1a、T1b 句式。例如：

（1）一只大<u>鲨鱼</u>正在向她<u>游来</u>。（王蒙《青狐》）
　　　Một con cá mập đang <u>bơi</u> về phía cô.
　　　一　只　鲨鱼　正在　游　　向　　她

（2）<u>青狐</u>一<u>想起</u>就悲从中来。（王蒙《青狐》）
　　　Thanh Hồ mới <u>nghĩ</u> thì nỗi buồn từ trong đến.
　　　青狐　　　才　想　就　悲　从　中　来

例（1）的"游来"是 T1a 句式，例（2）的"想起"是 T1b 句式。越南语直接用"V"句式"bơi"（游）、"nghĩ"（想）来对应。

4.1.2 越南语用"V+C"来对应汉语 T1a、T1b 句式

越南语有时用"V+C"来对应汉语 T1a、T1b 句式。例如:

（3）随后迅速<u>缩回</u>。（余华《在细雨中呼喊》）
　　　Sau đó nhanh chóng <u>rụt lại</u>.
　　　随后　　迅速　　缩 来
（4）他抽完烟便昏然<u>睡去</u>。（海岩《永不瞑目》）
　　　Hút thuốc xong anh ấy mê man <u>thiếp đi</u>.
　　　抽　烟　完　他　迷漫　睡 去

例（3）的"缩回"是 T1a 句式，例（4）的"睡去"是 T1b 句式。越南语用"V+C"句式"rụt lại"（缩 _ 来）、"thiếp đi"（睡 _ 去）来对应。

4.1.3 越南语用"V+R"来对应汉语 T1a、T1b 句式

越南语有时用"V+R"来对应汉语 T1a、T1b 句式。例如:

（5）张副院长愤然<u>站起</u>。（王朔《看上去很美》）
　　　Phó viện trưởng Trương phẫn nộ <u>đứng dậy</u>.
　　　副院长　　　　张　　愤然　站 起
（6）现在我们和他们<u>联系上</u>了。（海岩《永不瞑目》）
　　　Lúc này chúng ta đã <u>liên hệ được</u> với bọn chúng.
　　　时候 这　我们 已　联系　　得　　跟　他们

例（5）的"站起"是 T1a 句式，例（6）的"联系上"是 T1b 句式。越南语用"V+R"句式"đứng dậy"（站 _ 起）、"liên hệ được"（联系 _ 得）来对应。

4.1.4 越南语用"V+Prep"来对应汉语 T1a 句式

越南语有时用"V+Prep"来对应汉语 T1a 句式。例如:

（7）况且他们又是排着队走去。（余华《在细雨中呼喊》）
　　Hơn nữa các em lại phải xếp hàng đi theo.
　　况且　　他们　又 是　　排队　　走跟

例（7）的"走去"是 T1a 句式，越南语用"V+Prep"句式"đi theo"（走＿跟）来对应。

4.2　汉语 T2 句式在越南语中的对应形式

汉越语言对比语料（101 万字）中共有 2707 个汉语 T2 句式用例，其中有 1456 个 T2a 句式的用例、1251 个 T2b 句式的用例。通过考察与对比分析我们发现，汉语 T2a 句式在越南语中有四种对应形式，T2b 句式在越南语中有五种对应形式。具体情况如表 4-3 所示。

表 4-3　汉语 T2 句式在越南语中的总体对应形式
　　　　—— 基于汉越语言对比语料的统计

单位：个

汉语＼越南语	V	V+C	V+R	V+Prep	V+V	合计
T2a	258	1108	79	11	/	1456
T2b	583	523	46	8	91	1251

从表 4-3 可见，越南语"V+C"句式是汉语 T2a 句式的主要对应形式，越南语"V"和"V+C"句式是汉语 T2b 句式的主要对应形式。

4.2.1　越南语用"V"来对应汉语 T2a、T2b 句式

越南语有时用"V"句式来对应汉语 T2a、T2b 句式。例如：

（8）我赶紧往前奔跑过去。（余华《在细雨中呼喊》）
　　Tôi vội vàng chạy về phía trước.
　　我　赶紧　　跑　　向　前

（9）灯光似乎流动起来了。（王蒙《青狐》）
　　Ánh đèn gần như lưu động.
　　灯光　　似乎　　流动

例（8）的"奔跑过去"是 T2a 句式，例（9）的"流动起来"是 T2b 句式，越南语用"V"句式"chạy"（跑）、"lưu động"（流动）来对应。

4.2.2　越南语用"V+C"来对应汉语 T2a、T2b 句式

越南语有时用"V+C"句式来对应汉语 T2a、T2b 句式。例如：

（10）每个选手都跳了<u>进去</u>。（王朔《千万别把我当人》）
　　　Mỗi vận động viên đều phải nhảy <u>xuống</u>.
　　　每　　运动员　　都　要　跳　下
（11）元豹说完又昏了<u>过去</u>。（王朔《千万别把我当人》）
　　　Nguyên Báo nói xong lại <u>ngất đi</u>.
　　　元豹　　　说 完 又 昏 去

例（10）的"跳进去"是 T2a 句式，例（11）的"昏过去"是 T2b 句式，越南语用"V+C"句式"nhảy xuống"（跳＿下）、"ngất đi"（昏＿去）来对应。

4.2.3　越南语用"V+R"来对应 T2a、T2b 句式

越南语有时用"V+R"句式来对应汉语 T2a、T2b 句式。例如：

（12）李春强一拍桌子<u>站起来</u>。（海岩《永不瞑目》）
　　　Lý Xuân Cường đập bàn <u>đứng dậy</u>.
　　　李春强　　　拍 桌子　站 起来
（13）他们旁边是一<u>些</u>与火<u>争抢出来</u>的物件。（余华《在细雨中呼喊》）
　　　Bên cạnh họ là những thứ <u>tranh cướp được</u> với ngọn lửa.
　　　旁边 他们 是 一些　物件　争抢　　得　跟 火

例（12）的"站起来"是 T2a 句式，例（13）的"争抢出来"是 T2b 句式，越南语用"V+R"句式"đứng dậy"（站＿起来）、"tranh cướp được"（争抢＿得）来对应。

4.2.4 越南语用"V+Prep"来对应 T2a、T2b 句式

越南语有时用"V+Prep"句式来对应汉语 T2a、T2b 句式。例如：

（14）李春强<u>追</u>了<u>上来</u>。（海岩《永不瞑目》）

  Lý Xuân Cường <u>đuổi theo</u>.

  李春强　　　　　追　跟

（15）几个人的态度都<u>严肃</u>了<u>起来</u>。（王蒙《青狐》）

  Thái độ của vài người đều <u>nghiêm túc hơn</u>.

  态度　的　几　人　都　　严肃　　比

例（14）的"追上来"是 T2a 句式，例（15）的"严肃起来"是 T2b 句式，越南语用"V+Prep"句式"đuổi theo"（追＿跟）、"nghiêm túc hơn"（严肃＿比）来对应。

4.2.5 越南语用"V+V"来对应汉语 T2b 句式

越南语有时用"V+V"句式来对应汉语 T2b 句式。例如：

（16）再<u>跟下去</u>恐怕是不行了。

  <u>Tiếp tục theo</u> nữa e rằng không được.

  继续　　跟　再　恐怕　　不行

例（16）的"跟下去"是 T2b 句式，越南语用"V+V"句式"tiếp tục theo"（继续＿跟）来对应。

4.3 汉语 T3 句式在越南语中的对应形式

汉越语言对比语料（101 万字）中共有 3375 个汉语 T3 句式用例，其中有 1769 个 T3a 句式的用例，1606 个 T3b 句式的用例。通过考察与对比分析我们发现，汉语 T3a 句式在越南语中有五种对应形式，T3b 句式在越南语中有六种对应形式。具体情况如表 4-4 所示。

表 4-4　汉语 T3 句式在越南语中的总体对应形式
——基于汉越语言对比语料的统计

单位：个

汉语＼越南语	V+O	V+C+O	V+R+O	V+O+C	V+Prep+O	V+V+O	合计
T3a	389	1092	30	242	16	/	1769
T3b	788	687	40	71	19	1	1606

从表 4-4 可见，越南语"V+C+O"句式是汉语 T3a 句式的主要对应形式，越南语"V+O"和"V+C+O"句式是汉语 T3b 句式的主要对应形式。

4.3.1　越南语用"V+O"来对应汉语 T3a、T3b 句式

越南语有时用"V+O"句式来对应汉语 T3a、T3b 句式。例如：

（17）她<u>递过一只小盒子</u>。（海岩《永不瞑目》）
　　　Cô đưa một chiếc hộp nhỏ.
　　　她　递　一　只　盒子　小

（18）米其南承认确实<u>爱上了她</u>。（王蒙《青狐》）
　　　Mễ Kỳ Nam thừa nhận thực sự đã yêu cô ấy.
　　　米其南　　承认　确实　已 爱 她

例（17）的"递过一只小盒子"是 T3a 句式，例（18）的"爱上她"是 T3b 句式，越南语用"V+O"句式"đưa một chiếc hộp nhỏ"（递＿一只小盒子）、"yêu cô ấy"（爱＿她）来对应。

4.3.2　越南语用"V+C+O"来对应汉语 T3a、T3b 句式

越南语有时用"V+C+O"句式来对应汉语 T3a、T3b 句式。例如：

（19）有人<u>抱来几个大西瓜</u>。（海岩《永不瞑目》）
　　　Có người ôm đến mấy quả dưa hấu.
　　　有　人　抱 来　几　个　　西瓜

（20）下面立即<u>响起了掌声</u>。（海岩《永不瞑目》）
　　　Bên dưới lập tức vang lên tiếng vỗ tay.
　　　下面　　立即　响 上　　掌声

例（19）的"抱来几个大西瓜"是 T3a 句式，例（20）的"响起掌声"是 T3b 句式，越南语用"V+C+O"句式"ôm đến mấy quả dưa hấu"（抱 _ 几个大西瓜）、"vang lên tiếng vỗ tay"（响 _ 上 _ 掌声）来对应。

4.3.3 越南语用"V+O+C"来对应汉语 T3a、T3b 句式

越南语有时用"V+O+C"句式来对应汉语 T3a、T3b 句式。例如：

（21）李春强**举起杯**。（海岩《永不瞑目》）
　　　Lý Xuân Cường <u>nâng cốc lên</u>.
　　　李春强　　　举　杯　上
（22）恰在这时吉林市局也**打来电话**。（海岩《永不瞑目》）
　　　Đúng lúc này cục công an Cát Lâm <u>gọi điện thoại đến</u>.
　　　恰好　这时　局　公安　吉林　打　电话　　来

例（21）的"举起杯"是 T3a 句式，例（22）的"打来电话"是 T3b 句式，越南语用"V+O+C"句式"nâng cốc lên"（举 _ 杯 _ 上）、"gọi điện thoại đến"（打 _ 电话 _ 来）来对应。

4.3.4 越南语用"V+R+O"来对应汉语 T3a、T3b 句式

越南语有时用"V+R+O"句式来对应汉语 T3a、T3b 句式。例如：

（23）白度**找出个糖罐**。（王朔《千万别把我当人》）
　　　Bạch Độ <u>tìm được lọ đường</u>.
　　　白度　　找　得　糖罐
（24）心里也像**拭去灰尘**的镜子。（王朔《看上去很美》）
　　　Lòng như tấm gương được <u>lau sạch bụi</u>.
　　　心　如　　镜子　　得　拭　干净　灰尘

例（23）的"找出个糖罐"是 T3a 句式，例（24）的"拭去灰尘"是 T3b 句式，越南语用"V+R+O"句式"tìm được lọ đường"（找 _ 得 _ 糖罐）、"lau sạch bụi"（拭 _ 干净 _ 灰尘）来对应。

4.3.5 越南语用"V+Prep+O"来对应汉语 T3a、T3b 句式

越南语有时用"V+Prep+O"句式来对应汉语 T3a、T3b 句式。例如：

（25）他还<u>附上一封长信</u>。（王蒙《青狐》）
　　　Anh ấy còn <u>kèm theo một lá thư dài</u>.
　　　他　　还　　附　上　一　封　信　长

（26）从邓丽君又<u>谈起日本电影《望乡》</u>。（王蒙《青狐》）
　　　Từ Đặng Lệ Quân lại <u>nói về phim Nhật "Nhớ quê"</u>.
　　　从　邓丽君　　又　说　回 电影 日本　望乡

例（25）的"附上一封长信"是 T3a 句式，例（26）的"谈起日本电影《望乡》"是 T3b 句式，越南语用"V+Prep+O"句式"kèm theo một lá thư dài"（附＿上＿一封长信）、"nói về phim Nhật 'Nhớ quê'"（说＿回＿电影＿日本＿望乡）来对应。

4.3.6 越南语用"V+V+O"来对应汉语 T3b 句式

越南语有时用"V+V+O"句式来对应汉语 T3b 句式。例如：

（27）反而使我<u>怀疑起自己</u>。（余华《在细雨中呼喊》）
　　　Trái lại khiến tôi <u>trở nên nghi ngờ bản thân</u>.
　　　反而　　使　我　成为　　怀疑　　自己

例（27）的"怀疑起自己"是 T3b 句式，越南语用"V+V+O"句式"trở nên nghi ngờ bản thân"（成为＿怀疑＿自己）来对应。

4.4 汉语 T4 句式在越南语中的对应形式

汉越语言对比语料（101 万字）中共有 29 个汉语 T4 句式用例，且都是 T4a 句式的用例，未找到 T4b 句式的用例。通过考察与对比分析我们发现，汉语 T4a 句式在越南语中有三种对应形式。具体情况如表 4-5 所示。

表 4-5　汉语 T4 句式在越南语中的总体对应形式
—— 基于汉越语言对比语料的统计

单位：个

汉语＼越南语	V+O	V+C+O	V+O+C	合计
T4a	14	4	11	29

从表 4-5 可见，越南语"V+O"和"V+O+C"句式是汉语 T4a 句式的主要对应形式。

4.4.1　越南语用"V+O"来对应汉语 T4a 句式

越南语有时用"V+O"句式来对应汉语 T4a 句式。例如：

（28）要就<u>拿钱来</u>。（海岩《永不瞑目》）
　　　Lấy thì đem tiền.
　　　要　就　拿　钱

例（28）的"拿钱来"是 T4a 句式，越南语用"V+O"句式"đem tiền"（拿＿钱）来对应。

4.4.2　越南语用"V+C+O"来对应汉语 T4a 句式

越南语有时用"V+C+O"句式来对应汉语 T4a 句式。例如：

（29）这是谁家娃儿，怎么<u>跑这儿来</u>了？（王朔《看上去很美》）
　　　Đây là con nhà ai, sao lại chạy ra đây?
　　　这　是　娃　家　谁　怎么　跑　出　这儿

例（29）的"跑这儿来"是 T4a 句式，越南语用"V+C+O"句式"chạy ra đây"（跑＿出＿这儿）来对应。

4.4.3　越南语用"V+O+C"来对应汉语 T4a 句式

越南语有时用"V+O+C"句式来对应汉语 T4a 句式。例如：

（30）他们只是寄钱来。(海岩《永不瞑目》)
　　　Họ　chỉ gửi tiền về.
　　　他们　只　寄　钱　回

例（30）的"寄钱来"是 T4a 句式，越南语用"V+O+C"句式"gửi tiền về"（寄＿钱＿回）来对应。

4.5　汉语 T5 句式在越南语中的对应形式

汉越语言对比语料（101 万字）中共有 26 个汉语 T5 句式用例，其中有 16 个 T5a 句式的用例，10 个 T5b 句式的用例。通过考察与对比分析我们发现，汉语 T5a 句式在越南语中有三种对应形式，T5b 句式在越南语中有两种对应形式。具体情况如表 4-6 所示。

表 4-6　汉语 T5 句式在越南语中的总体对应形式
——基于汉越语言对比语料的统计

单位：个

汉语＼越南语	V+O	V+C+O	V+O+C	合计
T5a	5	10	1	16
T5b	/	8	2	10

从表 4-6 可见，越南语"V+C+O"句式是汉语 T5a 和 T5b 句式的主要对应形式。

4.5.1　越南语用"V+O"来对应汉语 T5a 句式

越南语有时用"V+O"句式来对应汉语 T5a 句式。例如：

（31）他迅速地递上去一杯水。(余华《在细雨中呼喊》)
　　　Cậu nhanh chóng đưa một cốc nước.
　　　他　　迅速　　递　一　杯　水

例（31）的"递上去一杯水"是 T5a 句式，越南语用"V+O"句式

"đưa một cốc nước"（递 _ 一杯水）来对应。

4.5.2 越南语用"V+C+O"来对应汉语 T5a、T5b 句式

越南语有时用"V+C+O"句式来对应汉语 T5a、T5b 句式。例如：

（32）从哪儿冒出来这么多文学家呢？（王蒙《青狐》）
　　　Không biết từ đâu nảy nòi ra nhiều nhà văn đến thế?
　　　不　　知　从哪儿　冒　　出　　多　文学家　　那么

（33）孙有元时刻表现出来对自己的怜悯。（余华《在细雨中呼喊》）
　　　Tôn Hữu Nguyên luôn bày tỏ ra lòng thương xót bản thân.
　　　孙有元　　　　时刻　表现 出　怜悯　　　　自己

例（32）的"冒出来文学家"是 T5a 句式，例（33）的"表现出来对自己的怜悯"是 T5b 句式，越南语用"V+C+O"句式"nảy nòi ra nhiều nhà văn"（冒 _ 出 _ 多 _ 文学家）、"bày tỏ ra lòng thương xót bản thân"（表现 _ 出 _ 对自己的怜悯）来对应。

4.5.3 越南语用"V+O+C"来对应汉语 T5a、T5b 句式

越南语有时用"V+O+C"句式来对应汉语 T5a、T5b 句式。例如：

（34）于是他时时伸过来沾满粉笔灰沫的手。（余华《在细雨中呼喊》）
　　　Thế là ông ấy luôn thò cánh tay dính đầy bụi phấn qua.
　　　于是　他　　时时 伸　手　　沾　满 灰 粉笔　过

（35）在旁边的一个长沙发上躺下，招呼过来一个小姐。（王朔《千万别把我当人》）
　　　Nằm xuống chiếc sofa dài bên cạnh, gọi một cô gái đến.
　　　躺　　下　　沙发　长　旁边　　招呼　一　小姐　来

例（34）的"伸过来沾满粉笔灰沫的手"是 T5a 句式，例（35）的"招呼过来一个小姐"是 T5b 句式，越南语用"V+O+C"句式"thò cánh tay dính đầy bụi phấn qua"（伸 _ 沾满粉笔灰沫的手 _ 过）、"gọi một cô gái đến"（招呼 _ 一个小姐 _ 来）来对应。

4.6　汉语 T6 句式在越南语中的对应形式

汉越语言对比语料（101 万字）中共有 290 个汉语 T6 句式用例，其中有 150 个 T6a 句式的用例，140 个 T6b 句式的用例。通过考察与对比分析我们发现，汉语 T6a 句式在越南语中有三种对应形式，T6b 句式在越南语中有五种对应形式。具体情况如表 4-7 所示。

表 4-7　汉语 T6 句式在越南语中的总体对应形式
　　　　——基于汉越语言对比语料的统计

单位：个

汉语＼越南语	V+O	V+C+O	V+O+C	V+R+O	V+Prep+O	合计
T6a	22	70	58	/	/	150
T6b	76	47	5	5	7	140

从表 4-7 可见，越南语"V+C+O""V+O+C"句式是汉语 T6a 句式的主要对应形式，越南语"V+O"和"V+C+O"句式是汉语 T6b 句式的主要对应形式。

4.6.1　越南语用"V+O"来对应汉语 T6a、T6b 句式

越南语有时用"V+O"句式来对应汉语 T6a、T6b 句式。例如：

（36）她再一次流下眼泪来了。（王蒙《青狐》）
　　　　Cô một lần nữa rơi nước mắt.
　　　　她　一　次　再　流　　眼泪

（37）青狐突然喜欢起李秀秀来了。（王蒙《青狐》）
　　　　Thanh Hồ đột nhiên thích Lý Tú Tú.
　　　　青狐　　　突然　　喜欢　李秀秀

例（36）的"流下眼泪来"是 T6a 句式，例（37）的"喜欢起李秀秀来"是 T6b 句式，越南语用"V+O"句式"rơi nước mắt"（流_眼泪）、"thích Lý Tú Tú"（喜欢_李秀秀）来对应。

4.6.2 越南语用"V+C+O"来对应汉语 T6a、T6b 句式

越南语有时用"V+C+O"句式来对应汉语 T6a、T6b 句式。例如：

(38) 她妈妈急急忙忙<u>跑下楼去</u>。(王蒙《青狐》)
　　　Mẹ cô vội vội vàng vàng <u>chạy xuống lầu</u>.
　　　妈　她　急急忙忙　　　　跑　下　楼

(39) 她没有<u>说出声来</u>。(王蒙《青狐》)
　　　Cô không <u>nói ra tiếng</u>.
　　　她　不　说　出　声

例(38)的"跑下楼去"是 T6a 句式，例(39)的"说出声来"是 T6b 句式，越南语用"V+C+O"句式"chạy xuống lầu"(跑_下_楼)、"nói ra tiếng"(说_出_声)来对应。

4.6.3 越南语用"V+O+C"来对应汉语 T6a、T6b 句式

越南语有时用"V+O+C"句式来对应汉语 T6a、T6b 句式。例如：

(40) 庆春<u>俯下身来</u>。(海岩《永不瞑目》)
　　　Khánh Xuân <u>cúi người xuống</u>.
　　　庆春　　　　俯　身　下

(41) 她越是生气，人们<u>叫起她的这个绰号来</u>越是觉得有趣。(王蒙《青狐》)
　　　Cô càng tức giận thì người ta <u>gọi cái biệt hiệu ấy lên</u> lại càng thấy
　　　她　越　生气　　人们　叫　绰号　那上　越　觉得
　　　thú vị.
　　　有趣

例(40)的"俯下身来"是 T6a 句式，例(41)的"叫起她的这个绰号来"是 T6b 句式，越南语用"V+O+C"句式"cúi người xuống"(俯_身_下)、"gọi cái biệt hiệu ấy lên"(叫_那个绰号_上)来对应。

4.6.4 越南语用"V+R+O"来对应汉语 T6b 句式

越南语有时用"V+R+O"句式来对应汉语 T6b 句式。例如：

（42）她能学出什么好来。（海岩《永不瞑目》）
　　　Cô có thể học được những cái tốt nào.
　　　她　　能　学　得　一些　好　什么

例（42）的"学出什么好来"是 T6b 句式，越南语用"V+R+O"句式"học được những cái tốt nào"（学＿得＿什么好）来对应。

4.6.5 越南语用"V+Prep+O"来对应汉语 T6b 句式

越南语有时用"V+Prep+O"句式来对应汉语 T6b 句式。例如：

（43）钱文还有意识地谈起郭凤莲来。（王蒙《青狐》）
　　　Tiền Văn còn có ý nói về Quách Phụng Liên.
　　　钱文　　还 有意 谈 关于　　郭凤莲

例（43）的"谈起郭凤莲来"是 T6b 句式，越南语用"V+Prep+O"句式"nói về Quách Phụng Liên"（谈＿关于＿郭凤莲）来对应。

4.7　汉语 T7 句式在越南语中的对应形式

汉越语言对比语料（101 万字）中共有 18 个汉语 T7 句式用例，且都是 T7a 句式的用例。通过考察与对比分析我们发现，汉语 T7a 句式在越南语中有三种对应形式。具体情况如表 4-8 所示。

表 4-8　汉语 T7 句式在越南语中的总体对应形式
——基于汉越语言对比语料的统计

单位：个

汉语＼越南语	V+O	V+O+C	V+R+O	合计
T7a	3	14	1	18

从表 4-8 可见，越南语"V+O+C"句式是汉语 T7a 句式的主要对应形式。

4.7.1　越南语用"V+O"来对应汉语 T7a 句式

越南语有时用"V+O"句式来对应汉语 T7a 句式。例如：

（44）这可是真水，你们要不信我可以泼一盆下去。（王朔《千万别把我当人》）
　　　Đây là nước thật, mọi người nếu không tin tôi có thể tát một chậu trước.
　　　这　是　水　真　你们　　要　不　信我可以　泼　一　盆　先

例（44）的"泼一盆下去"是 T7a 句式，越南语用"V+O"句式"tát một chậu"（泼_一盆）来对应。

4.7.2　越南语用"V+O+C"来对应汉语 T7a 句式

越南语有时用"V+O+C"句式来对应汉语 T7a 句式。例如：

（45）伸手过去就掐住人家两边脸蛋往下扯。（王朔《看上去很美》）
　　　Thò tay ra tóm lấy hai bên má mà kéo.
　　　伸　手　出　掐　　两边　脸蛋　　扯

例（45）的"伸手过去"是 T7a 句式，越南语用"V+O+C"句式"thò tay ra"（伸_手_出）来对应。

4.7.3　越南语用"V+R+O"来对应汉语 T7a 句式

越南语有时用"V+R+O"句式来对应汉语 T7a 句式。例如：

（46）从里面调了这几份文件出来。（海岩《永不瞑目》）
　　　Từ bên trong tìm được mấy tài liệu này.
　　　从　里面　　找　得　几　文件　这

例（46）的"调了这几份文件出来"是 T7a 句式，越南语用"V+R+O"句式"tìm được mấy tài liệu này"（找_得_这几份文件）来对应。

4.8 本章小结

汉语趋向补语句式在越南语中的总体对应情况如表 4-9 所示。

表 4-9　汉语趋向补语句式在越南语中的总体对应形式
　　　　——基于汉越语言对比语料的统计

越南语 汉语	V	V+O	V+C	V+C+O	V+O+C	V+R	V+R+O	V+Prep	V+Prep+O	V+V	V+V+O
T1a	+		+			+		+			
T1b	+		+			+					
T2a	+		+			+		+			
T2b	+		+			+		+		+	
T3a		+		+	+		+		+		
T3b		+		+	+		+		+		+
T4a		+		+	+						
T4b											
T5a		+		+	+						
T5b				+	+						
T6a		+		+	+						
T6b		+		+	+	+		+			
T7a		+			+	+					
T7b											

第五章 越南学生汉语趋向补语的使用情况

我们从越南学生汉语中介语语料库（65万字）中共提取出2407条汉语趋向补语用例。其中，正确用例有1889例，偏误用例有518例。各组趋向补语的具体使用情况如表5-1所示。

表5-1 各组趋向补语的使用情况

单位：例

趋向补语	总用例	正确用例	偏误用例
"来、去"组趋向补语	334	250	84
"上"组趋向补语	324	260	64
"下"组趋向补语	344	280	64
"进"组趋向补语	131	110	21
"出"组趋向补语	572	436	136
"回"组趋向补语	58	45	13
"过"组趋向补语	121	86	35
"起"组趋向补语	523	422	101
合计	2407	1889	518

下面，我们分别对汉语各组趋向补语的使用情况进行讨论。

5.1 汉语"来、去"组趋向补语的使用情况[①]

我们对65万字的越南学生汉语中介语语料库进行了归纳，筛选出了

[①] 本节的部分内容曾以《基于越南学生汉语中介语语料库的趋向补语"来、去"习得考察》为题发表于《对外汉语研究》第十三期。

"来、去"组趋向补语用例 334 例，其中正确用例 250 例（占 74.85%），偏误用例 84 例（占 25.15%）。具体情况如表 5-2 所示。

表 5-2　越南学生"来、去"组趋向补语的总体分布情况

	来 频次	来 比例	去 频次	去 比例	合计 频次	合计 比例
正确用例	185	80.43%	65	62.50%	250	74.85%
偏误用例	45	19.57%	39	37.50%	84	25.15%
总用例	230	100%	104	100%	334	100%

下面从正确用例和偏误用例两个方面对越南学生"来、去"组趋向补语的使用情况进行分析。

5.1.1　正确用例情况

越南学生"来、去"组趋向补语的正确用例共有 250 例。我们按照初级、中级、高级三个阶段统计出每个阶段"来、去"组趋向补语的正确用例分布情况，具体情况如表 5-3 所示。

表 5-3　越南学生各阶段"来、去"组趋向补语正确用例分布情况

	初级阶段 总用例频次	初级阶段 正确用例频次	初级阶段 正确率	中级阶段 总用例频次	中级阶段 正确用例频次	中级阶段 正确率	高级阶段 总用例频次	高级阶段 正确用例频次	高级阶段 正确率
来	39	17	0.436	85	72	0.847	106	96	0.906
去	12	5	0.417	52	33	0.635	40	27	0.675
总计	51	22	0.431	137	105	0.766	146	123	0.842

注：在某一等级上，某一趋向补语的正确率 = 在该等级上，该趋向补语的正确用例频次 / 该趋向补语的总用例频次。

从表 5-3 可以看到，越南学生"来、去"组趋向补语的正确率在初级、中级、高级阶段分别为 0.431、0.766、0.842。可见，越南学生对"来、去"组趋向补语使用的正确率是随着汉语水平的提高递增的。换言之，越南学生对"来、去"组趋向补语的习得水平是稳步提高的。

为了更直观、清楚地观察越南学生"来、去"组内各趋向补语的正确率在三个不同水平阶段上的发展情况，根据表 5-3 的数据我们绘制了折

线图 5-1。

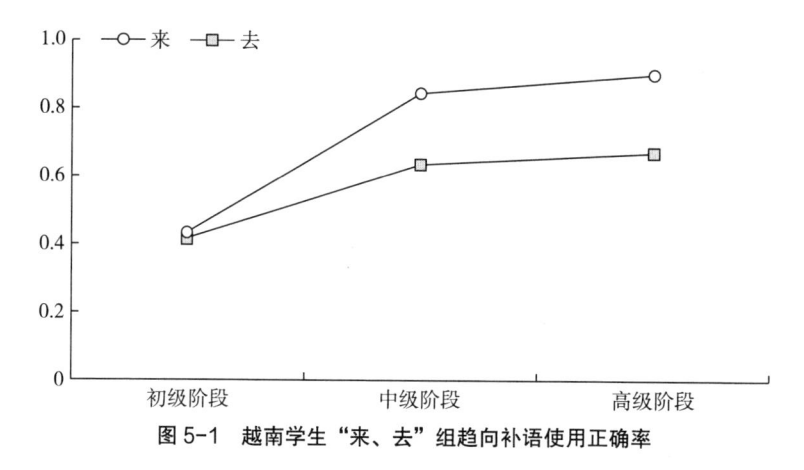

图 5-1 越南学生"来、去"组趋向补语使用正确率

从图 5-1 可以看出，趋向补语"来"及趋向补语"去"的正确率是随着汉语水平的提高而递增的。在每一等级里，趋向补语"来"的正确率都比趋向补语"去"的高。换句话说，越南学生对趋向补语"来"的掌握比趋向补语"去"的好。

5.1.2 偏误用例情况

越南学生"来、去"组趋向补语的偏误用例共有 84 例，可分为五种类型：一是"来、去"组趋向补语冗余的偏误（32 例），二是"来、去"组趋向补语与其他趋向补语混淆的偏误（23 例），三是"来、去"组趋向补语与其他补语混淆的偏误（21 例），四是"来、去"组趋向补语遗漏的偏误（7 例），五是"来、去"组趋向补语与宾语错序的偏误（1 例）。其中，第五类偏误只出现 1 例，不足以构成一种偏误类型[①]，这例偏误有可能是偶发现象。因此准确地说，越南学生使用汉语"来、去"组趋向补语的过程中所出现的偏误只有前四种类型，共有 83 例。

我们按照偏误类型和学习阶段把偏误用例统计为表 5-4。

---

① 从总体上来讲，它是趋向补语与宾语错序偏误类型的一员。在统计所有趋向补语的偏误时，我们会把它统计进去，所以数据上将会有些出入。

表 5-4 越南学生各阶段"来、去"组趋向补语偏误用例分布情况

	"来、去"组趋向补语冗余	"来、去"组趋向补语遗漏	"来、去"组趋向补语与其他趋向补语混淆	"来、去"组趋向补语与其他补语混淆	总计
初级阶段	6	/	17	5	28
中级阶段	12	7	1	12	32
高级阶段	14	/	5	4	23
合计	32	7	23	21	83
所占比例	38.55%	8.43%	27.71%	25.30%	100%

从表 5-4 可以看出，四种偏误类型所占比例由高到低依次为"来、去"组趋向补语冗余的偏误（38.55%）＞"来、去"组趋向补语与其他趋向补语混淆的偏误（27.71%）＞"来、去"组趋向补语与其他补语混淆的偏误（25.30%）＞"来、去"组趋向补语遗漏的偏误（8.43%）。

下面按偏误类型对各类偏误情况进行分析。

5.1.2.1 "来、去"组趋向补语冗余的偏误

"来、去"组趋向补语冗余的偏误共有 32 例，占所有偏误用例的 38.55%，是"来、去"组趋向补语最典型的偏误类型。例如：

（1）*妈妈说了这句话，我觉得她的痛苦也跟爸爸道歉的那句话消失去了。（初级）

（2）*那样，可以帮你忘记去在生活中的困难、麻烦。（高级）

例（1）（2）中，趋向补语"去"是冗余的。汉语动词"消失""忘记"之后不能加上趋向补语，但越南语动词"tan biến"（消失）、"quên"（忘记）一般要与"đi"（去）搭配。

（3）*我觉得哥已经带来给我一个新看法。（中级）

例（3）中，趋向补语"来"是冗余的。"带来给我"在越南语中的表达是"mang đến cho tôi"（带_来_给_我）。越南学生出现这样的偏误，显然是受越南语表达方式的影响。

（4）*祥林嫂二十六七岁时死去了丈夫。（高级）

例（4）中，趋向补语"去"是多余的。汉语动趋结构"死去"在越南语中有两种对应形式：一是直接用动词"chết"（死）来对应，二是用动趋结构"chết đi"（死去）来对应。换言之，越南语动词"chết"（死）在汉语中有两种对应情况：一是动词"死"，二是动趋结构"死去"。越南学生出现这样的偏误，也是越南语影响的结果。

（5）*我给贵公司写来这封求职信。（中级）

例（5）中，趋向补语"来"是多余的。写信的是"我"，收信的是"贵公司"。学生有可能学了"写来这封信"之后就以为什么情况下都可以这么用，但在例（5）的语境下动词"写"后边不能加上补语"来"。

5.1.2.2 "来、去"组趋向补语遗漏的偏误

"来、去"组趋向补语遗漏的偏误共有 7 例，占所有偏误用例的 8.43%。例如：

（6）*当我开门时，我的狗突然走出来摆尾，向村里跑。（中级）

（7）*这样一定能使我们的环境减少一个危害因素，也让社会能省一大笔钱做些有用的工作。（中级）

例（6）的"跑"、例（7）的"省"后面没有趋向补语，句子不能成立，应在动词"跑""省"后面加上"去"。越南学生出现这样的偏误，显然是越南语影响的结果。汉语"向村里跑""省一大笔钱"用越南语表达分别是"chạy về phía thôn"（跑_向村里）、"tiết kiệm một số tiền lớn"（省_一大笔钱）。受此影响，汉语中该用趋向补语时越南学生经常遗漏，不使用。

5.1.2.3 "来、去"组趋向补语与其他趋向补语混淆的偏误

"来、去"组趋向补语与其他趋向补语混淆的偏误共有 23 例，占所有偏误用例的 27.71%。例如：

（8）*河内给你留来的印象不只是一个经济发展的城市。（初级）

例（8）中动词"留"不能和趋向补语"来"搭配。"留来"，即越南语"lưu lại"（留_来），是越南语中常用的一种表达方式，汉语用"留下"来对应。越南学生受母语的影响产生偏误，应将例（8）的"留来"改为"留下"。

（9）*我已经把本子交去了。（初级）

（10）*我把所有的东西都扔在地上，欢快地跑去抱着爸爸。（初级）

（11）*他们的思想已被历史悠久的封建思想绑来。（高级）

动词"交""跑"可以跟趋向补语"去"搭配，动词"绑"可以跟趋向补语"来"搭配。在例（9）（10）（11）的语境中，越南语的表达分别是"nộp đi"（交＿去）、"chạy đi"（跑＿去）、"trói lại"（绑＿来），直译成汉语是"交去""跑去""绑来"。但在这些语境中，汉语动趋结构"交去""跑去""绑来"不能成立。例（9）的"交去"应改为"交上去"，例（10）的"跑去"应改为"跑过去"，例（11）的"绑来"应改为"绑起来"。越南学生出现这样的偏误，显然是越南语影响的结果。

5.1.2.4 "来、去"组趋向补语与其他补语混淆的偏误

"来、去"组趋向补语与其他补语混淆的偏误共有 21 例，占所有偏误用例的 25.30%。例如：

（12）*好了，我写来这里吧。（初级）

（13）*要是我们不能忍让别人，那么会影响来自己的长远计划。（中级）

例（12）（13）中，越南学生混淆了趋向补语"来"和结果补语"到"。越南学生出现这样的偏误，显然是越南语影响的结果。汉语"V 来"和"V 到"有时可以互换，有时却不能互换。它们在越南语中有相同对应形式"V + đến"。例（12）的"写来"应改为"写到"，例（13）的"影响来"应改为"影响到"。

（14）*这次只是因为我太累所以不小心让钱包被小偷拿去了。（中级）

（15）*她的儿子又被狼叼去。（高级）

例（14）（15）中，越南学生混淆了趋向补语"去"和结果补语"走"。越南学生出现这样的偏误，也是越南语影响的结果。越南语"V + đi"在汉语中有"V 去"和"V 走"两种对应形式。趋向补语"去"表示人或事物离开说话人向某一目标活动，立足点是说话人；结果补语"走"表示人或事物离开某处，但没有目标，立足点也不一定是说话人（杨德峰，2008a：

193)。汉语"V 去"和"V 走"有时可以互换，有时却不能互换。它们在越南语中有相同对应形式"V + đi"。例（14）的"拿去"应改为"拿走"，例（15）的"叼去"应改为"叼走"。

5.1.3 与汉语母语者使用情况对比

5.1.3.1 趋向补语使用情况对比

我们将越南学生使用的"来、去"组趋向补语与汉语母语者的使用情况进行对比，并通过似然比检验来检验两者之间是否存在显著性差异，以考察越南学生"来、去"组趋向补语的使用是否存在超用、少用现象。具体数据如表5-5所示。

表5-5 越南学生与汉语母语者"来、去"组趋向补语使用情况对比

趋向补语		意义	汉语母语者（200万字）		越南学生（65万字）		LL	p
			使用频次	使用频率	使用频次	使用频率		
来	基本义	表示向立足点移动	801	4.005	227	3.492	3.40	0.065
	引申义	表示实现某种状态	17	0.085	3	0.046	1.09	0.296
去	基本义	表示离开立足点向另一处所趋近	618	3.090	63	0.969	104.98	0.000
	引申义	表示实现某种状态	16	0.080	23	0.354	−20.85	0.000
		表示"除去"	57	0.285	18	0.277	0.01	0.915

注：使用频率 = 使用频次 / 语料容量，单位为次 / 万字。

表5-5显示，无论是在汉语母语者语料库还是在越南学生语料库中，都使用了趋向补语"来""去"的各个意义用法。越南学生趋向补语"来"及表示"除去"的趋向补语"去"的使用情况与汉语母语者相比不存在显著性差异（$p > 0.05$）。越南学生使用表示离开立足点向另一处所趋近及表示实现某种状态的趋向补语"去"的情况与汉语母语者相比存在显著性差异（$p < 0.05$）。可见，与汉语母语者相比，越南学生使用表示离开立足点向另一处所趋近的趋向补语"去"时有少用现象，而使用表示实现某种状态的趋向补语"去"时有超用现象。

5.1.3.2 与动词搭配的使用情况对比

在汉语母语者语料中，趋向补语"来"能搭配的动词共有156个。其

中"带、送、拿、赶、走、请、买、找、飞、寄"10个动词与"来"搭配的动趋结构使用很普遍。趋向补语"去"能搭配的动词共有165个。其中"送、跑、走、拿、死、带、买、拉、散、脱"10个动词与"去"搭配的动趋结构使用很普遍。

在越南学生语料中,趋向补语"来"能搭配的动词共有40个,其中"带、寄、搬、拿、买、跑、送、吹、打、找"10个动词与"来"搭配的动趋结构使用很普遍。趋向补语"去"能搭配的动词共有39个,其中"死、跑、带、拿、送、忘、走、丢、除、掉"10个动词与"去"搭配的动趋结构使用很普遍。

我们将频次排在前10位的"V+来/去"动趋搭配制成表5-6。

表5-6 越南学生与汉语母语者"V+来/去"动趋搭配使用情况对比

趋向补语"来"				趋向补语"去"			
汉语母语者		越南学生		汉语母语者		越南学生	
动词	搭配频次	动词	搭配频次	动词	搭配频次	动词	搭配频次
带	110	带	128	送	46	死	23
送	45	寄	13	跑	35	跑	11
拿	33	搬	10	走	28	带	8
赶	32	拿	10	拿	22	拿	6
走	27	买	5	死	16	送	4
请	23	跑	5	带	15	忘	4
买	22	送	5	买	10	走	4
找	20	吹	4	拉	9	丢	3
飞	8	打	4	散	7	除	2
寄	8	找	4	脱	7	掉	2

通过表5-6可以看出,"带来""寄来""买来""拿来""送来""找来"是汉语母语者和越南学生经常使用的"V+来"动趋搭配,"带去""跑去""送去""死去""走去"是汉语母语者和越南学生经常使用的"V+去"动趋搭配。可见,汉语母语者在生活中经常使用的"V+来/去"动趋搭配也是越南学生在学习及与中国人交往的过程中经常使用的。然而,这些常用的"V+来/去"动趋搭配在越南语中的对应情况错综复杂,因此在对越汉语教学(尤其是初级汉语教学)中需要格外注意。

5.1.3.3 趋向补语句式的使用情况对比

我们将越南学生"来、去"组趋向补语句式的使用情况与汉语母语者的使用情况进行对比，并通过似然比检验来检验两者之间是否存在显著性差异，以考察越南学生"来、去"组趋向补语句式的使用是否存在超用、少用现象。具体数据如表 5-7 所示。

表 5-7　越南学生与汉语母语者"来、去"组趋向补语句式使用情况对比

句式	汉语母语者（200 万字）		越南学生（65 万字）		LL	p
	使用频次	使用频率	使用频次	使用频率		
T1a	794	3.970	143	2.200	48.20	0.000
T1b	47	0.235	34	0.523	−11.82	0.000
T3a	298	1.490	129	1.985	−7.11	0.007
T3b	43	0.215	9	0.138	1.58	0.209
T4a	327	1.635	18	0.277	90.28	0.000
T4b	/	/	1	0.015	/	/

注：使用频率 = 使用频次 / 语料容量，单位为次 / 万字。

表 5-7 显示，T1a、T4a 句式汉语母语者的使用频率比越南学生高得多，其对数似然比表明它们的差异具有统计显著性（p < 0.05）。T1b、T3a 句式汉语母语者的使用频率比越南学生低得多，其对数似然比表明它们的差异具有统计显著性（p < 0.05）。T3b 句式汉语母语者的使用频率比越南学生的高，但不具有统计显著性（p > 0.05）。可见，与汉语母语者相比，越南学生使用"来、去"组趋向补语句式时存在少用 T1a、T4a 句式，超用 T1b、T3a 句式的现象。

5.2　汉语"上"组趋向补语的使用情况[①]

我们对 65 万字的越南学生汉语中介语语料库进行了归纳，筛选出了"上"组趋向补语用例 324 例，其中正确用例 260 例（占 80.25%），偏误用

[①] 本节的部分内容曾以《基于越南学生汉语中介语语料库的"上"组趋向补语习得研究》为题发表于崔希亮、张宝林主编《第二届汉语中介语语料库建设与应用国际学术讨论会论文选集》(北京语言大学出版社，2014）。

例 64 例（占 19.75%）。具体情况如表 5-8 所示。

表 5-8 越南学生"上"组趋向补语的总体分布情况

	上		上来		上去		合计	
	频次	比例	频次	比例	频次	比例	频次	比例
正确用例	245	80.86%	3	50.00%	12	80.00%	260	80.25%
偏误用例	58	19.14%	3	50.00%	3	20.00%	64	19.75%
总用例	303	100%	6	100%	15	100%	324	100%

下面从正确用例和偏误用例两方面对越南学生"上"组趋向补语的使用情况进行分析。

5.2.1 正确用例情况

越南学生"上"组趋向补语的正确用例共有 260 例。我们按照初级、中级、高级三个阶段统计出每个阶段"上"组趋向补语的正确用例分布情况，具体情况如表 5-9 所示。

表 5-9 越南学生各阶段"上"组趋向补语正确用例分布情况

	初级阶段			中级阶段			高级阶段		
	总用例频次	正确用例频次	正确率	总用例频次	正确用例频次	正确率	总用例频次	正确用例频次	正确率
上	54	35	0.648	122	102	0.836	127	108	0.850
上来	2	1	0.500	3	2	0.667	1	0	0
上去	2	2	1.000	13	10	0.769	/	/	/
总计	58	38	0.655	138	114	0.826	128	108	0.844

注：在某一等级上，某一趋向补语的正确率 = 在该等级上，该趋向补语的正确用例频次 / 该趋向补语的总用例频次。

通过表 5-9 可以看到，越南学生"上"组趋向补语的正确率在初级、中级、高级阶段分别为 0.655、0.826、0.844。可见，越南学生对"上"组趋向补语使用的正确率是随着汉语水平的提高递增的。这说明越南学生对"上"组趋向补语的习得水平是稳步提高的。

为了更直观、清楚地观察越南学生"上"组各趋向补语的正确率在三个不同水平阶段上的发展情况，根据表 5-9 的数据我们绘制了折线图 5-2。

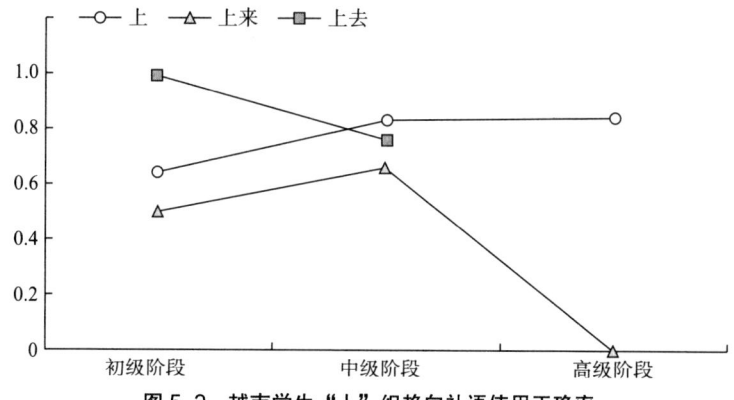

图 5-2 越南学生"上"组趋向补语使用正确率

从图 5-2 可以看出，趋向补语"上"的正确率是随着汉语水平的提高而递增的，趋向补语"上去"的正确率在中级阶段比初级阶段低。在初级阶段，"上"组趋向补语的正确率由高到低为"上去">"上">"上来"；在中级阶段，"上"组趋向补语的正确率由高到低为"上">"上去">"上来"；在高级阶段，趋向补语"上来"只出现一例，且是错误的，在这个阶段越南学生几乎只使用趋向补语"上"。总体上看，越南学生对趋向补语"上"的掌握比趋向补语"上来、上去"的好。

5.2.2 偏误用例情况

越南学生"上"组趋向补语的偏误用例共有 64 例，可分为四种类型：一是"上"组趋向补语冗余的偏误（29 例），二是"上"组趋向补语与其他补语混淆的偏误（20 例），三是"上"组趋向补语遗漏的偏误（10 例），四是"上"组趋向补语与其他趋向补语混淆的偏误（5 例）。

我们按照偏误类型和学习阶段把偏误用例统计为表 5-10。

表 5-10 越南学生各阶段"上"组趋向补语偏误用例分布情况

	"上"组趋向补语冗余	"上"组趋向补语遗漏	"上"组趋向补语与其他趋向补语混淆	"上"组趋向补语与其他补语混淆	总计
初级阶段	14	2	/	4	20
中级阶段	8	3	3	10	24
高级阶段	7	5	2	6	20
合计	29	10	5	20	64
所占比例	45.31%	15.63%	7.81%	31.25%	100%

从表 5-10 可以看出，四种偏误类型所占比例由高到低依次为"上"组趋向补语冗余的偏误（45.31%）＞"上"组趋向补语与其他补语混淆的偏误（31.25%）＞"上"组趋向补语遗漏的偏误（15.63%）＞"上"组趋向补语与其他趋向补语混淆的偏误（7.81%）。

下面按偏误类型对各类偏误情况进行分析。

5.2.2.1 "上"组趋向补语冗余的偏误

"上"组趋向补语冗余的偏误共有 29 例，占所有偏误用例的 45.31%，是"上"组趋向补语最典型的偏误类型。例如：

（16）*除了三条刚说上以外还可以用"你好！"打招呼，但很少用。（初级）

例（16）中，"说上"是越南语陈述过程中常用的一种说法，它由动词"nói"（说）和方位词"trên"（上）结合。可见，越南学生受越南语说法的影响而导致偏误。例（16）的"除了三条刚说上以外"应改为"除了刚说的三条以外"。

（17）*阿玲，你最近怎么样了？你父母还好吗？弟弟要考上大学了没有？（初级）

（18）*记得准备考上大学的时候，我心里的压力很大。（中级）

例（17）（18）中"考"还没有进行，不能加补语"上"。汉语"考上"和越南语"thi lên"（考＿上）在形式上虽然相同但在语义上不相同。汉语中"上"是"考"的结果，越南语用"thi đậu"（考＿及格）来对应。越南语中"lên"（上）是"thi"（考）的趋向，"thi lên"（考＿上）表示人参加某一升级考试，汉语直接用动词"考"来对应。可见，越南学生出现这样的偏误，是越南语影响的结果。

（19）*我对每一件衣服都有很特别的感受，我穿上的衣服也很有特性的。（高级）

汉语"穿戴"类动词和趋向补语"上"结合在越南语中有"V""V + lên（上）""V + vào（进）"三种对应形式。这种复杂对应形式影响了越南学生的趋向补语使用。例（19）中趋向补语"上"是多余的，应改为"我穿的衣服"。

（20）*笔塔是由阮超盖上的。（初级）

例（20）中，趋向补语"上"是多余的。越南学生出现这样的偏误，是越南语影响的结果。越南语用动趋结构"xây lên"（盖_上）来表达该句子的意思，但汉语直接用动词"盖"来表达。

5.2.2.2 "上"组趋向补语与其他补语混淆的偏误

"上"组趋向补语与其他补语混淆的偏误共有 20 例，占所有偏误用例的 31.25%。例如：

（21）*他把箱子放上床。（初级）

例（21）中"放上床"在越南语中的表达是"để lên giường"（放_上_床）。有的越南学生因受越南语表达方式的影响出现了偏误。例（21）的"放上床"应改为"放在床上"或"放床上"。

（22）*她是一个女人，所以她一定很爱打扮，每次她打扮上很漂亮。（中级）

例（22）中"打扮上很漂亮"在越南语中的表达是"trang điểm lên rất đẹp"（打扮_上_很_漂亮）。越南学生出现这样的偏误，也是越南语影响的结果。例（22）的"打扮上很漂亮"应改为"打扮得很漂亮"。

（23）*她虽然是贵族但是她没感觉上快乐或幸福。（高级）

例（23）中动词"感觉"不能和趋向补语"上"搭配。汉语"V+上"结构在越南语中的对应形式之一是"V + được（到）"，换句话说越南语"V + được（到）"有时对应汉语"V+到"，有时对应汉语"V+上"。越南学生受母语的影响出现混淆趋向补语和结果补语的偏误。例（23）的"感觉上"应改为"感觉到"。

5.2.2.3 "上"组趋向补语遗漏的偏误

"上"组趋向补语遗漏的偏误共有 10 例，占所有偏误用例的 15.63%。

例如：

（24）*就凭他的能力可以说他一定考大学。（中级）
（25）*因为我欠他一张公共汽车的钱才爱他。（中级）

例（24）的"考"后面没有趋向补语，句子不成立，应在"考"后面加上趋向补语"上"，表示希望实现的目的。例（25）的"爱"后面没有趋向补语，句子不成立，应在"爱"后面加上趋向补语"上"。越南语动词"yêu"（爱）之后不能加"上"，但它的汉语对应动词可以和趋向补语搭配，学生受母语的影响而产生偏误。

5.2.2.4 "上"组趋向补语与其他趋向补语混淆的偏误

"上"组趋向补语与其他趋向补语混淆的偏误共有 5 例，占所有偏误用例的 7.81%。例如：

（26）*再包上才扔进垃圾桶里。（中级）

汉语中有些趋向补语在越南语中具有相同的对应形式，越南学生不知道所以产生偏误。趋向动词"上""起来"有时都对应越南语的"lên"（上）。例（26）动词"包"不能和趋向动词"上"搭配，只能和"起来"搭配，所以应将"包上"改为"包起来"。

（27）*安娜，星期四以前，你得把那篇文章赶上来。（中级）

例（27）中，动词"赶"可以跟趋向补语"上来""出来"搭配。根据句子的意思，"赶上来"应改为"赶出来"。

5.2.3 与汉语母语者使用情况对比

5.2.3.1 总体使用情况对比

我们将越南学生使用的"上"组趋向补语与汉语母语者的使用情况进行对比，并通过似然比检验来检验两者之间是否存在显著性差异，以考察越南学生"上"组趋向补语的使用是否存在超用、少用现象。具体数据如表 5–11 所示。

表 5-11　越南学生与汉语母语者"上"组趋向补语使用情况对比

趋向补语	意义		汉语母语者（200万字）使用频次	使用频率	越南学生（65万字）使用频次	使用频率	LL	p
上	基本义	表示由低处移向高处	205	1.025	26	0.400	25.92	0.000
		表示趋近面前的目标	48	0.240	4	0.062	10.05	0.002
	引申义	表示接触、附着以至固定	409	2.045	78	1.200	20.93	0.000
		表示实现了目的	112	0.560	107	1.646	−60.30	0.000
		表示进入新的状态	306	1.530	88	1.354	1.05	0.307
上来	基本义	表示由低处移向高处	29	0.145	4	0.062	3.19	0.074
		表示趋近面前的目标	29	0.145	/	/	/	/
	引申义	表示接触、附着以至固定	4	0.020	2	0.031	−0.23	0.628
		表示进入新的状态	10	0.050	/	/	/	/
上去	基本义	表示由低处移向高处	51	0.255	5	0.077	9.06	0.003
		表示趋近面前的目标	21	0.105	/	/	/	/
	引申义	表示接触、附着以至固定	11	0.055	10	0.154	−5.23	0.022

注：使用频率 = 使用频次 / 语料容量，单位为次 / 万字。

通过表 5-11 可以看出，越南学生没有使用表示趋近面前目标的趋向补语"上来、上去"及表示进入新的状态的趋向补语"上来"。当越南学生使用表示进入新的状态的趋向补语"上"，表示由低处移向高处的趋向补语"上来"，表示接触、附着以至固定的趋向补语"上来"时，与汉语母语者相比不存在显著性差异（$p > 0.05$）。当越南学生使用表示由低处移向高处的趋向补语"上、上去"，表示趋近面前的目标的趋向补语"上"，表示接触、附着以至固定的趋向补语"上、上去"，表示实现了目的的趋向补语"上"时，与汉语母语者相比存在显著性差异（$p < 0.05$）。可见，与汉语母语者相比，越南学生使用"上"组趋向补语时存在少用表示由低处移向高处的趋向补语"上、上去"，表示趋近面前目标的趋向补语"上"，表示接触、附着以至固定的趋向补语"上、上去"的现象，存在超用表示实现了目的的趋向补语"上"的现象。

5.2.3.2　与动词搭配的使用情况对比

在汉语母语者语料中，趋向补语"上"能搭配的动词共有 246 个，其中"走、考、登、赶、穿、碰、踏、戴、当、跟"10个动词与"上"搭配的动趋结构使用很普遍。趋向补语"上来"能搭配的动词共有37个，其中"带、端、爬、收、答、围、走、叮、赶、跟"10个动词与"上来"搭配的动趋结构使用很普遍。趋向补语"上去"能搭配的动词共有32个，其中"搞、冲、迎、看、扑、踩、打、递、追、赶"10个动词与"上去"搭配的动趋结构使用很普遍。

在越南学生语料中，趋向补语"上"能搭配的动词共有59个，其中"考、爱、患、穿、关、走、挤、吃、闭、加"10个动词与"上"搭配的动趋结构使用很普遍。趋向补语"上来"能搭配的动词有"浮、拿、赶、挤、爬、画"6个。趋向补语"上去"能搭配的动词有"看、拿、挤、贴、放"5个。

我们将频次排在前10位的"V+上/上来/上去"动趋搭配制成表5–12。

表5–12 越南学生与汉语母语者"V+上/上来/上去"动趋搭配使用情况对比

趋向补语"上"				趋向补语"上来"				趋向补语"上去"			
汉语母语者		越南学生		汉语母语者		越南学生		汉语母语者		越南学生	
动词	搭配频次	动词	搭配频次	动词	搭配频次	动词	搭配频次	动词	搭配频次	动词	搭配频次
走	61	考	99	带	8	浮	1	搞	19	看	9
考	45	爱	46	端	7	拿	1	冲	8	挤	3
登	42	患	10	爬	5	赶	1	迎	6	贴	1
赶	30	穿	10	收	4	挤	1	看	5	拿	1
穿	26	关	9	答	3	爬	1	扑	5	放	1
碰	26	走	8	围	3	画	1	踩	3		
踏	25	挤	7	走	3			打	3		
戴	23	吃	7	叮	2			递	3		
当	21	闭	7	赶	2			追	3		
跟	19	加	6	跟	2			赶	2		

通过表5–12可以看出，越南学生倾向于使用"V+上"动趋搭配，较少使用"V+上来""V+上去"动趋搭配。"考上""穿上""走上"都是汉语母语者和越南学生经常使用的"V+上"动趋搭配。越南学生所使用的"V+上来""V+上去"动趋搭配比汉语母语者少，且所用的动词都不是汉语母语者常用的动词。

5.2.3.3 趋向补语句式的使用情况对比

我们将越南学生"上"组趋向补语的句式的使用情况与汉语母语者的使用情况进行对比,并通过似然比检验来检验两者之间是否存在显著性差异,以考察越南学生含"上"组趋向补语句式的使用是否存在超用、少用现象。具体数据如表 5–13 所示。

表 5–13 越南学生与汉语母语者"上"组趋向补语句式使用情况对比

句式	汉语母语者（200 万字） 使用频次	汉语母语者（200 万字） 使用频率	越南学生（65 万字） 使用频次	越南学生（65 万字） 使用频率	LL	p
T1a	25	0.125	2	0.031	5.43	0.019
T1b	200	1.000	42	0.646	7.26	0.007
T2a	109	0.545	7	0.108	28.15	0.000
T2b	22	0.110	11	0.169	−1.29	0.256
T3a	228	1.140	28	0.431	30.27	0.000
T3b	627	3.135	231	3.554	−2.60	0.107
T5a	2	0.010	/	/	/	/
T5b	/	/	1	0.015	/	/
T6a	19	0.095	2	0.031	3.11	0.078
T6b	2	0.010	/	/	/	/
T7b	1	0.005	/	/	/	/

注：使用频率 = 使用频次 / 语料容量，单位为次 / 万字。

表 5–13 显示，T1a、T1b、T2a、T3a 句式汉语母语者的使用频率比越南学生高得多，其对数似然比表明它们的差异具有统计显著性（$p < 0.05$）。T2b、T3b、T6a 句式越南学生的使用情况与汉语母语者相比不存在显著性差异（$p > 0.05$）。可见，与汉语母语者相比越南学生使用汉语"上"组趋向补语句式时存在少用 T1a、T1b、T2a、T3a 句式的现象。

5.3 汉语"下"组趋向补语的使用情况[①]

我们对 65 万字的越南学生汉语中介语语料库进行了归纳，筛选出了

---

① 本节的部分内容曾以《基于越南学生汉语中介语语料库的"下"组趋向补语习得研究》为题发表于《海外华文教育》2016 年第 2 期。

"下"组趋向补语用例 344 例，其中正确用例 280 例（占 81.40%），偏误用例 64 例（占 18.60%）。具体情况如表 5-14 所示。

表 5-14　越南学生"下"组趋向补语的总体分布情况

	下		下来		下去		合计	
	频次	比例	频次	比例	频次	比例	频次	比例
正确用例	148	85.55%	90	76.92%	42	77.78%	280	81.40%
偏误用例	25	14.45%	27	23.08%	12	22.22%	64	18.60%
总用例	173	100%	117	100%	54	100%	344	100%

下面从正确用例和偏误用例两方面对越南学生"下"组趋向补语的使用情况进行分析。

5.3.1　正确用例情况

越南学生"下"组趋向补语的正确用例共有 280 例。我们按照初级、中级、高级三个阶段统计出每个阶段"下"组趋向补语的正确用例分布情况，具体情况如表 5-15 所示。

表 5-15　越南学生各阶段"下"组趋向补语正确用例分布情况

	初级阶段			中级阶段			高级阶段		
	总频次	正确频次	正确率	总频次	正确频次	正确率	总频次	正确频次	正确率
下	59	54	0.915	63	52	0.825	51	42	0.824
下来	30	25	0.833	59	42	0.712	28	23	0.821
下去	6	2	0.333	24	17	0.708	24	23	0.958
总计	95	81	0.853	146	111	0.760	103	88	0.854

注：在某一等级上，某一趋向补语的正确率 = 在该等级上，该趋向补语的正确用例频次 / 该趋向补语的总用例频次。

通过表 5-15 可以看到，越南学生"下"组趋向补语的正确率在初级、中级、高级阶段分别是 0.853、0.760、0.854。可见，越南学生"下"组趋向补语的习得具有初级阶段和高级阶段的正确率高、中级阶段的正确率最低的现象，正印证了 Eric Kellerman（1985）所说的"U 形行为模式"（U-Shaped Behavior），即：随着中介语的发展，正确率沿着"高—低—

高"的线路前进。

为了更直观、清楚地观察越南学生"下"组内各趋向补语的正确率在三个不同水平阶段上的发展情况，根据表 5-15 中的数据我们绘制了折线图 5-3。

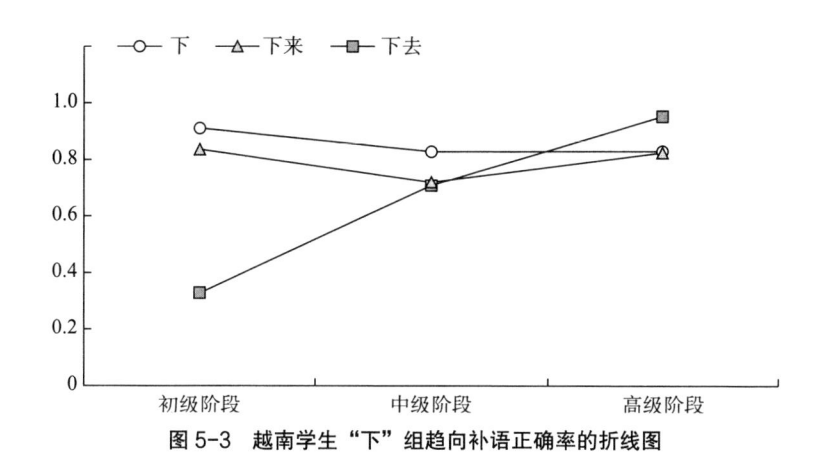

图 5-3 越南学生"下"组趋向补语正确率的折线图

从图 5-3 可以看出，趋向补语"下"的正确率是随着汉语水平的提高而降低的，趋向补语"下来"的正确率是沿着"高—低—高"曲线发展的，趋向补语"下去"的正确率是随着汉语水平的提高而递增的。在初级阶段，"下"组趋向补语的正确率由高到低依次为"下">"下来">"下去"；在中级阶段，"下"组趋向补语的正确率由高到低依次为"下">"下来">"下去"；在高级阶段，"下"组趋向补语的正确率由高到低依次为"下去">"下">"下来"。总体上看，越南学生对趋向补语"下"的掌握比趋向补语"下来""下去"的好。

5.3.2 偏误用例情况

越南学生"下"组趋向补语的偏误用例共有 84 例，可分为五种类型：一是"下"组趋向补语冗余的偏误（18 例），二是"下"组趋向补语与其他趋向补语混淆的偏误（10 例），三是"下"组趋向补语与其他补语混淆的偏误（9 例），四是"下"组趋向补语遗漏的偏误（20 例），五是"下"组趋向补语与宾语错序的偏误（7 例）。

我们按照偏误类型和学习阶段把偏误用例统计为表 5-16。

表 5-16　越南学生各阶段"下"组趋向补语偏误用例分布情况

	"下"组趋向补语冗余	"下"组趋向补语遗漏	"下"组趋向补语与宾语错序	"下"组趋向补语与其他趋向补语混淆	"下"组趋向补语与其他补语混淆	总计
初级阶段	4	2	2	3	3	14
中级阶段	9	15	3	5	3	35
高级阶段	5	3	2	2	3	15
合计	18	20	7	10	9	64
所占比例	28.13%	31.25%	10.94%	15.63%	14.06%	100%

从表 5-16 可以看出，五种偏误类型所占比例由高到低依次为"下"组趋向补语遗漏的偏误（31.25%）＞"下"组趋向补语冗余的偏误（28.13%）＞"下"组趋向补语与其他趋向补语混淆的偏误（15.63%）＞"下"组趋向补语与其他补语混淆的偏误（14.06%）＞"下"组趋向补语与宾语错序的偏误（10.94%）。

下面按偏误类型对各类偏误情况进行分析。

5.3.2.1 "下"组趋向补语冗余的偏误

"下"组趋向补语冗余的偏误共有 18 例，占所有偏误用例的 28.13%。例如：

（28）*这里记录下来很多有名的人。（初级）
（29）*一生不能靠这个来生存下去。（中级）
（30）*在我国，每个丈夫好象都希望能生下男孩。（高级）

汉语"写画"类动词和趋向补语"下来"结合在越南语中有"V"和"V + lại（来）"两种对应形式，"生活、忍受"类动词和趋向补语"下去"结合在越南语中有"V"、"V + tiếp（继续）"和"tiếp tục（继续）+ V"三种对应形式，可使物体分离的动作行为动词和趋向补语"下"结合在越南语中有"V"、"V + xuống（下）"和"V + ra（出）"三种对应形式。这种复杂对应形式影响了越南学生趋向补语的使用而产生偏误。例（28）的趋向补语"下来"、例（29）的趋向补语"下去"和例（30）的趋向补语"下"都是多余的。

5.3.2.2 "下"组趋向补语遗漏的偏误

"下"组趋向补语遗漏的偏误共有20例，占所有偏误用例的31.25%。例如：

（31）*他把大衣脱放在床上。（初级）

（32）*过了一些日子，这个人又到了客人家，客人把他留吃饭时，还记得这人好吃豆腐，就在鱼和肉里都配上豆腐。（高级）

例（31）的"脱"、例（32）的"留"后面没有趋向补语，句子不成立，应在"脱"和"留"后面加上"下来"。这些情况下，越南语中直接用动词"cởi"（脱）、"giữ"（留）来表达，不用在动词后加上趋向补语。显然，越南学生出现这样的偏误是受母语的影响。

（33）*你写的作业太乱了，我难以读了。（中级）

例（33）的"读"后面遗漏了趋向补语"下去"。汉语表示具体动作的动词和趋向补语"下去"结合在越南语中有"V"、"V + tiếp（继续）"和"tiếp tục（继续）+ V"三种对应形式。这种复杂的对应形式影响了越南学生的趋向补语使用。

5.3.2.3 "下"组趋向补语与宾语错序的偏误

"下"组趋向补语与宾语错序的偏误共有7例，占所有偏误用例的10.94%。例如：

（34）*我停车下来，走到那边。（初级）

（35）*我略略看了一看而低头下，车上都是素不相识的人，怎么好向别人借钱呢？（中级）

（36）*当定神下来，一个戴着木板挡住自己面孔的人已在他面前。（高级）

例（34）的"停车"、例（35）的"低头"、例（36）的"定神"都是离合词。离合词带简单趋向补语时，简单趋向补语要放在离合词的动语素和名语素的中间。因此，例（35）的"低头下"应改为"低下头"。离合词带复合趋向补语时，离合词的动语素要放在复合趋向补语之前，名语素要放在复合趋向补语的中间。因此，例（34）的"停车下来"应改为"停下车来",例(36)的"定神下来"应改为"定下神来"。

5.3.2.4 "下"组趋向补语与其他趋向补语混淆的偏误

"下"组趋向补语与其他趋向补语混淆的偏误共有10例,占所有偏误用例的15.63%。例如:

(37)*河内给你<u>留来</u>的印象不只是一个经济发展的城市。(初级)

例(37)的"留来"应改为"留下"。汉语的"留下"在越南语中的对应形式之一是"lưu lại"(留_来)。越南学生出现这样的偏误,显然是越南语影响的结果。

(38)*我耐心地劝了他半天,他已经<u>愉快下来</u>。(中级)

例(38)混淆了趋向补语"下来"和"起来"。"愉快"是正向形容词。根据刘月华(1987)的考察结果,趋向补语"下来"不能与正向形容词搭配。因此,例(38)的"愉快下来"应改为"愉快起来"。

(39)*过了一会儿,爸爸<u>冷静下</u>再跟我说。(高级)

例(39)中,形容词"冷静"不能与趋向补语"下"搭配,却能跟趋向补语"下来"搭配,表现情绪由动态进入静态。

5.3.2.5 "下"组趋向补语与其他补语混淆的偏误

"下"组趋向补语与其他补语混淆的偏误共有9例,占所有偏误用例的14.06%。例如:

(40)*我<u>跪下</u>妈妈的旁边。(初级)
(41)*那时我拿着杯子犹豫不想喝,我不小心把牛奶<u>倒下地上</u>。(中级)
(42)*那个疤痕<u>留下</u>我的鼻子上。(高级)

例(40)~(42)中,混淆了趋向补语"下"和方位介词短语补语。例(40)的"跪下妈妈的旁边"在越南语中的表达是"quỳ xuống bên cạnh mẹ"(跪_下_旁边_妈妈),例(41)的"倒下地上"在越南语中的表达是"đổ xuống đất"(倒_下_地),例(42)的"留下我的鼻子上"在越南语中的表达是"lưu lại trên mũi tôi"(留_来_上_我的鼻子)。可见,越南学生出现这样的偏误，是越南语影响的结果。因此，例（40）的"跪下妈妈的旁边"应改为"跪在妈妈的旁边"，例（41）的"倒下地上"应改为"倒在地上"，例（42）的"留下我的鼻子上"应改为"留在我的鼻子上"。

5.3.3 与汉语母语者使用情况对比

5.3.3.1 总体使用情况对比

我们将越南学生使用的"下"组趋向补语与汉语母语者的使用情况进行对比，并通过似然比检验来检验两者之间是否存在显著性差异，以考察越南学生"下"组趋向补语的使用是否存在超用、少用现象。具体数据如表 5-17 所示。

表 5-17 越南学生与汉语母语者"下"组趋向补语使用情况对比

趋向补语	意义		汉语母语者（200万字）使用频次	汉语母语者（200万字）使用频率	越南学生（65万字）使用频次	越南学生（65万字）使用频率	LL	p
下	基本义	表示由高处向低处	254	1.270	71	1.092	1.30	0.255
		表示退离面前的目标	1	0.005	/	/	/	/
	引申义	表示从整体脱离	410	2.050	98	1.508	7.94	0.005
		表示由动态进入静态	16	0.080	4	0.062	0.23	0.630
下来	基本义	表示由高处向低处	108	0.540	47	0.723	-2.68	0.102
		表示退离面前的目标	7	0.035	/	/	/	/
	引申义	表示从整体脱离	125	0.625	41	0.631	0.00	0.959
		表示完成某一动作	33	0.165	4	0.062	4.47	0.035
		表示由动态进入静态	73	0.365	25	0.385	-0.05	0.822
下去	基本义	表示由高处向低处	48	0.240	10	0.154	1.80	0.180
		表示退离面前的目标	1	0.005	/	/	/	/
	引申义	表示从整体脱离	6	0.030	1	0.015	0.45	0.504
		表示由动态进入静态	2	0.010	1	0.015	-0.12	0.732
		表示继续进行或保持某动作/状态	122	0.610	42	0.646	-0.10	0.749

注：使用频率 = 使用频次 / 语料容量，单位为次 / 万字。

通过表5-17可以看出，越南学生没有使用表示退离面前的目标的趋向补语"下""下来""下去"。越南学生使用表示从整体脱离的趋向补语"下"、表示完成某一动作的趋向补语"下来"与汉语母语者相比存在显著性差异（$p < 0.05$）。"下"组趋向补语的其他意义越南学生的使用与汉语母语者相比不存在显著性差异（$p > 0.05$）。可见，与汉语母语者相比越南学生使用"下"组趋向补语时存在少用表示从整体脱离的趋向补语"下"、表示完成某一动作的趋向补语"下来"的现象。

5.3.3.2　与动词搭配的使用情况对比

在汉语母语者语料中，趋向补语"下"能搭配的动词共有135个。其中"留、放、坐、写、剩、收、躺、跪、买、生"10个动词与"下"搭配的动趋结构使用很普遍。趋向补语"下来"能搭配的动词共有154个，其中"停、坐、掉、留、脱、摔、讨、批、平静、卸"10个动词与"下来"搭配的动趋结构使用很普遍。趋向补语"下去"能搭配的动词共有87个，其中"继续、干、活、坚持、说、走、持续、呆、发展、传"10个动词与"下去"搭配的动趋结构使用很普遍。

在越南学生语料中，趋向补语"下"能搭配的动词共有33个，其中"留、流、垂、坐、生、打、掉、剩、落、收"10个动词与"下"搭配的动趋结构使用很普遍。趋向补语"下来"能搭配的动词共有51个，其中"留、坐、平静、掉、停、落、摘、垂、剩、生"10个动词与"下来"搭配的动趋结构使用很普遍。趋向补语"下去"能搭配的动词共有26个，其中"活、吞、继续、读、做、学、跳、生存、坚持、等"10个动词与"下去"搭配的动趋结构使用很普遍。

我们将频次排在前10位的"V+下/下来/下去"动趋搭配制成表5-18。

表5-18　越南学生与汉语母语者"V+下/下来/下去"动趋搭配使用情况对比

趋向补语"下"		趋向补语"下来"		趋向补语"下去"	
汉语母语者		越南学生		汉语母语者		越南学生		汉语母语者		越南学生	
动词	搭配频次	动词	搭配频次	动词	搭配频次	动词	搭配频次	动词	搭配频次	动词	搭配频次
留	105	留	57	停	19	留	11	继续	9	活	15
放	42	流	18	坐	11	坐	8	干	8	吞	4

续表

趋向补语"下"				趋向补语"下来"				趋向补语"下去"			
汉语母语者		越南学生		汉语母语者		越南学生		汉语母语者		越南学生	
动词	搭配频次	动词	搭配频次	动词	搭配频次	动词	搭配频次	动词	搭配频次
坐	35	垂	18	掉	10	平静	8	活	7	继续	3
写	28	坐	11	留	10	掉	7	坚持	6	读	3
剩	26	生	11	脱	10	停	6	说	6	做	2
收	21	打	7	摔	8	落	6	走	6	学	2
躺	20	掉	6	讨	8	摘	5	持续	5	跳	2
跪	19	剩	4	批	7	垂	5	呆	5	生存	2
买	15	落	4	平静	7	剩	4	发展	5	坚持	2
生	15	收	3	卸	6	生	4	传	4	等	2

通过表5-18可以看出,"留下""坐下""剩下""收下""生下"是汉语母语者和越南学生经常使用的"V+下"动趋搭配,"停下来""坐下来""掉下来""留下来""平静下来"是汉语母语者和越南学生经常使用的"V+下来"动趋搭配,"继续下去""活下去""坚持下去"是汉语母语者和越南学生经常使用的"V+下去"动趋搭配。可见,汉语母语者在生活中经常使用的"V+下/下来/下去"动趋搭配也是越南学生在学习及与中国人交往的过程中经常使用的。然而,这些常用的"V+下/下来/下去"动趋搭配在越南语中的对应情况错综复杂,因此在对越汉语教学(尤其是初级汉语教学)中需要格外注意。

5.3.3.3 趋向补语句式的使用情况对比

我们将越南学生"下"组趋向补语句式的使用情况与汉语母语者的使用情况进行对比,并通过似然比检验来检验两者之间是否存在显著性差异,以考察越南学生"下"组趋向补语句式的使用是否存在超用、少用现象。具体数据如表5-19所示。

表 5-19　越南学生与汉语母语者"下"组趋向补语句式使用情况对比

句式	汉语母语者（200万字）使用频次	使用频率	越南学生（65万字）使用频次	使用频率	LL	p
T1a	128	0.640	42	0.646	0.00	0.957
T1b	125	0.625	19	0.292	11.42	0.000
T2a	147	0.735	56	0.862	−1.00	0.318
T2b	351	1.755	109	1.677	0.17	0.677
T3a	127	0.635	28	0.431	3.74	0.053
T3b	301	1.505	83	1.277	1.81	0.178
T4a	/	/	1	0.015	/	/
T5a	1	0.005	/	/	/	/
T5b	3	0.015	2	0.031	−1.80	0.179
T6a	14	0.070	1	0.015	3.34	0.068
T6b	9	0.045	3	0.046	0.00	0.970

注：使用频率 = 使用频次 / 语料容量，单位为次 / 万字。

表 5-19 显示，T1b 句式汉语母语者的使用频率比越南学生高得多，其对数似然比表明它们的差异具有统计显著性（$p < 0.05$）。其他句式越南学生的使用情况与汉语母语者相比不存在显著性差异。可见，与汉语母语者相比越南学生使用汉语"下"组趋向补语句式时存在少用 T1b 句式的现象。

5.4　汉语"进"组趋向补语的使用情况

我们对 65 万字的越南学生汉语中介语语料库进行了归纳，筛选出了"进"组趋向补语用例 131 例，其中正确用例 110 例（占 83.97%），偏误用例 21 例（占 16.03%）。具体情况如表 5-20 所示。

表 5-20　越南学生"进"组趋向补语的总体分布情况

	进 频次	比例	进来 频次	比例	进去 频次	比例	合计 频次	比例
正确用例	86	89.58%	5	71.43%	19	67.86%	110	83.97%
偏误用例	10	10.42%	2	28.57%	9	32.14%	21	16.03%
总用例	96	100%	7	100%	28	100%	131	100%

下面从正确用例和偏误用例两方面对越南学生"进"组趋向补语的使用情况进行分析。

5.4.1 正确用例情况

越南学生"进"组趋向补语的正确用例共有 110 例。我们按照初级、中级、高级三个阶段统计出每个阶段"进"组趋向补语的正确用例分布情况,具体情况如表 5-21 所示。

表 5-21 越南学生各阶段"进"组趋向补语正确用例分布情况

	初级阶段			中级阶段			高级阶段		
	总频次	正确频次	正确率	总频次	正确频次	正确率	总频次	正确频次	正确率
进	23	20	0.870	32	28	0.875	41	38	0.927
进来	2	2	1.000	3	2	0.667	2	1	0.500
进去	11	9	0.818	9	4	0.444	8	6	0.750
总计	36	31	0.861	44	34	0.773	51	45	0.882

注:在某一等级上,某一趋向补语的正确率 = 在该等级上,该趋向补语的正确用例频次 / 该趋向补语的总用例频次。

通过表 5-21 可以看到,越南学生"进"组趋向补语的正确率在初级、中级、高级阶段分别为 0.861、0.773、0.882。可见,越南学生"进"组趋向补语的习得具有初级阶段和高级阶段的正确率高、中级阶段的正确率最低的现象,正印证了 Eric Kellerman(1985)所说的"U 形行为模式"(U-Shaped Behavior),即三个阶段的正确率依次是:首先高、然后降、最后又升。

为了更直观、清楚地观察越南学生"进"组内各趋向补语的正确率在三个不同水平阶段上的发展情况,根据表 5-21 的数据我们绘制了折线图 5-4。

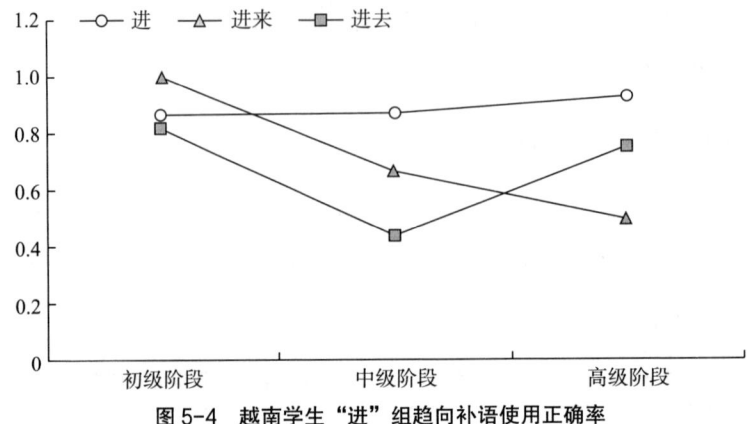

图 5-4　越南学生"进"组趋向补语使用正确率

从图 5-4 可以看出，趋向补语"进"的正确率是随着汉语水平的提高而递增的，趋向补语"进来"的正确率却是随着汉语水平的提高而降低的，趋向补语"进去"的正确率沿着"高—低—高"曲线发展。在初级阶段，"进"组趋向补语的正确率由高到低依次为："进来">"进">"进去"；在中级阶段，"进"组趋向补语的正确率由高到低依次为："进">"进来">"进去"；在高级阶段，"进"组趋向补语的正确率由高到低依次为："进">"进去">"进来"。总体上看，越南学生对趋向补语"进"的掌握比趋向补语"进来""进去"的好。

5.4.2　偏误用例情况

越南学生"进"组趋向补语的偏误用例共有 21 例，可分为五种类型：一是"进"组趋向补语与宾语错序的偏误（8 例），二是"进"组趋向补语与其他趋向补语混淆的偏误（6 例），三是"进"组趋向补语与其他补语混淆的偏误（5 例），四是"进"组趋向补语遗漏的偏误（1 例），五是"进"组趋向补语冗余的偏误（1 例）。其中，第四类和第五类偏误只出现 1 例，不足以构成一种偏误类型[①]，这两例偏误有可能是偶发现象的结果。因此准确地说，越南学生使用汉语"进"组趋向补语的过程中所出现的偏误只有前三种类型，共有 19 例。

我们按照偏误类型和学习阶段把偏误用例统计为表 5-22。

---

① 从总体上来讲，它是构成趋向补语与宾语错序偏误类型的一员。在统计所有趋向补语的偏误时，我们会把它统计进去，所以数据上将会有些出入。

表 5-22　越南学生各阶段"进"组趋向补语偏误用例分布情况

	"进"组趋向补语与其他趋向补语混淆	"进"组趋向补语与其他补语混淆	"进"组趋向补语与宾语错序	总计
初级阶段	1	3	/	4
中级阶段	3	1	5	9
高级阶段	2	1	3	6
合计	6	5	8	19
所占比例	31.58%	26.32%	42.11%	100%

从表 5-22 可以看出，三种偏误类型所占比例由高到低依次为"进"组趋向补语与宾语错序的偏误（42.11%）>"进"组趋向补语与其他趋向补语混淆的偏误（31.58%）>"进"组趋向补语与其他补语混淆的偏误（26.32%）。

下面按偏误类型对各类偏误情况进行分析。

5.4.2.1 "进"组趋向补语与宾语错序的偏误

"进"组趋向补语与宾语错序的偏误共有 8 例，占所有偏误用例的 42.11%，是"进"组趋向补语最典型的偏误类型。例如：

（43）*他偷偷地<u>跑进去她的园里</u>。（中级）

（44）*你拿粉<u>放进去碗里</u>，然后放鸡肉。（高级）

例（43）的"跑进去她的园里"、例（44）的"放进去碗里"在越南语中的表达分别是"chạy vào vườn bà ấy"（跑 _ 进去 _ 她的园里）、"bỏ vào chén"（放 _ 进去 _ 碗里）。"她的园里""碗里"是处所词，"宾语为处所词时位于复合趋向补语的中间"（刘月华，1998：42），故例（43）的"跑进去她的园里"应改为"跑进她的园里去"，例（44）的"放进去碗里"应改为"放进碗里去"。

5.4.2.2 "进"组趋向补语与其他趋向补语混淆的偏误

"进"组趋向补语与其他趋向补语混淆的偏误共有 6 例，占所有偏误用例的 26.32%。例如：

（45）*等鱼快要熟，把西红柿<u>放进</u>，煮两三分钟。（中级）

（46）*然后你把用水<u>倒进</u>。（高级）

例（45）（46）混淆了趋向补语"进"和"进去"。汉语"进""进去"

在越南语中只有一种对应形式"vào"(进)。越南学生因为分不清什么时候该用"进",什么时候该用"进去",所以产生偏误。因此,例(45)的"放进"应改为"放进去",例(46)的"倒进"应改为"倒进去"。

5.4.2.3 "进"组趋向补语与其他补语混淆的偏误

"进"组趋向补语与其他补语混淆的偏误共有 5 例,占所有偏误用例的 26.32%。例如:

(47)*我连忙走进母亲旁边对母亲说:"对不起妈妈我错了!"(初级)

(48)*小和走进爸爸那儿,拉爸爸的手:"爸爸我饿了。"(中级)

例(47)(48),越南学生混淆了趋向补语"进"和介词短语补语"到+处所词"。例(47)的"走进母亲旁边"、例(48)的"走进爸爸那儿"在越南语中的表达分别是"đi vào bên cạnh mẹ"(走_进_母亲旁边)、"đi vào chỗ của ba"(走_进_爸爸那儿)。可见,越南学生受越南语语序的影响而产生偏误,应将例(47)的"走进母亲旁边"改为"走到母亲旁边",将例(48)的"走进爸爸那儿"改为"走到爸爸那儿"。

5.4.3 与汉语母语者使用情况对比

5.4.3.1 总体使用情况对比

我们将越南学生使用的"进"组趋向补语与汉语母语者的使用情况进行对比,并通过似然比检验来检验两者之间是否存在显著性差异,以考察越南学生"进"组趋向补语的使用是否存在超用、少用现象。具体数据如表 5-23 所示。

表 5-23 越南学生与汉语母语者"进"组趋向补语使用情况对比

趋向补语	意义		汉语母语者 (200 万字)		越南学生 (65 万字)		LL	p
			使用 频次	使用 频率	使用 频次	使用 频率		
进	基本义	表示由外面向里面	355	1.775	96	1.477	2.64	0.104
进来	基本义	表示由外面向里面	40	0.200	7	0.108	2.63	0.105
进去	基本义	表示由外面向里面	67	0.335	28	0.431	−1.20	0.273

注:使用频率 = 使用频次 / 语料容量,单位为次 / 万字。

通过表 5-22 可以看出,汉语母语者趋向补语"进""进来"的使用频率比越南学生的高一些,汉语母语者趋向补语"进去"的使用频率比越南学生的低一些,但越南学生的使用情况与汉语母语者相比不存在显著性差异($p > 0.05$)。虽然越南学生"进"组趋向补语使用的绝对数量低于汉语母语者,但汉语母语者和越南学生"进"组趋向补语使用频率的高低顺序一致,都是"进">"进去">"进来"。

5.4.3.2 与动词搭配的使用情况对比

在汉语母语者语料中,趋向补语"进"能搭配的动词共有 100 个,其中,"走、送、钻、跨、跳、住、掉、搬、塞、扔"10 个动词与"进"搭配的动趋结构使用很普遍。趋向补语"进来"能搭配的动词共有 26 个,其中"走、跑、引、搬、溜、请、钻"7 个动词与"进来"搭配的动补结构使用很普遍。趋向补语"进去"能搭配的动词共有 45 个,其中"走、送、住、扶、跟、关、卷、考虑、弄、投"10 个动词与"进去"搭配的动趋结构使用很普遍。

在越南学生语料中,趋向补语"进"能搭配的动词共有 22 个,其中"走、放、跑、踏、带、考、扔、塞、丢、坐"10 个动词与"进"搭配的动趋结构使用很普遍。趋向补语"进来"能搭配的动词共有 4 个,是"走、搬、吹、倒"。趋向补语"进去"能搭配的动词共有 12 个,其中"放、走、跑、送"4 个动词与"进去"搭配的动趋结构使用很普遍。

我们将频次排在前 10 位的"V+ 进 / 进来 / 进去"动趋搭配制成表 5-24。

表 5-24 越南学生与汉语母语者"V+ 进 / 进来 / 进去"动趋搭配使用情况对比

趋向补语"进"				趋向补语"进来"				趋向补语"进去"			
汉语母语者		越南学生		汉语母语者		越南学生		汉语母语者		越南学生	
动词	搭配频次	动词	搭配频次	动词	搭配频次	动词	搭配频次	动词	搭配频次	动词	搭配频次
走	70	走	49	走	6	走	4	走	12	放	8
送	19	放	11	跑	4	搬	1	送	3	走	6
钻	18	跑	4	引	3	吹	1	住	3	跑	3
跨	13	踏	4	搬	2	倒	1	扶	2	送	3
跳	13	带	3	溜	2			跟	2	插	1

续表

| 趋向补语"进" |||| 趋向补语"进来" |||| 趋向补语"进去" ||||
| 汉语母语者 || 越南学生 || 汉语母语者 || 越南学生 || 汉语母语者 || 越南学生 ||
动词	搭配频次	动词	搭配频次	动词	搭配频次	动词	搭配频次	动词	搭配频次	动词	搭配频次
住	13	考	3	请	2			关	2	打	1
掉	9	扔	3	钻	2			卷	2	倒	1
搬	8	塞	3	插	1			考虑	2	加	1
塞	8	丢	2	搀	1			弄	2	进	1
扔	7	坐	2	扯	1			投	2	跳	1

通过表 5-24 可以看出,"走进""塞进""扔进"是汉语母语者和越南学生经常使用的"V+进"动趋搭配,"走进来""搬进来"是汉语母语者和越南学生经常使用的"V+进来"动趋搭配,"走进去""送进去"是汉语母语者和越南学生经常使用的"V+进去"动趋搭配。可见,汉语母语者在生活中经常使用的"V+进/进来/进去"动趋搭配也是越南学生在学习及与中国人交往的过程中经常使用的。

5.4.3.3 趋向补语句式的使用情况对比

我们将越南学生"进"组趋向补语句式的使用情况与汉语母语者的使用情况进行对比,并通过似然比检验来检验两者之间是否存在显著性差异,以考察越南学生"进"组趋向补语句式的使用是否存在超用、少用现象。具体数据如表 5-25 所示。

表 5-25 越南学生与汉语母语者"进"组趋向补语句式使用情况对比

句式	汉语母语者(200 万字)		越南学生(65 万字)		LL	p
	使用频次	使用频率	使用频次	使用频率		
T1a	11	0.055	4	0.062	−0.04	0.849
T2a	79	0.395	23	0.354	0.22	0.639
T3a	344	1.72	91	1.400	3.17	0.075
T4a	/	/	1	0.015	/	/
T5a	3	0.015	/	/	/	/
T6a	24	0.12	10	0.154	0.42	0.517
T7a	1	0.005	2	0.031	−2.37	0.124

注:使用频率 = 使用频次 / 语料容量,单位为次 / 万字。

表 5-25 显示，T5a 句式越南学生语料库中没有出现用例，其他句式越南学生的使用情况与汉语母语者相比不存在显著性差异（$p > 0.05$）。可见，与汉语母语者相比，越南学生使用汉语"进"组趋向补语句式时不存在少用、超用某一句式的现象。

5.5 汉语"出"组趋向补语的使用情况[①]

我们对 65 万字的越南学生汉语中介语语料库进行了归纳，筛选出了"出"组趋向补语用例 572 例，其中正确用例 436 例（占 76.22%），偏误用例 136 例（占 23.78%）。具体情况如表 5-26 所示。

表 5-26　越南学生"出"组趋向补语的总体分布情况

	出		出来		出去		合计	
	频次	比例	频次	比例	频次	比例	频次	比例
正确用例	267	79.70%	158	75.60%	11	39.29%	436	76.22%
偏误用例	68	20.30%	51	24.40%	17	60.71%	136	23.78%
总用例	335	100%	209	100%	28	100%	572	100%

下面从正确用例和偏误用例两方面对越南学生"出"组趋向补语的使用情况进行分析。

5.5.1　正确用例情况

越南学生"出"组趋向补语的正确用例共有 436 例。我们按照初级、中级、高级三个阶段统计出每个阶段"出"组趋向补语的正确用例分布情况，具体情况如表 5-27 所示。

[①] 本节的部分内容曾以《基于越南学生汉语中介语语料库的"出"组趋向补语习得研究》为题发表于《汉语教学学刊》第 9 辑。

表 5-27　越南学生各阶段"出"组趋向补语正确用例分布情况

	初级阶段			中级阶段			高级阶段		
	总频次	正确频次	正确率	总频次	正确频次	正确率	总频次	正确频次	正确率
出	77	62	0.805	106	75	0.708	152	130	0.855
出来	27	20	0.741	104	68	0.654	78	70	0.897
出去	7	4	0.571	16	4	0.250	5	3	0.600
总计	111	86	0.775	226	147	0.650	235	203	0.864

注：在某一等级上，某一趋向补语的正确率 = 在该等级上，该趋向补语的正确用例频次／该趋向补语的总用例频次。

通过表 5-27 可以看到，越南学生"出"组趋向补语的正确率在初级、中级、高级阶段分别为 0.775、0.650、0.864。可见，越南学生"出"组趋向补语的习得经历了 Eric Kellerman（1985）所说的"U 形行为模式"（U-Shaped Behavior）走向的三个阶段：初级阶段掌握较好，然后是低谷阶段，最后是飞跃阶段。

为了更直观、清楚地观察越南学生"出"组内各趋向补语的正确率在三个不同水平阶段上的发展情况，根据表 5-27 的数据我们绘制了折线图 5-5。

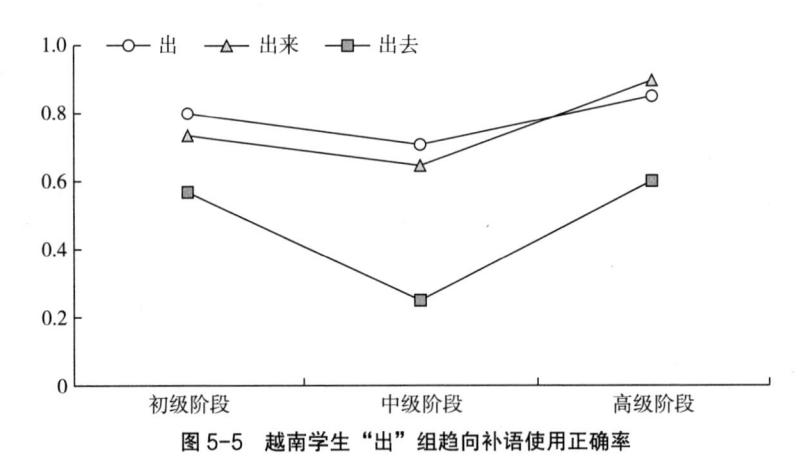

图 5-5　越南学生"出"组趋向补语使用正确率

从图 5-5 可以看出，趋向补语"出""出来""出去"的正确率是沿着"高—低—高"线路发展的。在初级阶段，"出"组趋向补语的正确率由高至低依次为："出"＞"出来"＞"出去"；在中级阶段，"出"组趋向补语的正确率由高至低依次为:"出">"出来">"出去";在高级阶段,"出"组趋向补语的正确率由高至低依次为:"出来">"出">"出去"。总体上看,越南学生对趋向补语"出"的掌握比趋向补语"出来""出去"的好。

5.5.2 偏误用例情况

越南学生"出"组趋向补语的偏误用例共有136例,可分为五种类型:一是"出"组趋向补语冗余的偏误(61例),二是"出"组趋向补语与其他趋向补语混淆的偏误(32例),三是"出"组趋向补语与其他补语混淆的偏误(23例),四是"出"组趋向补语遗漏的偏误(12例),五是"出"组趋向补语与宾语错序的偏误(8例)。

我们按照偏误类型和学习阶段把"出"组趋向补语偏误用例统计为表5-28。

表5-28 越南学生各阶段"出"组趋向补语偏误用例分布情况

	"出"组趋向补语冗余	"出"组趋向补语遗漏	"出"组趋向补语与宾语错序	"出"组趋向补语与其他趋向补语混淆	"出"组趋向补语与其他补语混淆	总计
初级阶段	9	5	2	6	3	25
中级阶段	32	5	5	21	16	79
高级阶段	20	2	1	5	4	32
合计	61	12	8	32	23	136
所占比例	44.85%	8.82%	5.88%	23.53%	16.91%	100%

通过表5-28可以看出,五种偏误类型所占比例由高到低依次为"出"组趋向补语冗余的偏误(44.85%)>"出"组趋向补语与其他趋向补语混淆的偏误(23.53%)>"出"组趋向补语与其他补语混淆的偏误(16.91%)>"出"组趋向补语遗漏的偏误(8.82%)>"出"组趋向补语与宾语错序的偏误(5.88%)。

下面按偏误类型对各类偏误情况进行分析。

5.5.2.1 "出"组趋向补语冗余的偏误

"出"组趋向补语冗余的偏误共有61例,占所有偏误用例的44.85%,是"出"组趋向补语最典型的偏误类型。例如:

（49）*他们不但<u>生出</u>了我而且养了我这么大的。（初级）

（50）*母亲停下来，看看小明，张了张嘴，瞅瞅小明，什么也没<u>说出来</u>，只是使劲地咬了下嘴唇。（初级）

例（49）中动词"生"之后不须加上趋向补语"出"。越南语动词"sinh"（生）在汉语中有时对应动词"生"，有时对应动趋结构"生出""生出来"。例（50）中动词"说"后边不能加上补语"出来"。越南语动词"nói"（说）有时直接对应汉语动词"说"，有时对应动趋结构"说出""说出来""说出去"。越南学生不知道汉语何时用动词、何时用动趋结构来对应越南语动词，所以产生冗余偏误。

（51）*她把鞋商店发展成<u>生产出</u>鞋的小工厂。（中级）

例（51）中动词"生产"后边的补语"出"是冗余的。越南学生出现这种偏误，大致是目的语规则过度泛化的结果。

（52）*可是事情不如此<u>发生出来</u>的。（中级）

（53）*我们通过这个文章要<u>吸取出</u>给自己的经验。（高级）

（54）*我们怎么能<u>发现出来</u>？（高级）

例（52）~（54）中趋向补语"出""出来"是多余的。越南学生出现这种偏误，显然是越南语影响的结果。汉语动词"发生""吸取""发现"后边不能加上趋向补语，但越南语动词"phát sinh"（发生）、"rút"（吸取）、"phát hiện"（发现）一般要与趋向动词"ra"（出）搭配。可见，越南学生到了高级阶段仍受母语负迁移的影响。他们用越南语中的动趋结构生成了汉语的动趋结构，但不是他们所生成的动趋结构都符合汉语语法，因而产生了"出"组趋向补语冗余的偏误。

5.5.2.2 "出"组趋向补语与其他趋向补语混淆的偏误

"出"组趋向补语和其他趋向补语混淆的偏误共有32例，占所有偏误用例的23.53%。例如：

（55）*我把柜子上边的箱子<u>拿出来</u>，放在这儿。（初级）

例（55）中，动词"拿"可以跟趋向补语"出来""下来"搭配，"箱子"是在柜子的上边，"我"在地上，因此"拿出来"应改为"拿下来"。

（56）*我一定帮你找到钱包，你还记得吗？<u>想出来</u>了，我点了点头。（中级）

例（56）中，动词"想"可以和趋向补语"出来""起来"搭配，但是"'想起来'所涉及的是曾经知道的事，'想出来'所涉及的是不曾存在或不知道的东西"（刘月华，1998：357），所以"想出来"应改为"想起来"。

（57）*我刚开始戒烟的时候很痛苦，现在总算<u>熬出去</u>。（中级）

例（57）表示"我"度过了"戒烟"这一艰难的时期。该句中的动词"熬"表示"忍受"的意思，可以和"出去""出来""过来"等趋向补语搭配。根据句子的上下文，这里的"熬出去"应改为"熬过来"。

（58）*妻子在床上又挣扎又哭得很厉害，突然起来，瞪着眼睛，又大<u>喊出来</u>像一个神经病的人一样。（高级）

例（58）中，动词"喊"可以跟趋向补语"出来""起来"搭配。根据句子的上下文，这里的"大喊出来"应改为"大叫起来"。

5.5.2.3 "出"组趋向补语与其他补语混淆的偏误

"出"组趋向补语和其他趋向补语混淆的偏误共有23例，占所有偏误用例的16.91%。例如：

（59）*来这儿你可以<u>找出</u>关于历史的信息。（初级）

趋向补语"出"有从隐蔽到显露、从无到有的意思，结果补语"到"有动作有了结果的意思。例（59）中的"关于历史的信息"是"这儿"公开的信息，所以不能用"找出"，应改为"找到"。越南语"tìm được"（找到）有时与"找出"对应，有时和"找到"对应。越南学生因为分不清"找到"和"找出"的区别所以出现错误。

（60）*他一点也不懂，但是没有<u>想出</u>要去了解。（中级）

"想到"表示考虑到、推测到,而"想出"表示通过思索,大脑里产生了想法、办法等。例(60)中的"想出"应改为"想到"。

(61)*说实话要把这个坏毛病改出去确实很不容易。(中级)

例(61)中,动词"改"表示改正的意思,不能和趋向补语"出去"搭配。这里的"改"只能与结果补语"掉"搭配。例(61)的"改出去"应改为"改掉"。

5.5.2.4 "出"组趋向补语遗漏的偏误

"出"组趋向补语遗漏的偏误共有12例,占所有偏误用例的8.82%。例如:

(62)*这儿已经培养成千上万人才去全国建设祖国。(初级)

(63)*你们要对生活有信心,通过自己的努力,通过自己的劳动,你们一定会创造自己的幸福生活。(中级)

(64)*父母的影响更明显地在孩子们身上表现。(高级)

例(62)遗漏了趋向补语"出"。越南语直接用动词"bồi dưỡng"(培养)来对应汉语"培养出"。例(63)遗漏了趋向补语"出"。越南语有时用动趋结构"sáng tạo ra"(创造出)来对应汉语"创造出",有时还用"sáng tạo"(创造)或"sáng tạo được"(创造_得)来对应汉语"创造出"。例(64)遗漏了趋向补语"出来"。在例(64)的语境下,越南语直接用动词"biểu hiện"(表现)对应汉语"表现出来"。越南学生因受越南语影响而产生遗漏偏误。

5.5.2.5 "出"组趋向补语与宾语错序的偏误

"出"组趋向补语与宾语错序的偏误共有8例,占所有偏误用例的5.88%。例如:

(65)*明天在哪拿出来钱给我呢?(初级)

(66)*他从房间里拿出来他的书包了。(中级)

(67)*他虽然水平低,但也可能写出来好的作文吧!(高级)

例(65)中,宾语"钱"是无定的非处所受事宾语,句子是表未然的。

例（66）中，宾语"他的包"是有定的非处所受事宾语，句子是表已然的。例（67）中，宾语"好的作文"是有定的非处所受事宾语，句子表示未然。根据郭春贵（2003）的考察结果：当宾语为有定的非处所受事宾语时，不管句子表示已然还是未然宾语都要位于复合趋向补语前边或中间；当宾语为无定的非处所受事宾语、句子表未然时，宾语要位于复合趋向补语前边或中间。张伯江（1991a）、刘月华（1998：43）指出，宾语位于复合趋向补语之前这种用法在实际语言中很少见。因此，例（65）的"拿出来钱"应改为"拿出钱来"，例（66）的"拿出来他的书包"应改为"拿出他的书包来"，例（67）的"写出来好的作文"应改为"写出好的作文来"。

可见，汉语"出"组趋向补语和非处所宾语的位置比较复杂，它们在越南语中的对应格式又相同，所以造成了越南学生错序的偏误。

5.5.3 与汉语母语者使用情况对比

5.5.3.1 总体使用情况对比

我们将越南学生使用的"出"组趋向补语与汉语母语者的使用情况进行对比，并通过似然比检验来检验两者之间是否存在显著性差异，以考察越南学生"出"组趋向补语的使用是否存在超用、少用现象。具体数据如表5-29。

表 5-29 越南学生与汉语母语者"出"组趋向补语使用情况对比

趋向补语		意义	汉语母语者（200万字）使用频次	汉语母语者（200万字）使用频率	越南学生（65万字）使用频次	越南学生（65万字）使用频率	LL	p
出	基本义	表示由里面向外面	623	3.115	52	0.800	130.31	0.000
	引申义	表示由无到有，由隐蔽到公开	1068	5.340	283	4.354	9.69	0.002
出来	基本义	表示由里面向外面	269	1.345	86	1.323	0.02	0.894
	引申义	表示由无到有，由隐蔽到公开	377	1.885	123	1.892	0.00	0.970
出去	基本义	表示由里面向外面	114	0.570	28	0.431	1.86	0.172

注：使用频率 = 使用频次 / 语料容量，单位为次 / 万字。

通过表5-29可以看出，越南学生使用趋向补语"出"（包括基本义及引申义）的时候与汉语母语者相比存在显著性差异（$p < 0.05$）。与汉语母语者

相比，越南学生使用"出"组趋向补语的时候有少用趋向补语"出"（包括基本义及引申义）的现象。越南学生使用趋向补语"出来"（包括基本义及引申义）、"出去"的时候与汉语母语者相比不存在显著性差异（$p > 0.05$）。

5.5.3.2 与动词搭配的使用情况对比

在汉语母语者语料中，趋向补语"出"能搭配的动词共有354个，其中"提、走、拿、做、作、迈、伸、掏、表现、派"10个动词与"出"搭配的动趋结构使用很普遍。趋向补语"出来"能搭配的动词共有261个，其中"拿、说、看、走、掏、提、跑、认、想、培养"10个动词与"出来"搭配的动趋结构使用很普遍。趋向补语"出去"能搭配的动词共有61个，其中"走、轰、跑、打、伸、冲、分离、滚、拉、料理"10个动词与"出去"搭配的动趋结构使用很普遍。

在越南学生语料中，趋向补语"出"能搭配的动词共有75个，其中"提、看、抽、露、做、说、写、找、作、认"10个动词与"出"搭配的动趋结构使用很普遍。趋向补语"出来"能搭配的动词共有61个，其中"说、拿、写、流、想、看、发现、走、找、掏"10个动词与"出来"搭配的动趋结构使用很普遍。趋向补语"出去"能搭配的动词共有18个，其中"走、熬、推、改、带、抽、找、脱、吐、送"10个动词与"出去"搭配的动趋结构使用很普遍。

我们将频次排在前10位的"V+出／出来／出去"动趋搭配制成表5-30。

表5-30 越南学生与汉语母语者"V+出／出来／出去"动趋搭配使用情况对比

趋向补语"出"				趋向补语"出来"				趋向补语"出去"			
汉语母语者		越南学生		汉语母语者		越南学生		汉语母语者		越南学生	
动词	搭配频次	动词	搭配频次	动词	搭配频次	动词	搭配频次	动词	搭配频次	动词	搭配频次
提	167	提	40	拿	41	说	32	走	11	走	5
走	78	看	28	说	34	拿	25	轰	9	熬	3
拿	72	抽	24	看	22	写	16	跑	7	推	2
做	57	露	19	走	19	流	12	打	6	改	2
作	49	做	18	掏	15	想	7	伸	5	带	2
迈	40	说	18	提	14	看	7	冲	4	抽	2

续表

趋向补语"出"		趋向补语"出来"				趋向补语"出去"			
汉语母语者		越南学生		汉语母语者		越南学生		汉语母语者		越南学生	
动词	搭配频次	动词	搭配频次	动词	搭配频次	动词	搭配频次	动词	搭配频次	动词	搭配频次
伸	34	写	14	跑	12	发现	6	分离	3	找	1
掏	28	找	13	认	10	走	5	滚	3	脱	1
表现	27	作	12	想	10	找	5	拉	3	吐	1
派	26	认	10	培养	8	掏	5	料理	3	送	1

通过表 5-30 可以看出,"提出""做出""作出"是汉语母语者和越南学生经常使用的"V+出"动趋搭配,"拿出来""说出来""看出来""走出来""掏出来""想出来"是汉语母语者和越南学生经常使用的"V+出来"动趋搭配,"走出去"是汉语母语者和越南学生经常使用的"V+出去"动趋搭配。可见,汉语母语者在生活中经常使用的"V+出/出来/出去"动趋搭配也是越南学生在学习及与中国人交往的过程中经常使用的。然而,这些常用的"V+出/出来/出去"动趋搭配在越南语中的对应情况错综复杂,因此在对越汉语教学(尤其是初级汉语教学)中需要格外注意。

5.5.3.3 趋向补语句的使用情况对比

我们将越南学生"出"组趋向补语句式的使用情况与汉语母语者的使用情况进行对比,并通过似然比检验来检验两者之间是否存在显著性差异,以考察越南学生"出"组趋向补语句式的使用是否存在超用、少用现象。具体数据如表 5-31 所示。

表 5-31 越南学生与汉语母语者"出"组趋向补语句式使用情况对比

句式	汉语母语者(200 万字)		越南学生(65 万字)		LL	p
	使用频次	使用频率	使用频次	使用频率		
T1a	69	0.345	15	0.231	2.17	0.141
T1b	156	0.780	56	0.862	-0.40	0.527
T2a	312	1.560	84	1.292	2.43	0.119
T2b	264	1.320	92	1.415	-0.33	0.567
T3a	554	2.770	37	0.569	139.12	0.000
T3b	912	4.560	227	3.492	13.63	0.000

续表

句式	汉语母语者（200万字）		越南学生（65万字）		LL	p
	使用频次	使用频率	使用频次	使用频率		
T5a	4	0.020	6	0.092	−5.66	0.017
T5b	11	0.055	15	0.231	−12.93	0.000
T6a	60	0.300	15	0.231	0.87	0.351
T6b	101	0.505	16	0.246	8.44	0.004
T7a	7	0.035	9	0.138	−7.31	0.007
T7b	1	0.005	/	/	/	/

注：使用频率 = 使用频次 / 语料容量，单位为次 / 万字。

表 5-31 显示，T3a、T3b、T6b 句式汉语母语者的使用频率比越南学生高得多，其对数似然比表明它们的差异具有统计显著性（$p < 0.05$）。T5a、T5b、T7a 句式汉语母语者的使用频率比越南学生低得多，其对数似然比表明它们的差异具有统计显著性（$p < 0.05$）。其他句式越南学生的使用情况与汉语母语者相比不存在显著性差异（$p > 0.05$）。可见，与汉语母语者相比越南学生使用汉语"出"组趋向补语句式时存在少用 T3a、T3b、T6b 句式，超用 T5a、T5b、T7a 句式的现象。

5.6　汉语"回"组趋向补语的使用情况

我们对 65 万字的越南学生汉语中介语语料库进行了归纳，筛选出了"回"组趋向补语用例 58 例，其中正确用例 45 例（占 77.59%），偏误用例 13 例（占 22.41%）。具体情况如表 5-32 所示。

表 5-32　越南学生"回"组趋向补语的总体分布情况

	回		回来		回去		合计	
	频次	比例	频次	比例	频次	比例	频次	比例
正确用例	19	73.08%	11	68.75%	15	93.75%	45	77.59%
偏误用例	7	26.92%	5	31.25%	1	6.25%	13	22.41%
总用例	26	100%	16	100%	16	100%	58	100%

下面从正确用例和偏误用例两个方面对越南学生"回"组趋向补语的使用情况进行分析。

5.6.1 正确用例情况

越南学生"回"组趋向补语的正确用例共有45例。我们按照初级、中级、高级三个阶段统计出每个阶段"回"组趋向补语的正确用例分布情况，具体情况如表5-33所示。

表5-33 越南学生各阶段"回"组趋向补语正确用例分布情况

	初级阶段			中级阶段			高级阶段		
	总频次	正确频次	正确率	总频次	正确频次	正确率	总频次	正确频次	正确率
回	4	2	0.500	8	7	0.875	14	10	0.714
回来	5	4	0.800	7	4	0.571	4	3	0.750
回去	2	2	1.000	2	1	0.500	12	12	1.000
总计	11	8	0.727	17	12	0.706	30	25	0.833

注：在某一等级上，某一趋向补语的正确率 = 在该等级上，该趋向补语的正确用例频次 / 该趋向补语的总用例频次。

通过表5-33可以看到，越南学生"回"组趋向补语的正确率在初级、中级、高级阶段分别为0.727、0.706、0.833。可见，越南学生"回"组趋向补语的习得经历了Eric Kellerman（1985）所说的"U形行为模式"（U-Shaped Behavior），即：初级阶段掌握较好，然后是低谷阶段，最后是飞跃阶段。

为了更直观、清楚地观察越南学生"回"组内各趋向补语的正确率在三个不同水平阶段上的发展情况，根据表5-33的数据我们绘制了图5-6。

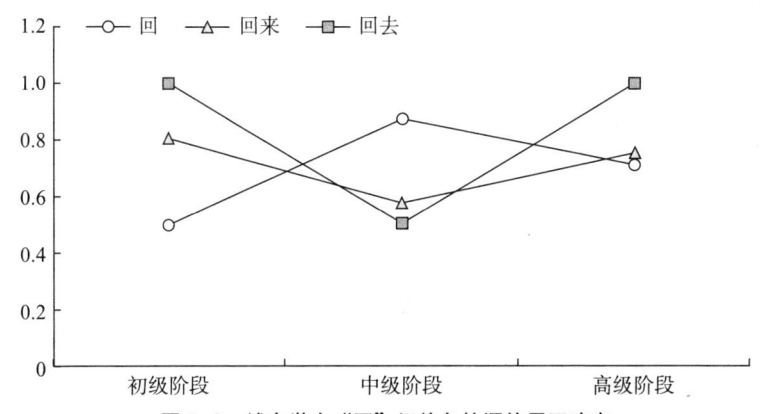

图5-6 越南学生"回"组趋向补语使用正确率

从图 5-6 可以看出，趋向补语"回"的正确率沿着"低—高—低"的线路前进，趋向补语"回来""回去"的正确率却沿着"高—低—高"的线路前进。在初级阶段，"回"组趋向补语的正确率由高至低是"回去">"回来">"回"；在中级阶段，"回"组趋向补语的正确率由高至低是"回">"回来">"回去"；在高级阶段，"回"组趋向补语的正确率由高至低是"回去">"回来">"回"。总体上看，越南学生对趋向补语"回来"的掌握比趋向补语"回、回去"的好。

5.6.2 偏误用例情况

越南学生"回"组趋向补语的偏误用例共有 13 例，可分为三种类型：一是"回"组趋向补语与其他趋向补语混淆的偏误（7 例），二是"回"组趋向补语冗余的偏误（4 例），三是"回"组趋向补语与其他补语混淆的偏误（2 例）。然而，第三类偏误只出现 2 例，不足以构成一种偏误类型[①]，有可能是偶发现象。因此准确地说，越南学生使用汉语"回"组趋向补语的过程中所出现的偏误只有前两种类型，共有 11 例。

我们按照偏误类型和学习阶段把偏误用例统计为表 5-34。

表 5-34 越南学生各阶段"回"组趋向补语偏误用例分布情况

	"回"组趋向补语与其他趋向补语混淆	"回"组趋向补语冗余	总计
初级阶段	3	/	3
中级阶段	3	2	5
高级阶段	1	2	3
合计	7	4	11
所占比例	63.64%	36.36%	100%

从表 5-34 可以看出，两种偏误类型所占比例由高到低依次为"回"组趋向补语与其他趋向补语混淆的偏误（63.64%）>"回"组趋向补语冗余的偏误（36.36%）。

下面按偏误类型对各类偏误情况进行分析。

[①] 从总体上来讲，它是趋向补语与宾语错序偏误类型的一员。在统计所有趋向补语的偏误时，我们会把它统计进去，所以数据上将会有些出入。

5.6.2.1 "回"组趋向补语与其他趋向补语混淆的偏误

"回"组趋向补语与其他趋向补语混淆的偏误共有 7 例，占所有偏误用例的 63.64%，是"回"组趋向补语最典型的偏误类型。例如：

（68）*现在想回来也还高兴得很啊！（初级）

例（68）中，动词"想"不能和趋向补语"回来"搭配。越南学生出现这种偏误，显然是越南语影响的结果。汉语的"想起来"在越南语中的对应形式之一是"nhớ về"（想 _ 回）。例（68）的"想回来"应改为"想起来"。

（69）*我告诉她：只是两块巧克力，怎么麻烦拿回来给我。（中级）

例（69）中，动词"拿"可以与趋向补语"回来""过来"搭配，但有不同的意思。"拿回来"和"拿过来"都表示通过动作"拿"使巧克力向"我"处移动。根据作者在整篇作文中的意思，例（69）的"拿回来"应改为"拿过来"。

（70）*那就是每次考试后从办公室领回来成绩单或者在作业本上老师几句评语和鼓励。（高级）

例（70）中，混淆了趋向补语"回"和"回来"。这两个趋向补语虽然在语义上有相同之处，但在句法上受不同的限制。"回"可以进入"动词+趋向补语+非处所宾语"格式，而"回来"不行。因此，例（70）的"领回来成绩单"应改为"领回成绩单"。

5.6.2.2 "回"组趋向补语冗余的偏误

"回"组趋向补语冗余的偏误共有 4 例，占所有偏误用例的 36.36%。例如：

（71）*老师生病，不能上课，所以我们全班都要先下课，不等妈妈来接回。（中级）

（72）*这篇课文的主题思想是反映回封建社会。（高级）

例（71）（72）中，趋向补语"回"都是多余的。越南学生出现这种偏误,是越南语影响的结果。例(71)的"不等妈妈来接回"直译成越南语是"không đợi mẹ đến đón về"(不_等_妈妈_来_接_回),例(72)的"反映回封建社会"直译成越南语是"phản ánh về xã hội phong kiến"(反映_回_社会_封建)。

5.6.3 与汉语母语者使用情况对比

5.6.3.1 总体使用情况对比

我们将越南学生使用的"回"组趋向补语与汉语母语者的使用情况进行对比,并通过似然比检验来检验两者之间是否存在显著性差异,以考察越南学生"回"组趋向补语的使用是否存在超用、少用现象。具体数据如表5-35。

表5-35 越南学生与汉语母语者"回"组趋向补语使用情况对比

趋向补语	意义		汉语母语者(200万字)		越南学生(65万字)		LL	p
			使用频次	使用频率	使用频次	使用频率		
回	基本义	表示向原处移动	174	0.870	26	0.400	16.45	0.000
回来	基本义	表示向原处移动	130	0.650	16	0.246	17.21	0.000
回去	基本义	表示向原处移动	62	0.310	16	0.246	0.71	0.400

注:使用频率 = 使用频次 / 语料容量,单位为次 / 万字。

通过表5-35可以看出,越南学生使用趋向补语"回""回来"的情况与汉语母语者相比存在显著性差异($p < 0.05$)。越南学生使用趋向补语"回去"的情况与汉语母语者相比不存在显著性差异($p > 0.05$)。与汉语母语者相比,越南学生使用"回"组趋向补语时存在少用趋向补语"回、回来"的现象。

5.6.3.2 与动词搭配的使用情况对比

在汉语母语者语料中,趋向补语"回"能搭配的动词共有65个,其中"带、赶、送、买、跑、换、夺、接、拉、领"10个动词与"回"搭配的动趋结构使用很普遍。趋向补语"回来"能搭配的动词共有50个,其中"带、买、送、接、赶、退、找、办、跑、说"10个动词与"回来"搭配的动趋结构使用很普遍。趋向补语"回去"能搭配的动词共有33个，其中"带、打、赶、退、打发、拉、拿、咽、返、飞"10个动词与"回去"搭配的动趋结构使用很普遍。

在越南学生语料中，趋向补语"回"能搭配的动词共有14个，其中"带、跑、找、取、飞、打、抓、派、拿、抢"10个动词与"回"搭配的动趋结构使用很普遍。趋向补语"回来"能搭配的动词共有13个，其中"买、带、找、拿、坐、赚、转身、想、收、娶"10个动词与"回来"搭配的动趋结构使用很普遍。趋向补语"回去"能搭配的动词共有7个，包括"带、抓、拿、走、转身、寄、绑"。

我们将频次排在前10位的"V+回/回来/回去"动趋搭配制成表5-36。

表5-36 越南学生与汉语母语者"V+回/回来/回去"动趋搭配使用情况对比

趋向补语"回"				趋向补语"回来"				趋向补语"回去"			
汉语母语者		越南学生		汉语母语者		越南学生		汉语母语者		越南学生	
动词	搭配频次	动词	搭配频次	动词	搭配频次	动词	搭配频次	动词	搭配频次	动词	搭配频次
带	14	带	6	带	10	买	3	带	8	带	6
赶	11	跑	3	买	10	带	3	打	3	抓	5
送	11	找	2	送	10	找	1	赶	4	拿	1
买	9	取	2	接	9	拿	1	退	4	走	1
跑	9	飞	2	赶	8	坐	1	打发	2	转身	1
换	6	打	2	退	6	赚	1	拉	3	寄	1
夺	5	抓	1	找	6	转身	1	拿	3	绑	1
接	5	派	1	办	5	想	1	咽	3		
拉	5	拿	1	跑	5	收	1	返	2		
领	5	抢	1	说	4	娶	1	飞	2		

通过表5-36可以看出，"带回""跑回"是汉语母语者和越南学生经常使用的"V+回"动趋搭配，"带回来""买回来""找回来"是汉语母语者和越南学生经常使用的"V+回来"动趋搭配，"带回去""拿回去"是汉语母语者和越南学生经常使用的"V+回去"动趋搭配。可见，汉语母语者在生活中经常使用的"V+回/回来/回去"动趋搭配也是越南学生在学习及

与中国人交往的过程中经常使用的。因此在对越汉语教学（尤其是初级汉语教学）中需要格外注意。

5.6.3.3 趋向补语句式的使用情况对比

我们将越南学生"回"组趋向补语句式的使用情况与汉语母语者的使用情况进行对比，并通过似然比检验来检验两者之间是否存在显著性差异，以考察越南学生"回"组趋向补语句式的使用是否存在超用、少用现象。具体数据如表 5-37 所示。

表 5-37 越南学生与汉语母语者"回"组趋向补语句式使用情况对比

句式	汉语母语者（200万字）		越南学生（65万字）		LL	p
	使用频次	使用频率	使用频次	使用频率		
T1a	20	0.100	3	0.046	1.88	0.171
T2a	153	0.765	20	0.308	18.43	0.000
T3a	154	0.770	19	0.292	20.31	0.000
T4a	/	/	4	0.062	/	/
T5a	2	0.010	1	0.015	−0.12	0.732
T6a	27	0.135	3	0.046	4.12	0.042
T7a	10	0.050	8	0.123	−3.38	0.066

注：使用频率 = 使用频次 / 语料容量，单位为次 / 万字。

表 5-37 显示，T2a、T3a、T6a 句式汉语母语者的使用频率比越南学生高得多，其对数似然比表明它们的差异具有统计显著性（$p < 0.05$）。其他句式越南学生的使用情况与汉语母语者相比不存在显著性差异（$p > 0.05$）。可见，与汉语母语者相比越南学生使用汉语"回"组趋向补语句式时存在少用 T2a、T3a、T6a 句式的现象。

5.7 汉语"过"组趋向补语的使用情况

我们对 65 万字的越南学生汉语中介语语料库进行了归纳，筛选出了"过"组趋向补语用例 121 例，其中正确用例 86 例（占 71.07%），偏误用例 35 例（占 28.93%）。具体情况如表 5-38 所示。

表 5-38　越南学生"过"组趋向补语的总体分布情况

	过		过来		过去		合计	
	频次	比例	频次	比例	频次	比例	频次	比例
正确用例	34	91.89%	42	60.00%	10	71.43%	86	71.07%
偏误用例	3	8.11%	28	40.00%	4	28.57%	35	28.93%
总用例	37	100%	70	100%	14	100%	121	100%

下面从正确用例和偏误用例两方面对越南学生"过"组趋向补语的使用情况进行分析。

5.7.1　正确用例情况

越南学生"过"组趋向补语的正确用例共有 86 例。我们按照初级、中级、高级三个阶段统计出每个阶段"过"组趋向补语的正确用例分布情况，具体情况如表 5-39 所示。

表 5-39　越南学生各阶段"过"组趋向补语正确用例分布情况

	初级阶段			中级阶段			高级阶段		
	总频次	正确频次	正确率	总频次	正确频次	正确率	总频次	正确频次	正确率
过	10	10	1.000	23	20	0.890	4	4	1.000
过来	7	6	0.857	48	28	0.583	15	8	0.533
过去	2	1	0.500	9	7	0.778	3	2	0.667
总计	19	17	0.895	80	55	0.688	22	14	0.636

注：在某一等级上，某一趋向补语的正确率 = 在该等级上，该趋向补语的正确用例频次 / 该趋向补语的总用例频次。

从表 5-39 可以看到，越南学生"过"组趋向补语的正确率在初级、中级、高级阶段分别为 0.895、0.688、0.636。可见，越南学生对"过"组趋向补语使用的正确率是随着汉语水平的提高而降低的，说明越南学生对"过"组趋向补语的习得水平是逐步降低的。

我们认为，越南学生"过"组趋向补语的使用出现这种现象与"过"组趋向补语在越南语中的对应形式有很大关系。据我们考察，"过"组趋向补语的基本义在越南语中的主要对应形式是"V+qua（过）"，其引申义却不与越南语这个形式对应，而主要与越南语"V"形式对应。越南学生学

"过"组趋向补语时就简单地把它们与越南语趋向补语"qua"（过）等同。在初级阶段，他们主要使用的是"过"组趋向补语的基本义，所以正确率较高。但到中级、高级阶段，他们使用更多的是"过"组趋向补语的引申义，受母语的影响，产生了不少偏误。这就导致了"过"组趋向补语的正确率出现"高—低—低"现象。

为了更直观、清楚地观察越南学生"过"组内各趋向补语的正确率在三个不同水平阶段上的发展情况，根据表5-39中的数据我们绘制了折线图5-7。

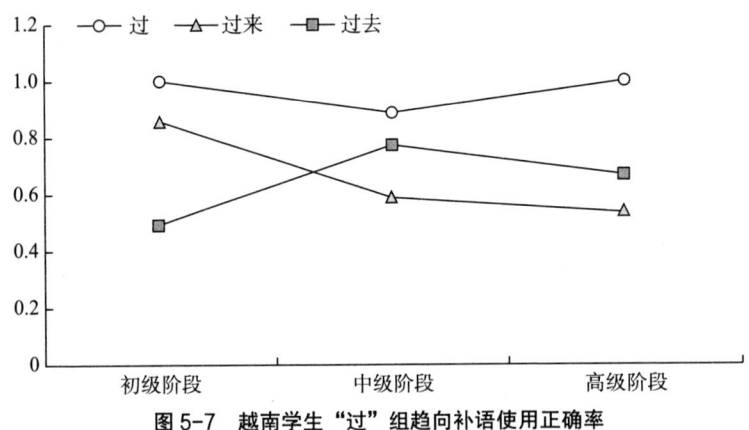

图5-7 越南学生"过"组趋向补语使用正确率

从图5-7可以看出，趋向补语"过"的正确率沿着"高—低—高"的线路前进，趋向补语"过去"的正确率却沿着"低—高—低"的线路前进，趋向补语"过来"的正确率随着汉语水平的提高而降低。在初级阶段，"过"组趋向补语的正确率由高到低顺序为："过" > "过来" > "过去"；在中级阶段，"过"组趋向补语的正确率由高到低顺序为："过" > "过去" > "过来"；在高级阶段，"过"组趋向补语的正确率由高到低顺序为："过" > "过去" > "过来"。总体上看，越南学生对趋向补语"过"的掌握比趋向补语"过来、过去"的好。

5.7.2 偏误用例情况

越南学生"过"组趋向补语的偏误用例共有35例，可分为四种类型：一是"过"组趋向补语冗余的偏误（5例），二是"过"组趋向补语与其他趋向补语混淆的偏误（24 例），三是"过"组趋向补语与其他补语混淆的偏误（5 例），四是"过"组趋向补语与宾语错序的偏误（1 例）。然而，第四类偏误只出现 1 例，不足以构成一种偏误类型[①]，这例偏误有可能是偶发现象。因此准确地说，越南学生使用汉语"过"组趋向补语的过程中所出现的偏误只有前三种类型，共有 34 例。

我们按照偏误类型和学习阶段把偏误用例统计为表 5-40。

表 5-40　越南学生各阶段"过"组趋向补语偏误用例分布情况

	"过"组趋向补语冗余	"过"组趋向补语与其他趋向补语混淆	"过"组趋向补语与其他补语混淆	总计
初级阶段	/	2	/	2
中级阶段	4	16	4	24
高级阶段	1	6	1	8
合计	5	24	5	34
所占比例	14.71%	70.59%	14.71%	100%

从表 5-40 可以看出，三种偏误类型所占比例由高到低依次为"过"组趋向补语与其他趋向补语混淆的偏误（70.59%）＞"过"组趋向补语冗余的偏误（14.71%）＝"过"组趋向补语与其他补语混淆的偏误（14.71%）。

下面按偏误类型对各类偏误情况进行分析。

5.7.2.1　"过"组趋向补语冗余的偏误

"过"组趋向补语冗余的偏误共有 5 例，占所有偏误用例的 14.71%。例如：

（73）＊你小声一点吧，要是孩子<u>醒过来</u>我就没有时间做饭。（中级）
（74）＊无论做什么事情都要<u>计算过来</u>把握一切。（高级）

例（73）（74）中，趋向补语"过来"是多余的。汉语"醒过来"一般用在病人身上或睡得时间很长的情况。例（73）中，"孩子"没有生病，他在睡午觉，母亲争取用孩子睡午觉的时间去做饭。因此，例（73）的"醒过来"应改为"醒了"。例（74）的"都要计算过来"用越南语的表达是"đều phải tính toán lại"（都＿要＿计算＿来）。可见，越南学生因为受越南

[①] 从总体上来讲，它是趋向补语与宾语错序偏误类型的一员。在统计所有趋向补语的偏误时，我们会把它统计进去，所以数据上将会有些出入。

语的影响所以产生偏误。因此，应删掉例（74）中的"过来"。

5.7.2.2 "过"组趋向补语与其他趋向补语混淆的偏误

"过"组趋向补语与其他趋向补语混淆的偏误共有24例，占所有偏误用例的70.59%，是越南学生最典型的偏误。例如：

（75）*忽然有一张照片从口袋里掉下来，她捡过来一看，照片里是女儿跟一个小伙子。（初级）

例（75）混淆了趋向补语"过来"和"起来"。动词"捡"可以跟趋向补语"过来""起来"搭配。根据句子的意思，例（75）的"捡过来"应改为"捡起来"。

（76）*我还记得，有一次我得了一场重病，父母不在家。没有人照顾。她连忙跑过去，送我去医院，煮粥给我吃。（中级）

例（76）混淆了趋向补语"过去"和"过来"。句子中，立足点是"我"所在的地方，"她"是从另外一个地方趋近立足点，故例（76）的"跑过去"应改为"跑过来"。

（77）*那么大的一个中国是怎么发展过来的。（高级）

例（77）混淆了趋向补语"过来"和"起来"。越南学生出现这种偏误，大致是目的语规则过度泛化的结果。汉语趋向补语"过来"的引申义之一是表示度过一段艰难的时期或渡过难关，如"生活过来""坚持过来"。受此影响他们以为"发展"可以和趋向补语"过来"搭配。例（77）的"发展过来"应改为"发展起来"。

5.7.2.3 "过"组趋向补语与其他补语混淆的偏误

"过"组趋向补语与其他补语混淆的偏误共有5例，占所有偏误用例的14.71%。例如：

（78）*回过现在的情况来，社会越发展，人们的思想观念也因此越变化。（中级）

例（78）混淆了趋向补语"过来"和结果补语"到"。越南学生出现这样的偏误，是越南语影响的结果。"回过来"在越南语中的对应形式之一是"quay lại"。"回过现在的情况来"用越南语的表达是"quay lại tình hình hiện tại"（回过来_情况_现在）。因此，应将例（78）的"回过现在的情况来"改为"回到现在的情况"。

（79）＊无论你打不过还是<u>打过</u>他们你也不忍。（高级）

例（79）中，"打过"这样的偏误大致是目的语过度泛化的结果。汉语趋向补语"过"在表示胜过的意思的基础上类推出"打过"。但"打过"不表示胜过的意思，要表达这个意思要用可能补语的形式，故例（79）的"打过"应改为"打得过"。

5.7.3 与汉语母语者使用情况对比

5.7.3.1 总体使用情况对比

我们将越南学生使用的"过"组趋向补语与汉语母语者的使用情况进行对比，并通过似然比检验来检验两者之间是否存在显著性差异，以考察越南学生"过"组趋向补语的使用是否存在超用、少用现象。具体数据如表5-41。

表5-41 越南学生与汉语母语者"过"组趋向补语使用情况对比

趋向补语	意义		汉语母语者（200万字）		越南学生（65万字）		LL	p
			使用频次	使用频率	使用频次	使用频率		
过	基本义	表示经过某处	115	0.575	31	0.477	0.89	0.347
		表示使人或物改变方向	9	0.045	/	/	/	/
	引申义	表示超过、胜过	13	0.065	6	0.092	-0.48	0.488
过来	基本义	表示经过某处	131	0.655	28	0.431	4.42	0.035
		表示使人或物改变方向	22	0.110	7	0.108	0.00	0.961
	引申义	表示度过一段艰难的时期或渡过难关	12	0.060	4	0.062	0.00	0.965
		表示恢复到正常的积极的状态	38	0.190	26	0.415	-8.01	0.005
		表示正常地尽数地完成	11	0.055	5	0.077	-0.37	0.543

续表

趋向补语	意义		汉语母语者（200万字）		越南学生（65万字）		LL	p
			使用频次	使用频率	使用频次	使用频率		
过去	基本义	表示经过某处	75	0.375	11	0.169	7.36	0.007
		表示使人或物改变方向	2	0.010	/	/	/	/
	引申义	表示度过	5	0.025	2	0.031	−0.06	0.807
		表示动作状态的完结	9	0.045	1	0.015	1.37	0.241
		表示失去正常状态	5	0.025	/	/	/	/
		表示胜过	/					

注：使用频率 = 使用频次 / 语料容量，单位为次 / 万字。

通过表 5-41 可以看出，越南学生没有使用表示使人或物改变方向的趋向补语"过""过去"、表示失去正常状态的趋向补语"过去"及表示胜过的趋向补语"过去"。当趋向补语"过来"表示恢复到正常的积极的状态时，越南学生的使用频率高于汉语母语者，存在显著性差异（$p < 0.05$）。当趋向补语"过来""过去"表示经过某处时，越南学生的使用频率低于汉语母语者，存在显著性差异（$p < 0.05$）。换言之，与汉语母语者相比越南学生有超用表示恢复到正常的积极的状态的趋向补语"过来"的现象，有少用表示经过某处的趋向补语"过来""过去"的现象。"过"组趋向补语表示其他意义时，越南学生的使用情况与汉语母语者相比不存在显著性差异（$p > 0.05$）。

5.7.3.3.2 与动词搭配的使用情况对比

在汉语母语者语料中，趋向补语"过"能搭配的动词共有 41 个，其中"接、走、穿、胜、翻、拉、驶、夺、飞、抢"10 个动词与"过"搭配的动趋结构使用很普遍。趋向补语"过来"能搭配的动词共有 102 个，其中"走、接、转、跑、活、回头、明白、醒、翻、拿"10 个动词与"过来"搭配的动趋结构使用很普遍。趋向补语"过去"能搭配的动词共有 57 个，其中"走、昏、晕、接、递、跑、扑、抢、背、掉"10 个动词与"过去"搭配的动趋结构使用很普遍。

在越南学生语料中，趋向补语"过"能搭配的动词共有 13 个，其中"走、掠、跳、跑、打、穿、转、胜、拿、骑"10 个动词与"过"搭配的动趋结构使用很普遍。趋向补语"过来"能搭配的动词共有28个，其中"醒、走、跑、改、救、觉悟、传、转身、开、转头"10个动词与"过来"搭配的动趋结构使用很普遍。趋向补语"过去"能搭配的动词共有7个，包括"跑、走、通、努力、流、飞、熬"。

我们将频次排在前10位的"V+过/过来/过去"动趋搭配制成表5-42。

表5-42 越南学生与汉语母语者"V+过/过来/过去"动趋搭配使用情况对比

趋向补语"过"				趋向补语"过来"				趋向补语"过去"			
汉语母语者		越南学生		汉语母语者		越南学生		汉语母语者		越南学生	
动词	搭配频次	动词	搭配频次	动词	搭配频次	动词	搭配频次	动词	搭配频次	动词	搭配频次
接	26	走	14	走	18	醒	11	走	12	跑	5
走	20	掠	5	接	17	昏	7	昏	5	走	4
穿	16	跳	2	转	10	跑	7	晕	5	通	1
胜	7	跑	2	跑	8	改	6	接	4	努力	1
翻	5	打	2	活	6	救	5	递	3	流	1
拉	5	穿	2	回头	5	觉悟	4	跑	3	飞	1
驶	5	转	1	明白	5	传	4	扑	3	熬	1
夺	3	胜	1	醒	5	转身	3	抢	3		
飞	3	拿	1	翻	4	开	3	背	2		
抢	3	骑	1	拿	4	转头	2	掉	2		

通过表5-42可以看出，"走过""穿过""胜过"是汉语母语者和越南学生经常使用的"V+过"动趋搭配，"走过来""跑过来""醒过来"是汉语母语者和越南学生经常使用的"V+过来"动趋搭配。"走过去""跑过去"是汉语母语者和越南学生经常使用的"V+过去"动趋搭配。可见，汉语母语者在生活中经常使用的"V+过/过来过/去"动趋搭配也是越南学生在学习及与中国人交往的过程中经常使用的。然而，这些常用的"V+过/过来/过去"动趋搭配在越南语中的对应情况错综复杂，因此在对越汉语教学（尤其是初级汉语教学）中需要格外注意。

5.7.3.3 趋向补语句式的使用情况对比

我们将越南学生"过"组趋向补语句式的使用情况与汉语母语者的使用情况进行对比，并通过似然比检验来检验两者之间是否存在显著性差异，以考察越南学生"过"组趋向补语句式的使用是否存在超用、少用现象。具体数据如表 5-43 所示。

表 5-43　越南学生与汉语母语者"过"组趋向补语句式使用情况对比

句式	汉语母语者（200 万字）使用频次	使用频率	越南学生（65 万字）使用频次	使用频率	LL	p
T1a	27	0.135	8	0.123	0.05	0.817
T1b	/	/	5	0.077	/	/
T2a	211	1.055	41	0.631	10.16	0.001
T2b	72	0.360	37	0.569	−4.85	0.028
T3a	97	0.485	23	0.353	1.97	0.161
T3b	13	0.065	1	0.015	/	/
T5a	3	0.015	3	0.046	−1.80	0.179
T5b	/	/	1	0.015	/	/
T6a	15	0.075	/	/	/	/
T6b	8	0.040	/	/	/	/
T7a	1	0.005	2	0.031	−2.37	0.124

注：使用频率 = 使用频次 / 语料容量，单位为次 / 万字。

表 5-43 显示，T2a 句式汉语母语者的使用频率比越南学生高得多，其对数似然比表明它们的差异具有统计显著性（$p < 0.05$）。T2b 句式汉语母语者的使用频率比越南学生低得多，其对数似然比表明它们的差异具有统计显著性（$p < 0.05$）。其他句式越南学生的使用情况与汉语母语者相比不存在显著性差异（$p > 0.05$）。可见，与汉语母语者相比越南学生使用汉语"过"组趋向补语句式时存在少用 T2a 句式、超用 T2b 句式的现象。

5.8　汉语"起"组趋向补语的使用情况[①]

我们对 65 万字的越南学生汉语中介语语料库进行了归纳，筛选出了"起"组趋向补语用例 523 例，其中正确用例 422 例（占 80.69%），偏误用例 101 例（占 19.31%）。具体情况如表 5-44 所示。

---

① 本节的部分内容曾以《基于越南学生汉语中介语语料库的"起"组趋向补语习得考察》为题发表于李晓琪、孙建荣、徐娟主编《数字化汉语教学 2018》（清华大学出版社，2018）。

表5-44 越南学生"起"组趋向补语的总体分布情况

	起		起来		合计	
	频次	比例	频次	比例	频次	比例
正确用例	92	79.31%	330	81.08%	422	80.69%
偏误用例	24	20.69%	77	18.92%	101	19.31%
总用例	116	100%	407	100%	523	100%

下面从正确用例和偏误用例两个方面对越南学生"起"组趋向补语的使用情况进行分析。

5.8.1 正确用例情况

越南学生"起"组趋向补语的正确用例共有422例。我们按照初级、中级、高级三个阶段统计出每个阶段"起"组趋向补语的正确用例分布情况，具体情况如表5-45所示。

表5-45 各学习阶段"起"组趋向补语正确用例分布情况

	初级阶段			中级阶段			高级阶段		
	总频次	正确频次	正确率	总频次	正确频次	正确率	总频次	正确频次	正确率
起	29	19	0.655	51	40	0.784	36	33	0.917
起来	61	45	0.738	242	203	0.839	104	82	0.788
总计	90	64	0.711	293	243	0.829	140	115	0.821

注：在某一等级上，某一趋向补语的正确率 = 在该等级上，该趋向补语的正确用例频次 / 该趋向补语的总用例频次。

从表5-45可以看到，越南学生"起"组趋向补语的正确率在初级、中级、高级阶段分别为0.711、0.829、0.821。可见，从整体趋势上看，越南学生对"起"组趋向补语的掌握是随着汉语水平的提高而递增的，但习得情况不太稳定。

为了更直观、清楚地观察越南学生"起"组内各趋向补语的正确率在三个不同水平阶段上的发展情况，根据表5-45的数据我们绘制了折线图5-8。

通过图5-8可以看出，趋向补语"起"的正确率是随着汉语水平的提高而递增的，趋向补语"起来"的正确率是沿着"低—高—低"的线路前进的。在初、中级阶段，趋向补语"起来"的正确率比趋向补语"起"的高；在高级阶段，趋向补语"起"的正确率比趋向补语"起来"的高。总体上看，越南学生对趋向补语"起来"的掌握比趋向补语"起"的好。

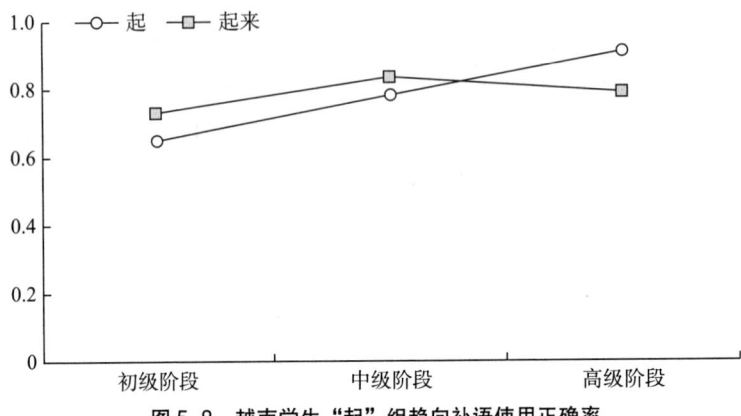

图 5-8　越南学生"起"组趋向补语使用正确率

5.8.2　偏误用例情况

越南学生"起"组趋向补语的偏误用例共有 101 例，可分为五种类型：一是"起"组趋向补语冗余的偏误（17 例），二是"起"组趋向补语与其他趋向补语混淆的偏误（17 例），三是"起"组趋向补语与其他补语混淆的偏误（14 例），四是"起"组趋向补语遗漏的偏误（30 例），五是"起"组趋向补语与宾语错序的偏误（23 例）。

我们按照偏误类型和学习阶段把偏误用例统计为表 5-46。

表 5-46　各学习阶段"起"组趋向补语偏误用例分布情况

	"起"组趋向补语冗余	"起"组趋向补语遗漏	"起"组趋向补语与宾语错序	"起"组趋向补语与其他趋向补语混淆	"起"组趋向补语与其他补语混淆	总计
初级阶段	4	9	6	/	7	26
中级阶段	8	19	10	9	6	52
高级阶段	5	2	7	8	1	23
合计	17	30	23	17	14	101
所占比例	16.83%	29.70%	22.77%	16.83%	13.86%	100%

从表 5-46 可以看出，五种偏误类型所占比例由高到低依次为"起"组趋向补语遗漏的偏误（29.70%）>"起"组趋向补语与宾语错序的偏误（22.77%）>"起"组趋向补语冗余的偏误（16.83%）="起"组趋向补语与其他趋向补语混淆的偏误（16.83%）>"起"组趋向补语与其他补语混淆的偏误（13.86%）。

下面按偏误类型对各类偏误情况进行分析。

5.8.2.1 "起"组趋向补语冗余的偏误

"起"组趋向补语冗余的偏误共有 17 例，占所有偏误用例的 16.83%。例如：

（80）*万里无云我的心情比昨天晚上好起来了。（初级）

例（80）的"起来"是冗余的。越南学生出现这样的偏误，大致是目的语规则过度泛化的结果。汉语中"心情好起来"是符合语法的，但是它不能用在比较句中，不能说"心情比……好起来了"。

（81）*另外，每个分公司可以比较方便地联系起来。（中级）

例（81）中，学生用趋向补语"起来"可能想表示进入新的状态（从不方便联系到方便联系）。但例（81）的这种表达方式中，动词"联系"不能和"起来"搭配。

（82）*两个人相识到结婚已经过了一段互相了解的时间，但如果一起生活了起来才发现"相差太远"就容易出现裂痕。（高级）

例（82）中"起来"是冗余的。越南学生出现这样的偏误，也是目的语规则过度泛化的结果。汉语"动词 + 起来"表示动作开始并继续，但不是所有动词都能与趋向补语"起来"搭配表示这个意思。动词"生活"就是其中一个，它不能与趋向补语"起来"搭配。

5.8.2.2 "起"组趋向补语遗漏的偏误

"起"组趋向补语遗漏的偏误共有 30 例，占所有偏误用例的 29.70%。例如：

(83)＊想刚到老家的时候，我得了急性肠炎，必须马上住院治疗。（初级）

例（83）中，动词"想"后遗漏了趋向补语"起"。越南语一般直接用动词"nhớ"（想）来对应汉语"想起"。

(84)＊听了，我自然地哭了。（中级）

例（84）的"哭"后面没有趋向补语，句子不成立，要在"哭"后面加上"起来"。越南语中直接用动词"khóc"（哭）来表达，不用在动词后加上趋向补语。越南学生出现这样的偏误，显然是越南语影响的结果。

(85)＊祝英台忽然脱去外面的红色衣服到梁山伯的墓前面大声地哭。（高级）

例（85）的"哭"后面没有趋向补语，句子不成立，应在"哭"后面加上"起来"。越南学生出现这样的偏误，同样是越南语影响的结果。越南语在例（85）这种情况下直接用动词"khóc"（哭）来表达即可，不必在其后加上趋向补语。

5.8.2.3 "起"组趋向补语与宾语错序的偏误

"起"组趋向补语与宾语错序的偏误共有23例，占所有偏误用例的22.77%。例如：

(86)＊看见他干这种坏事，人们不禁生气起来。（中级）
(87)＊有时我也不知道我们怎么吵架起来。（高级）

例（86）的"生气起来"在越南语中的表达是"tức giận lên"（生气_起来），例（87）的"吵架起来"在越南语中的表达是"cãi lên"（吵架_起来）。它符合越南语语序，但不符合汉语语序。例（86）的"生气"、例（87）的"吵架"都是离合词。离合词带复合趋向补语时，离合词的动语素要放在复合趋向补语之前，离合词的名语素要放在复合趋向补语的中间。因此，应将例（86）的"生气起来"改为"生起气来"，应将例（87）的"吵架起来"改为"吵起架来"。

5.8.2.4 "起"组趋向补语与其他趋向补语混淆的偏误

"起"组趋向补语与其他趋向补语混淆的偏误共有17例，占所有偏误用例的16.83%。例如：

（88）*火车就要开过来了，一匹马站在铁道上不动，我跑过去把它拉起来。（中级）

例（88）混淆了趋向补语"起来"和"上来"。汉语的"起来"和"上来"在越南语中有相同的对应形式"lên"（上）。越南学生因为分不清什么时候用"起来"、什么时候用"上来"来对应越南语的"lên"（上），所以产生偏误。

（89）*然后从坟墓里面飞出来一对蝴蝶，向天空飞起来，永远不会回来。（高级）

例（89）混淆了趋向补语"起来"和"去"。"向天空飞起来"在越南语中的表达是"bay lên trời"（飞_起_天）。越南学生出现这样的偏误，是越南语影响的结果。例（90）的"向天空飞起来"应改为"向天空飞去"。

5.8.2.5 "起"组趋向补语与其他补语混淆的偏误

"起"组趋向补语与其他补语混淆的偏误共有14例，占所有偏误用例的13.86%。例如：

（90）*路边走着一个男人，他穿着一旧的衣服，皮肤黑黑的，个子瘦得可怜，我不知不觉想起父亲，刻苦的他不知回家了没有。（初级）

（91）*我看着几个意见"缩略"都是对的，他们说起了读书的好处、社会的要求，也要选择书来读，不是什么书都能读的。（高级）

例（90）（91）中，学生混淆了趋向补语"起"和结果补语"到"。汉语的"想起"和"想到"在越南语中有相同的对应形式"nghĩ đến"。"想起"所涉及的事物是已知的，而"想到"所涉及的可以是已知的也可以是未知的。越南学生不知道什么时候用"想起"，什么时候用"想到"，所以产生了偏误，例（90）的"想起"应改为"想到"。汉语的"说起"和"说到"在越南语中有相同的对应形式"nói đến"。越南学生区分不清"说起"和"说到"而产生了偏误,例(91)的"说起"应改为"说到"。

5.8.3 与汉语母语者使用情况对比

5.8.3.1 总体使用情况对比

我们将越南学生使用的"起"组趋向补语与汉语母语者的使用情况进行对比,并通过似然比检验来检验两者之间是否存在显著性差异,以考察越南学生"起"组趋向补语是否存在超用、少用现象。具体数据如表5-47。

表5-47 越南学生与汉语母语者"起"组趋向补语使用情况对比

趋向补语	意义		汉语母语者(200万字)使用频次	汉语母语者(200万字)使用频率	越南学生(65万字)使用频次	越南学生(65万字)使用频率	LL	p
起	基本义	表示由低处移向高处	243	1.215	22	0.338	46.98	0.000
	引申义	表示接合以至固定	251	1.255	55	0.846	7.61	0.006
		表示凸出、隆起	9	0.045	4	0.062	−0.26	0.610
		表示进入新的状态	315	1.575	35	0.538	48.11	0.000
起来	基本义	表示由低处移向高处	137	0.685	51	0.785	−0.67	0.413
	引申义	表示接合以至固定	234	1.170	57	0.877	4.03	0.045
		表示凸出、隆起	/	/	1	0.015	/	/
		表示进入新的状态	560	2.800	298	4.585	−44.62	0.000

注:使用频率=使用频次/语料容量,单位为次/万字。

通过表5-47可以看出,趋向补语"起"表示由低处移向高处、表示接合以至固定、表示进入新的状态,趋向补语"起来"表示接合以至固定时,汉语母语者的使用频率比越南学生高得多,其对数似然比表明它们的差异具有统计显著性($p<0.05$)。趋向补语"起来"表示进入新的状态时,汉语母语者的使用频率比越南学生低得多,其对数似然比表明它们的差异具有统计显著性($p<0.05$)。当"起"组趋向补语表示其他意义时,越南学生的使用情况与汉语母语者相比不存在显著性差异($p>0.05$)。可见,与汉语母语者相比越南学生有少用表示由低处移向高处、表示接合以至固定、表示进入新的状态的趋向补语"起",表示接合以至固定的趋向补语"起来"的现象，有超用表示进入新的状态的趋向补语"起来"的现象。

5.8.3.2 与动词搭配的使用情况对比

在汉语母语者语料中，趋向补语"起"能搭配的动词共有195个，其中"想、谈、建立、建、升、办、拿、说、抬、举"10个动词与"起"搭配的动趋结构使用很普遍。趋向补语"起来"能搭配的动词共有366个，其中"站、结合、想、打、笑、发展、说、联系、富裕、叫"10个动词与"起来"搭配的动趋结构使用很普遍。

在越南学生语料中，趋向补语"起"能搭配的动词共有27个，其中"想、抬、说、拿、响、做、升、鼓、负、筑"10个动词与"起"搭配的动趋结构使用很普遍。趋向补语"起来"能搭配的动词共有123个，其中"站、哭、看、笑、想、好、鼓励、拿、说、坚强"10个动词与"起来"搭配的动趋结构使用很普遍。

我们将频次排在前10位的"V+起/起来"动趋搭配制成表5-48。

表5-48　越南学生与汉语母语者"V+起/起来"动趋搭配使用情况对比

趋向补语"起"				趋向补语"起来"			
汉语母语者		越南学生		汉语母语者		越南学生	
动词	搭配频次	动词	搭配频次	动词	搭配频次	动词	搭配频次
想	75	想	54	站	62	站	43
谈	44	抬	8	结合	41	哭	32
建立	43	说	8	想	33	看	29
建	40	拿	8	打	20	笑	24
升	33	响	5	笑	18	想	23
办	30	做	3	发展	17	好	13
拿	25	升	3	说	17	鼓掌	10
说	20	鼓	3	联系	13	拿	7
抬	17	负	2	富裕	11	说	6
举	14	筑	1	叫	10	坚强	6

通过表5-48可以看出，"想起""说起""抬起"是汉语母语者和越南学生经常使用的"V+起"动趋搭配，"站起来""想起来""笑起来""说起来"是汉语母语者和越南学生经常使用的"V+起来"动趋搭配。可见，汉语母语者在生活中经常使用的"V+起/起来"动趋搭配也是越南学生在学习及

与中国人交往的过程中经常使用的。然而，这些常用的"V+起/起来"动趋搭配在越南语中的对应情况错综复杂，因此在对越汉语教学（尤其是初级汉语教学）中需要格外注意。

5.8.3.3 趋向补语句式的使用情况对比

我们将越南学生"起"组趋向补语句式的使用情况与汉语母语者的使用情况进行对比，并通过似然比检验来检验两者之间是否存在显著性差异，以考察越南学生"起"组趋向补语句式的使用是否存在超用、少用现象。具体数据如表5-49所示。

表5-49　越南学生与汉语母语者"起"组趋向补语句式使用情况对比

句式	汉语母语者（200万字）		越南学生（65万字）		LL	p
	使用频次	使用频率	使用频次	使用频率		
T1a	44	0.220	3	0.046	10.88	0.000
T1b	78	0.390	17	0.262	2.42	0.120
T2a	109	0.545	37	0.569	−0.05	0.820
T2b	734	3.670	335	5.154	−25.34	0.000
T3a	199	0.995	19	0.292	36.39	0.000
T3b	497	2.485	77	1.185	43.61	0.000
T5a	/	/	2	0.031	/	/
T5b	/	/	4	0.062	/	/
T6a	28	0.140	10	0.154	−0.06	0.799
T6b	60	0.300	16	0.246	0.51	0.474
T7a	/	/	2	0.031	/	/
T7b	/	/	1	0.015	/	/

注：使用频率 = 使用频次 / 语料容量，单位为次 / 万字。

表5-49显示，T1a、T3a、T3b句式汉语母语者的使用频率比越南学生高得多，其对数似然比表明它们的差异具有统计显著性（$p < 0.05$）。T2b句式汉语母语者的使用频率比越南学生低得多，其对数似然比表明它们的差异具有统计显著性（$p < 0.05$）。其他句式越南学生的使用情况与汉语母语者相比不存在显著性差异（$p > 0.05$）。可见，与汉语母语者相比越南学生使用汉语"起"组趋向补语句式时存在少用T1a、T3a、T3ba句式、超用T2b句式的现象。

5.9 本章小结

不同组的趋向补语越南学生的使用情况是不同的。各组趋向补语的正确率如表 5-50 所示。

表 5-50 各组趋向补语正确率比较

组	总用例频次	正确用例频次	正确率
"来、去"组	334	250	0.749
"上"组	324	260	0.802
"下"组	344	280	0.814
"进"组	131	110	0.840
"出"组	572	436	0.762
"回"组	58	45	0.776
"过"组	121	86	0.711
"起"组	523	422	0.807

注：正确率 = 正确用例频次 / 总用例频次。

为了更清楚地观察越南学生各组趋向补语的正确率的高低，我们将表 5-50 的数据转化成柱形图 5-9。

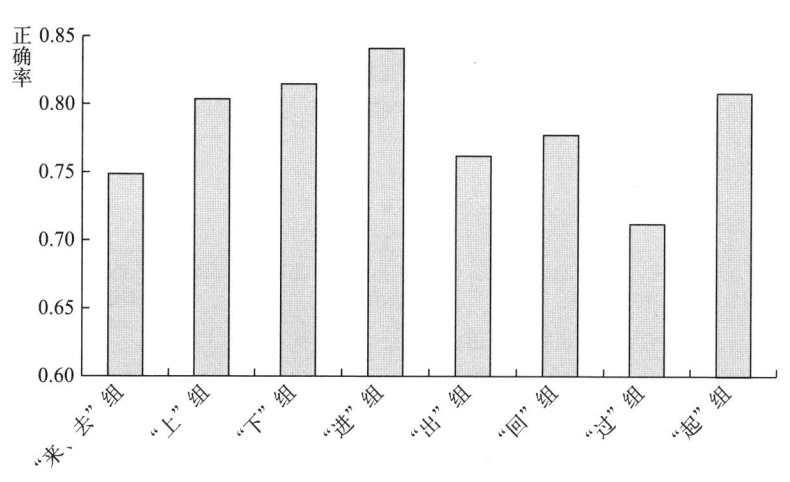

图 5-9 各组趋向补语的正确率

从图 5-9 中可以看出，不同组趋向补语越南学生的习得情况是不同的。各组趋向补语的正确率由高到低依次为:"进"组>"下"组>"起"组>"上"组>"回"组>"出"组>"来、去"组>"过"组。

各组趋向补语在初级、中级、高级三个阶段的正确率如表5-51所示。

表5-51 各组趋向补语在各阶段的正确率

组	初级阶段	中级阶段	高级阶段
"来、去"组	0.431	0.766	0.842
"上"组	0.655	0.826	0.844
"下"组	0.853	0.760	0.854
"进"组	0.861	0.773	0.882
"出"组	0.775	0.650	0.864
"回"组	0.727	0.706	0.833
"过"组	0.895	0.688	0.636
"起"组	0.711	0.829	0.821

为了更清楚地观察越南学生各组趋向补语在各阶段的正确率的发展趋势,我们将表5-51的数据转化成下边的折线图。

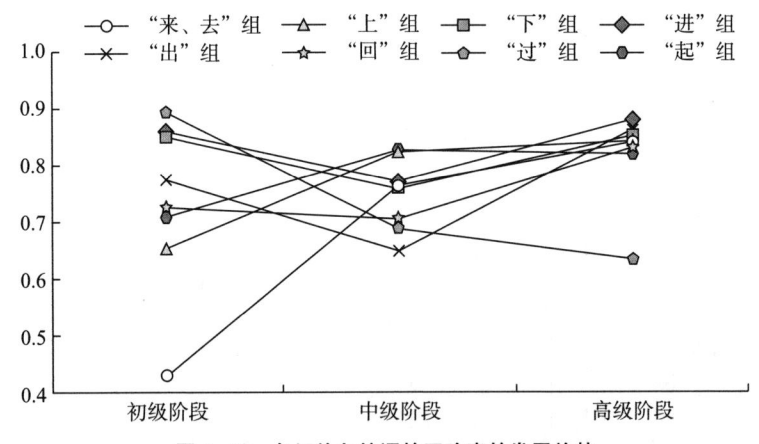

图5-10 各组趋向补语的正确率的发展趋势

从图5-10可以看出,不同组趋向补语的正确率的发展趋势是不同的,大致可归为三种:第一种是正确率随着汉语水平的提高而递增(如"来、去"组、"上"组、"起"组趋向补语),① 第二种是正确率随着汉语水平的提高而逐渐降

---

① 虽然在高级阶段"起"组的正确率低于中级阶段,但差异不显著。

低(如"过"组趋向补语),第三种是正确率呈现"U形行为模式"(U-Shaped Behavior)(如"下"组、"进"组、"出"组、"回"组趋向补语)。

在趋向补语冗余的偏误(类型一)、趋向补语遗漏的偏误(类型二)、趋向补语与宾语错序的偏误(类型三)、趋向补语之间混淆的偏误(类型四)、趋向补语与其他补语混淆的偏误(类型五)五种偏误类型中,越南学生使用不同组的趋向补语时出现的偏误类型也不一样(详见表5-52)。

表5-52 各组趋向补语偏误类型分布

偏误类型 组	类型一:趋向补语冗余的偏误	类型二:趋向补语遗漏的偏误	类型三:趋向补语与宾语错序的偏误	类型四:趋向补语之间混淆的偏误	类型五:趋向补语与其他补语混淆的偏误
"来、去"组	+	+		+	+
"上"组	+	+		+	+
"下"组	+	+	+	+	+
"进"组			+	+	+
"出"组	+	+	+	+	+
"回"组	+			+	
"过"组	+			+	+
"起"组	+	+	+	+	+

通过表5-52可见,使用"下"组、"出"组及"起"组趋向补语时这五种类型都会出现;使用"来、去"组及"上"组趋向补语时只出现偏误类型一、二、四、五,不出现偏误类型三;使用"进"组趋向补语时会出现偏误类型三、四、五;使用"过"组趋向补语时会出现偏误类型一、四、五;使用"回"组趋向补语时会出现偏误类型一、四。

可以说,某偏误类型只出现在某些组趋向补语上,而不会出现在所有组趋向补语上。在五种偏误类型中,偏误类型四最为典型。无论使用哪一组趋向补语,越南学生都会出现这种类型的偏误。

结合前文对各组趋向补语在越南语中的对应形式的考察,我们发现:某组趋向补语若在越南语中有多种对应形式,那么越南学生出现的偏误也会有多种类型。例如:"进"组趋向补语在越南语中只有三种对应形式,越南学生使用时只出现三种类型的偏误;"上"组趋向补语在越南语中有十余种对应形式,越南学生使用时出现了五种类型的偏误。

第六章 越南学生汉语趋向补语的习得情况

6.1 不同学习阶段的习得情况

越南学生在初级、中级、高级各阶段趋向补语用例的具体情况如表 6-1 所示。

表 6-1 各阶段趋向补语的使用情况

	总用例频次	正确用例频次	偏误用例频次	正确率
初级阶段	471	347	124	0.737
中级阶段	1081	821	260	0.759
高级阶段	855	721	134	0.843
三个阶段	2407	1889	518	0.785

注：正确率 = 正确用例频次 / 总用例频次。

通过表 6-1 我们可以看到越南学生使用趋向补语的正确率是随着汉语水平的提高而提升的，但各阶段正确率的差异是否显著我们不能轻易下结论，需要采用比率差异的显著性检验进行检查。该检验的步骤为：第一步，建立原假设 H_0：$p_1 = p_2$，即两个阶段的正确率无差异；第二步，计算统计量 Z；第三步，查表找 Z α/2 的值（当小概率事件的概率 α 设定在 0.05，Z α/2 为 1.96）；第四步，下结论（如果 Z 值小于 Z α/2，接受原假设，即两个阶段的正确率差异不显著；如果 Z 值大于 Z α/2，不接受原假设，即两个阶段的正确率差异显著）（韩宝成，2000：147-154）。

我们分别对初级阶段和中级阶段、中级阶段和高级阶段、高级阶段和初级阶段的正确率进行比率差异的显著性检验，结果详见表 6-2。

表 6-2 正确率差异的显著性检验结果

	Z 值	差异
初级阶段 - 中级阶段	0.92	不显著
中级阶段 - 高级阶段	4.56	显著
高级阶段 - 初级阶段	4.67	显著

可见，虽然中级阶段的正确率比初级阶段的高，但这两个阶段的正确率差异不显著。中级阶段和高级阶段、高级阶段和初级阶段的正确率差异极其显著。换言之，越南学生在初级和中级这两个阶段的习得情况几乎没有差别，但到高级阶段有了质的飞跃。

越南学生趋向补语的偏误用例可归为五种类型：一是趋向补语冗余的偏误，二是趋向补语之间混淆的偏误，三是趋向补语和其他补语混淆的偏误，四是趋向补语遗漏的偏误，五是趋向补语和宾语错序的偏误。具体情况如表 6-3 所示。

表 6-3 偏误用例在各阶段的分布情况

		趋向补语冗余的偏误	趋向补语之间混淆的偏误	趋向补语和其他补语混淆的偏误	趋向补语遗漏的偏误	趋向补语和宾语错序的偏误	合计
初级阶段	频次	38	32	25	18	11	124
	百分比	30.65%	25.81%	20.16%	14.52%	8.87%	
	排序	1	2	3	4	5	
中级阶段	频次	75	61	52	49	23	260
	百分比	28.85%	23.46%	20.00%	18.85%	8.85%	
	排序	1	2	3	4	5	
高级阶段	频次	54	31	22	13	14	134
	百分比	40.30%	23.13%	16.42%	9.70%	10.45%	
	排序	1	2	3	5	4	
三个阶段	频次	167	124	99	80	48	518
	百分比	32.24%	23.94%	19.11%	15.44%	9.27%	
	排序	1	2	3	4	5	

为了更好地观察偏误用例分布的特点，我们将表 6-3 的数据转化成柱形图 6-1。

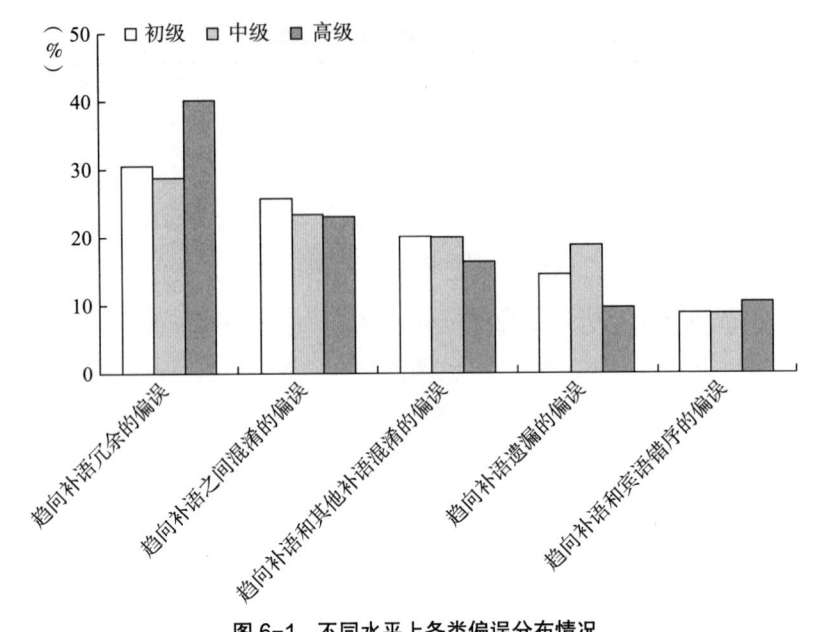

图 6-1 不同水平上各类偏误分布情况

从图 6-1 中可以看出，无论是在初级阶段、中级阶段还是在高级阶段，趋向补语冗余的偏误、趋向补语之间混淆的偏误以及趋向补语和其他补语混淆的偏误都是越南学生使用趋向补语时偏误数量最多的三种类型。

6.2　不同趋向补语语法意义的习得情况

我们按照趋向补语的语法意义（基本义、引申义）将越南学生的趋向补语用例分成两类。其正误用例在各阶段的具体情况如表 6-4 所示。

表 6-4　趋向补语语法意义用例在各阶段的分布情况

	基本义				引申义			
	总用例频次	正确用例频次	偏误用例频次	正确率	总用例频次	正确用例频次	偏误用例频次	正确率
初级阶段	239	174	65	0.728	232	173	59	0.746
中级阶段	430	332	98	0.772	651	489	162	0.751
高级阶段	293	249	44	0.850	562	472	90	0.840

注：正确率 = 正确用例频次 / 总用例频次。

第六章　越南学生汉语趋向补语的习得情况　249

为了更直观、清楚地观察越南学生趋向补语语法意义的习得在三个不同水平阶段的发展情况，根据表 6-4 的数据我们绘制了折线图 6-2。

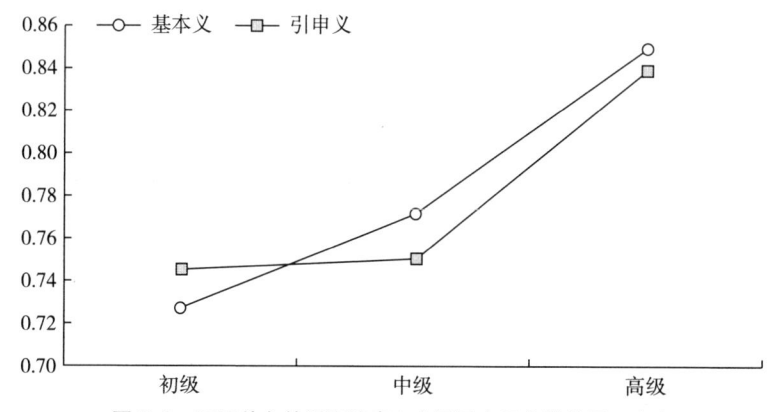

图 6-2　不同趋向补语语法意义在不同水平上的使用正确率

通过图 6-2，我们可以很清楚地看到：越南学生趋向补语语法意义（基本义、引申义）的使用正确率在初级、中级、高级三个阶段是呈上升趋势的。然而，对于趋向补语基本义组内各阶段正确率之间是否存在显著性差异，趋向补语引申义组内各阶段正确率之间是否存在显著性差异，在每个阶段趋向补语基本义的正确率和趋向补语引申义的正确率之间是否存在显著性差异，我们不能轻易下结论，需要采用比率差异的显著性检验进行检查。

趋向补语基本义组内各阶段正确率之间的比率差异显著性检验结果如表 6-5 所示。

表 6-5　趋向补语基本义组内正确率差异的显著性检验结果

	Z 值	差异
初级阶段 - 中级阶段	1.27	不显著
中级阶段 - 高级阶段	2.59	显著
高级阶段 - 初级阶段	3.47	显著

从表 6-5 可以看到，虽然中级阶段趋向补语基本义的正确率比初级阶段的高，但这两个阶段趋向补语基本义的正确率差异不显著。中级阶段和高级阶段、高级阶段和初级阶段趋向补语基本义的正确率差异具有显著性。也就是说，越南学生在初级和中级这两个阶段趋向补语基本义的习得情况

几乎没有差别，但到高级阶段有了质的飞跃。

趋向补语引申义组内各阶段正确率之间的比率差异显著性检验结果如表 6-6 所示。

表 6-6　趋向补语引申义组内正确率差异的显著性检验结果

	Z 值	差异
初级阶段 – 中级阶段	0.15	不显著
中级阶段 – 高级阶段	3.81	显著
高级阶段 – 初级阶段	3.09	显著

从表 6-6 可以看到，虽然中级阶段趋向补语引申义的正确率比初级阶段的高，但这两个阶段趋向补语引申义的正确率差异不显著。中级阶段和高级阶段、高级阶段和初级阶段趋向补语基本义的正确率差异具有显著性。也就是说，越南学生在初级和中级这两个阶段趋向补语基本义的习得情况几乎没有差别，但到高级阶段有了质的飞跃。

每个阶段趋向补语基本义和趋向补语引申义的正确率之间的比率差异显著性检验结果如表 6-7 所示。

表 6-7　每个阶段内基本义和引申义正确率差异的显著性检验结果

		Z 值	差异
初级阶段	基本义 – 引申义	0.44	不显著
中级阶段	基本义 – 引申义	0.79	不显著
高级阶段	基本义 – 引申义	0.38	不显著

从表 6-7 可以看到，虽然初级阶段趋向补语引申义的正确率比趋向补语基本义的高，但它们的正确率差异不显著；虽然中级阶段趋向补语基本义的正确率比趋向补语引申义的高，但它们的正确率差异不显著；虽然高级阶段趋向补语基本义的正确率比趋向补语引申义的高，但它们的正确率差异不显著。也就是说，越南学生在各阶段趋向补语基本义和趋向补语引申义的习得情况几乎没有差别。换句话说，对越南学生来说趋向补语的基本义和引申义在难度上没有高低之分。

综上所述，越南学生在每个阶段趋向补语基本义和趋向补语引申义的习得情况几乎没有什么差别。在初级阶段到中级阶段的发展过程中，趋向补语基本义的习得水平以及趋向补语引申义的习得水平没什么提高，进展不太明显。在中级阶段到高级阶段的发展过程中，趋向补语基本义的习得水平以及趋向补语引申义的习得水平有了很大的提高，进展很明显。也就是说，随着汉语水平的提高，越南学生对趋向补语语法意义的习得是往好的方向发展的，越南学生的中介语在慢慢向目的语靠拢。

6.3 趋向补语句式的习得顺序[①]

越南学生14种趋向补语句式在初级、中级、高级三个阶段的分布情况如表6-8所示。

表6-8 各句式使用情况在不同学习阶段的分布

句式	初级阶段 总用例频次	初级阶段 正确用例频次	初级阶段 正确率	中级阶段 总用例频次	中级阶段 正确用例频次	中级阶段 正确率	高级阶段 总用例频次	高级阶段 正确用例频次	高级阶段 正确率
T1a	52	35	0.673	99	71	0.717	69	52	0.754
T1b	28	16	0.571	56	37	0.661	89	71	0.798
T2a	73	57	0.781	135	101	0.748	60	53	0.883
T2b	61	47	0.770	342	258	0.754	181	153	0.845
T3a	85	66	0.776	151	132	0.874	138	126	0.913
T3b	137	106	0.774	220	179	0.814	271	234	0.863
T4a	6	1	0.167	13	8	0.615	5	5	1.000
T4b	/	/	/	1	/	/	/	/	/
T5a	2	1	0.500	5	3	0.600	5	3	0.600
T5b	2	1	0.500	19	6	0.316	2	1	0.500
T6a	14	9	0.643	17	11	0.647	10	5	0.500
T6b	4	3	0.750	13	9	0.692	18	12	0.667
T7a	7	5	0.714	10	6	0.600	6	5	0.833
T7b	/	/	/	/	/	/	1	1	1.000

注：某句式的正确率 = 该句式在某阶段的正确用例频次 / 该句式在该阶段的总用例频次

[①] 本节的部分内容曾以《越南学生汉语趋向补语句习得顺序考察》为题发表于《世界华文教学》第二辑。

"习得顺序是指第二语言学习者对某一语法项目掌握的先后顺序，这一顺序体现第二语言习得的内在发展规律"（黄自然、肖奚强，2012）。目前，语言项目习得顺序的构拟有很多方法：有的研究只根据正确率高低进行排序（杨德峰，2003a、2003b、2004），有的研究综合汉语母语者使用频率的排序、留学生使用频率的排序和留学生平均正确率的排序（肖奚强、周文华，2009），有的研究结合平均正确率的高低和蕴含量表的排序（施家炜，2012），有的研究综合汉语母语者使用频率的排序、留学生的正确使用频率的排序、留学生的正确率的排序和留学生蕴涵量表的排序（黄自然、肖奚强，2012）。然而，留学生的习得顺序和汉语母语者的使用频率之间没有关系，因此不必考虑汉语母语者使用频率的高低。使用频率、正确使用频率都基于使用次数，前者不分用例的正误，后者只计算正确用例，习得更关注的是正确用例情况。平均正确率、正确率、蕴含量表的排序都是基于正确率进行排序的，三者只选一个即可，其中"蕴含量表不仅分析了不同阶段之间差异的显著性问题，而且考虑了语言习得中的个体差异，所得到的结果显然更为准确"（冯丽萍、孙红娟，2010）。基于正确率的排序不能避免学生因回避某项目而很少使用，且使用时都是正确的（Schachter，1974），而正确用例频次的排序却不考虑正确用例与总用例之间的关系。因此我们认为构拟语言项目的习得顺序时需要考虑正确用例频次的顺序及蕴含量表的顺序。

6.3.1 正确用例频次顺序

越南学生在初级、中级、高级三个阶段汉语14种趋向补语句的正确用例频次如表6-9。

表6-9　趋向补语句正确用例频次排序

	T1a	T1b	T2a	T2b	T3a	T3b	T4a	T4b	T5a	T5b	T6a	T6b	T7a	T7b
正确用例频次	158	124	211	458	324	519	14	0	7	8	25	24	16	1
排序	5	6	4	2	3	1	10	14	12	11	7	8	9	13

从表6-9可见，趋向补语句的正确用例频次高低顺序为：T3b > T2b > T3a > T2a > T1a > T1b > T6a > T6b > T7a > T4a > T5b > T5a > T7b > T4b。

6.3.2 蕴含量表顺序

蕴含量表（Implicational Scaling），又称 Guttman 量表（Guttman Scalogram），由 Guttman 于 20 世纪 40 年代提出（桂诗春、宁春岩，1997：297）。这种量表将学习者在每一水平等级的数据组合在一起，以观察语言项目之间的难易顺序（Difficulty Order）及学习者之间的水平等级（Proficiency Order）。

以 0.6 为标准数值（criterion），将某一句式在初级、中级、高级三个阶段的正确率转换为二分变量 0 和 1。当某一句式在某一阶段的正确率低于标准数值（即正确率 < 0.6）时，转化为 0，认为该句式在该阶段未被习得。当某一句式在某一阶段的正确率高于或等于标准数值（即正确率 ≥ 0.6）时，转化为 1，认为该句式在该阶段已被习得。有些句式在某一阶段未出现，无法计算正确率，我们将这些"缺损语料"（Missing Data）也处理为未习得，转化为 0（施家炜，1998）。

我们将表 6-8 中各阶段的正确率转换为二分变量 0 和 1，并排列为蕴含量表矩阵。该矩阵的横轴是趋向补语句的难易顺序，纵轴是学习者的水平等级（如表 6-10 所示）。

表 6-10 越南学生趋向补语句蕴含量表

Binary scale at 60% criterion（以 0.6 为标准数值的二维量表）

Difficult（难）   Easy（易）

	T4b	T5b	T7b	T5a	T4a	T1b	T6a	T6b	T7a	T1a	T2b	T2a	T3b	T3a	Total
高级	0	0	①	1	1	1	⓪	1	1	1	1	1	1	1	
中级	0	0	0	1	1	1	1	1	1	1	1	1	1	1	
初级	0	0	0	0	0	0	1	1	1	1	1	1	1	1	
Correct	0	0	1	2	2	2	2	3	3	3	3	3	3	3	30
Errors	0	0	1	0	0	0	1	0	0	0	0	0	0	0	2

该量表的各相应系数指标如下（Hatch and Farhady，1982：182–183）：

再生系数（Coefficient of Reproducibility, Crep）：

$$\text{Crep} = 1 - 偏误数量 / (句式数量 \times 学时等级数量)$$
$$= 1 - 2/(14 \times 3) = 0.952$$

再生系数 Crep 为 0.952，大于 0.90。这说明我们有 95.2% 以上的把握可依据越南学生在该矩阵中所处的等级位置准确地预测其语言表现。

最小边缘再生系数（Minimal Marginal Reproducibility, MMrep）：

$$MMrep = 正确使用数量 / （句式数量 \times 学时等级数量）$$
$$= 30/(14 \times 3) = 0.714$$

再生改进百分比（Percent Improvement in Reproducibility）：

$$\% \text{ Improvement in Reproducibility}$$
$$= Crep - MMrep = 0.952 - 0.714 = 0.238$$

可分级系数（Coefficient of Scalability, Cscal）：

$$Cscal = (\% \text{ Improvement in Reproducibility})/(1-MMrep)$$
$$= 0.238/(1-0.714) = 0.832$$

可分级系数 Cscal 为 0.832，大于统计学规定的有效临界值 0.60。这说明越南学生趋向补语句的蕴含量表是有效的、可分级的，蕴含有真正的等级（难易等级与水平等级），在预测上也有一定的参考价值。

从表 6-10 的数据来看，用蕴含量表确定的越南学生趋向补语句习得顺序为：T3a > T3b > T2a > T2b > T1a > T7a > T6b > T6a > T1b > T4a > T5a > T7b > T5b > T4b。

6.3.3　习得顺序的构拟

根据正确用例频次及蕴含量表得到了上述两种顺序。通过 SPSS 22.0 软件对这两种顺序进行 Spearman 等级相关检验得到相关系数 $r = 0.921$，显著性 $p < 0.05$。这表明正确用例频次顺序和蕴含量表顺序之间的相关关系是非常显著的。因此，可以根据这两种顺序来推导越南学生趋向补语句的习得发展阶段。

表 6-11　越南学生趋向补语句的两种排序

排序	1	2	3	4	5	6	7	8	9	10	11	12	13	14
正确用例频次	T3b	T2b	T3a	T2a	T1a	T1b	T6a	T6b	T7a	T4a	T5a	T5b	T7b	T4b
蕴含量表	T3a	T3b	T2a	T2b	T1a	T7a	T6b	T6a	T1b	T4a	T5a	T7b	T5b	T4b

从表 6-11 可以发现：

（1） T3a、T3b、T2a、T2b、T1a 句式不管是在正确用例频次顺序还是蕴含量表顺序中都排在前五位。它们是最容易习得的。

（2） T6a、T6b、T1b、T7a、T4a 句式不管是在正确用例频次顺序还是蕴含量表顺序中都排在第六到第十位。它们是较难习得的。

（3） T5a、T5b、T7b、T4b 句式不管是在正确用例频次顺序还是蕴含量表顺序中都排在最后四位。它们是最难习得的。

换言之，可以将越南学生汉语趋向补语句的习得分成三组顺序，如表 6-12 所示。

表 6-12　越南学生趋向补语句习得顺序

	句式
最容易习得组	T3a、T3b、T2a、T2b、T1a
较难习得组	T6a、T6b、T1b、T7a、T4a
最难习得组	T5a、T5b、T7b、T4b

表 6-12 的习得顺序不是严格意义上的习得顺序。学生习得任何语言项目时不是先完全掌握某一个句式然后再掌握下一个句式，而是一个循序渐进、逐渐积累的过程，因此很难得出严格意义上的习得顺序。

T3a、T3b、T2a、T2b、T1a、T1b 句式是汉语所有趋向补语句中最常见的六种句式，较为常见的是 T6a、T6b、T4a，出现频次较低的是 T7a、T5a、T5b、T4b、T7b。[①] 可见，越南学生趋向补语句式的习得顺序与汉语母语者使用频次的高低顺序基本相同。很显然，对外汉语教材的编写要根据汉语的实际情况，因此，教材编写会更关注这些汉语中更常见的句式，这是二语习得者最先习得，同时在作文中最常使用这些类型的句式的原因之一。

从第四章可以看出，汉语趋向补语句式在越南语中有多种对应句式。越南语里只有简单趋向动词，当不带宾语时越南语只有"V+C"一个句式；当带宾语时，如果宾语是处所宾语，越南语也只有"V+C+O$_{处}$"一个句式，如果宾语是非处所宾语，越南语有"V+C+O$_{非处}$"和"V+O$_{非处}$+C"

---

① 详见第七章表 7-3。

两个句式。表 4-9 中，汉语 T1a、T1b 句式在越南语中的主要对应形式是"V+C"，它们的语序是相同的；汉语 T3a、T3b 句式在越南语中的主要对应形式是"V+C+O"句式，它们的语序也是相同的。越南语里没有复合趋向动词，汉语复合趋向动词在越南语中主要与越南语简单趋向动词对应。汉语 T2a、T2b 句式在越南语中的主要对应形式是"V+C"，基本上可以说它们的语序是相同的。正因为汉语 T3a、T3b、T2a、T2b、T1a 类型的趋向补语句与其越南语主要对应形式有相同的语序，所以越南学生容易习得这些句式，在作文中也最常使用这些句式。可见，母语因素也会影响到二语学习者的习得顺序。

当句中既有复合趋向补语又有宾语时，复合趋向补语和宾语之间的位置受多种因素的制约——"既跟动词的性质有关，也跟动词所带的趋向补语的性质有关，既跟宾语的性质有关，而且也跟动词带不带'了'有关，有时还跟语境有关"（陆俭明，2002）。宾语为处所宾语时，宾语位于复合趋向补语的中间（即 T5a 句式）。宾语为非处所宾语时，宾语位于复合趋向补语的前边（即 T7a、T7b 句式）、中间（即 T6a、T6b 句式）、后边（即 T5a、T5b 句式），使用哪个位置"决定于宾语是施事或受事、有定或无定及动作是已然或未然"（郭春贵，2003）。换言之，T5a、T5b、T6a、T6b、T7a、T7b 句式的使用情况相对复杂，它们在越南语中又没有语序相同的句式。因此，对越南学生来说这些句式是难习得的，在作文中也较少使用。可见，目的语自身的复杂性也会影响到二语学习者的习得顺序。

6.3.4　目前已有趋向补语习得顺序的研究结论对比

同一个研究对象，若用不同的研究方法，以不同的习得标准，将会得出不同的习得顺序。我们所使用的研究方法与白克宁（2010）、齐春红（2014）的不同，因此我们得出的习得顺序就跟白文、齐文不一样（见表6-13）。然而，研究方法中若有错误，得出的结果就不准确。如引言所述，白文所使用的方法违反了统计学原理，齐文违反了蕴含量表矩阵的建立、分界线界定的原则等。因此，白文、齐文结论的准确性值得我们怀疑。

表6-13 越南学生趋向补语习得顺序的已有结论[①]

	T1a	T1b	T2a	T2b	T3a	T3b	T4a	T4b	T5a	T5b	T6a	T6b	T7a	T7b
本书	1	6	1	1	1	1	6	11	11	11	6	6	6	11
白克宁[a]	1	5	2	9	2	6	2	6	8	10	2	7		
齐春红	1	6	5	7	4	2	3	10	10	10	8	9	10	10

注：a.白克宁（2010）只考察10类句式，将T3a和T4a、T3b和T4b分别归为"动词+简单趋向补语"带宾语（基本义）和"动词+简单趋向补语"带宾语（引申义）两种句式。因此表中会用相同的序号来表示T3a和T4a、T3b和T4b在白克宁（2010）习得顺序中的位置。

如不考虑研究方法是否正确，从表6-13可以看出，三个习得顺序都认为T1a、T2a、T3a句式属于最容易习得组，本书及齐文都认为T5a、T5b、T4b、T7b句式属于最难习得组。三个习得顺序中其余句式的习得难度有些不同。

我们将本书越南学生趋向补语句习得顺序的结论与前贤对其他母语背景学生的研究进行比较（见表6-14），找出异同。

表6-14 不同母语背景学生汉语趋向补语的习得顺序[②]

学生母语 句式	孤立语			屈折语		黏着语	
	越南语	泰语[a]	老挝语[b]	英语[c]	俄语[d]	朝鲜语[e]	日语[f]
T1a	1	1	1	1	1	1	3
T1b	6	6	1	2	2	5	4
T2a	1	1	1	3	4	4	2
T2b	1	7	1	7	8	8	6
T3a	1	5	1	9	5	8	8
T3b	1	1	1	4	3	6	5
T4a	6	1	1	9	11	7	7
T4b	11	10	10	4	3	6	5
T5a	11	10	11	10	6	9	10
T5b	11	10	11	8	9	10	9
T6a	6	8	8	5	10	2	7
T6b	6	8	8	6	12	3	1

[①] 为了便于排序比较，我们将其他研究结论转换成我们对趋向补语句下位句式的分类。
[②] 为了便于排序比较，我们将其他研究结论转换成我们对趋向补语句下位句式的分类。

续表

句式 \ 学生母语	孤立语			屈折语		黏着语	
	越南语	泰语	老挝语	英语	俄语	朝鲜语	日语
T7a	6	10	11		7		
T7b	11	10	11				

注：a. 此顺序根据齐春红、杨育彬（2015）的研究所得。

b. 此顺序根据齐春红（2015）的研究所得。

c. 此顺序根据杨德峰（2003a）的研究所得。杨文只考察310类句式，将T3a和T4a、T3b和T4b分别归为"动词+简单趋向补语"带宾语（基本义）和"动词+简单趋向补语"带宾语（引申义）两种句式。因此表中会用相同的序号来表示T3a和T4a、T3b和T4b在杨文习得顺序中的位置。

d. 此顺序根据翟英华（2008）的研究所得。翟文只考察312类句式，将T3b和T4b归为"动词+简单趋向补语"带宾语（引申义）一种句式。因此表中会用相同的序号来表示T3b和T4b在翟文习得顺序中的位置。

e. 此顺序根据杨德峰（2003b）的研究所得。杨文只考察12类句式，将T3a和T4a、T3b和T4b分别归为"动词+简单趋向补语"带宾语（基本义）和"动词+简单趋向补语"带宾语（引申义）两种句式。因此表中会用相同的序号来表示T3a和T4a、T3b和T4b在杨文习得顺序中的位置。此外，杨文的句式中还有"到……来/去"（基本义）、"V+到……来/去"（基本义）两种句式。因为很多研究中都不涉及这两个句式，所以我们的表中也不涉及它们，并重新对杨文的句式进行排序。

f. 此顺序根据杨德峰（2004）的研究所得。杨文没有对日本学生趋向补语句的习得进行排序，我们按照杨德峰（2003a、2003b）的排序方法给这些句式进行了排序。杨文只考察10类句式，将T3a和T4a、T3b和T4b分别归为"动词+简单趋向补语"带宾语（基本义）和"动词+简单趋向补语"带宾语（引申义）两种句式。因此表中会用相同的序号来表示T3a和T4a、T3b和T4b在杨文习得顺序中的位置。

从表6-14可以看出，学生母语背景不同，习得顺序也不同，但异中有同。来自不同母语背景的学生都容易习得T1a、T2a句式，较难习得T5b句式。对母语为孤立语的学生来说，T1a、T2a、T3a、T3b句式是最容易习得的，T4b、T5a、T5b、T7a、T7b句式是最难习得的。对母语为屈折语的学生来说，T1a、T1b、T2a、T3b、T4b句式是较容易习得的，T5b、T4a句式是最难习得的。对母语为黏着语的学生来说，T1a、T2a、T6b句式是较容易习得的，T5a、T5b句式是最难习得的。

若将学生的习得情况与汉语母语者的使用情况进行比较，我们会发现：母语为孤立语的学生的习得顺序与汉语母语者使用频次的高低相同，容易习得的句式是汉语母语者使用频次高的句式，难习得的句式是汉语母语者使用频次低的句式；母语为屈折语、黏着语的学生的习得顺序却与汉语母语者使用频次的高低不同。

由此可见，二语学习者的习得顺序既有普遍语言的共性、同一语言类型的共性，又有单一语言的个性。母语类型相同的学习者会有相同的容易习得句式、相同的难习得句式。母语类型若与目的语相同，二语学习者的习得顺序会与目的语者使用频次的高低相同。因此二语习得的研究不能不区分学习者的母语背景，不然得来的结果就没有针对性和准确性。

6.4 影响习得的因素[①]

根据 Larry Selinker（1972）的观察，影响第二语言学习者习得目的语的因素主要有五个：语言迁移（language transfer）、训练的迁移（transfer of training）、第二语言学习策略（strategies of second language learning）、第二语言交际策略（strategies of second language communication）、目的语规则过度泛化（overgeneralization of target language linguistic material）。语言迁移是指第二语言学习者受母语知识的影响，在使用目的语时将母语的一些规则和表达方式带入目的语。训练的迁移是指由于使用了不恰当的训练方法，第二语言学习者会受其影响而产生语言偏误。第二语言学习策略是指第二语言学习者在学习过程中所采用的策略。第二语言交际策略是指第二语言学习者在用目的语进行交际时所采用的策略。目的语规则过度泛化是指第二语言学习者不恰当地将目的语的某一规则延伸和类推到不适用的范围。

然而，训练的迁移、第二语言学习策略、第二语言交际策略三个因素需要长期观摩、实验才能考察到，基于第二语言学习者的中介语语料库的研究只能看到母语负迁移及目的语规则过度泛化两个因素。此外，"无论学习者的偏误是由哪一种具体的学习策略造成的，但最终都可以看到母语负迁移和目的语过度泛化的影子"（章宜华，2011：134）。"就语法的情形说来，主要的可能就是母语的干扰和由于所学的目的语知识不足而形成的过度类推这两种"（杨德峰，2008a；鲁健骥序）。Barry P. Taylor（1975）、Marcel Danesi & Robert Di Pietro（1991）的研究也

[①] 本节的部分内容曾以《越南学生汉语趋向补语偏误中负迁移的体现》为题发表于《国际汉语学报》2013 年第 2 辑。在此做了部分修改。

持同样观点，他们将第二语言学习者的偏误原因归为母语负迁移和目的语规则过度泛化两类。总之，我们认为母语负迁移和目的语规则过度泛化这两个偏误原因是越南学生习得汉语趋向补语的过程中客观存在的。

为了更全面客观地反映越南学生趋向补语的偏误及其规律，我们将518条偏误用例按照五种偏误类型和两个偏误原因制成表6-15。

表6-15 越南学生趋向补语偏误原因统计

阶段	原因	趋向补语冗余的偏误	趋向补语遗漏的偏误	趋向补语与宾语错序的偏误	趋向补语之间混淆的偏误	趋向补语与其他补语混淆的偏误	合计	比例
初级	母语负迁移	32	18	10	31	23	114	91.94%
	目的语规则过度泛化	6	/	1	1	2	10	8.06%
中级	母语负迁移	49	49	21	31	43	193	74.23%
	目的语规则过度泛化	26	/	2	30	9	67	25.77%
高级	母语负迁移	31	10	14	18	16	89	66.42%
	目的语规则过度泛化	23	3	/	13	6	45	33.58%

注：实际上，有些偏误是学生受母语负迁移及目的语规则过度泛化的共同影响而产生的，也就是说有些偏误是不能进行二分的。对于这些偏误，我们需要斟酌母语负迁移及目的语规则过度泛化之间的比重而进行二分。

为了更直观、清楚地观察母语负迁移及目的语规则过度泛化在三个不同水平阶段上的影响，将表6-15中的数据转化成图6-3。

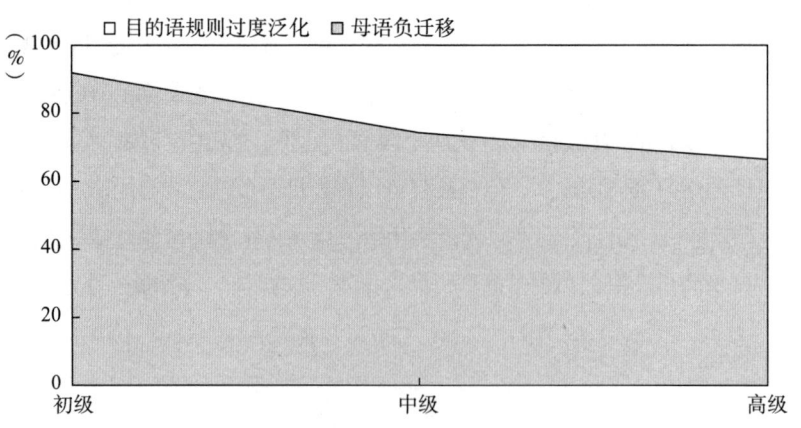

图6-3 影响习得因素占比的变化

图 6-3 显示，随着汉语水平的提高，母语负迁移导致偏误的比例会降低，目的语规则过度泛化导致偏误的比例会上升。可见，在第二语言学习者对目的语知之甚少时，比较容易出现母语负迁移现象，而当第二语言学习者对目的语知之较多时，母语负迁移现象就减少。Barry P. Taylor（1975）、Marcel Danesi 和 Robert Di Pietro（1991）的研究表明母语负迁移的影响随着第二语言学习者目的语水平的提高而逐渐减少。这一规律在越南学生趋向补语偏误中得到体现。

此外，从图 6-3 我们还可以看出母语负迁移是各阶段的主要偏误来源。由此可见，"已经掌握自己母语的成年人，母语的各种语音习惯、语义内容和语法组合方式习惯早已根深蒂固，处处不自觉地在干扰新学习的语言习惯，往往总是不自觉地用母语原有的成分去替代新学习的第二语言相近的成分或组合方式"（胡明扬，2005）。

6.4.1　母语负迁移

母语负迁移在越南学生汉语趋向补语的偏误中主要体现在以下四个方面。

第一，越南语语序的影响。汉语和越南语都是缺乏形态的孤立语，且优势语序也基本相同（都是 SVO 型）。但并不是所有句子的语序均相同，两种语言有些句子的语序还是有差异的。越南学生学习汉语时受其母语影响经常套用越南语语序来表达汉语句子，但他们所用的越南语语序不一定都符合汉语语法，所以会产生一些偏误。他们使用汉语趋向补语时也出现了同样的情况，造成趋向补语和宾语错序的偏误、趋向补语和其他补语混淆的偏误。

第二，汉语和它对应的越南语动词带趋向补语时存在一些差异。其一，越南语动词可以带趋向补语，但其对应的汉语动词不能带趋向补语，越南学生受这种情况的影响产生趋向补语冗余的偏误；其二，越南语动词不能带趋向补语，但其对应的汉语动词能带趋向补语，越南学生受这种情况的影响产生趋向补语遗漏的偏误。

第三，汉语和越南语动趋搭配形式相同语义相异的影响。所谓汉语和越南语动趋搭配形式相同语义相异是指由相同的动词、相同趋向补语构成的搭配表达不同的意思。我们目前只发现汉语"考上"和越南语"thi lên"（考_上）这一对动趋搭配是属于这种情况的。越南学生受这种情况的影响而产生趋向补语冗余的偏误。

第四，一对多、多对一情况的影响。所谓一对多是指越南语用一种形式来对应汉语多种形式。所谓多对一是指越南语用多种形式来对应汉语一种形式。越南学生受这两种情况的影响出现趋向补语之间混淆的偏误、趋向补语和其他补语混淆的偏误、趋向补语冗余的偏误、趋向补语遗漏的偏误。

6.4.2 目的语规则过度泛化

学习汉语的越南学生大部分是大学生，是成年人。他们都具备较强的语言规律的归纳、总结能力。在汉语学习中，越南学生不断归纳总结汉语的规律，但由于汉语知识有限，他们所归纳总结出的规律并不全面，所以会不恰当地进行类推，把有些规律扩大到不适用的范围，从而造成偏误。这些偏误既不同于越南语（母语）的规则，又不同于汉语（目的语）的规则。陆俭明（2005）曾指出，"他们把老师和课本上所讲授的汉语知识和相关的规则都视为金科玉律，并且能动地按老师和课本上讲的去运用，可是一运用就出错。对于他们在写作、说话中出现的语法、词汇方面的毛病和错误，大多不能责怪学生学得不好，因为这些错误大多数是由目的语的负迁移造成的"。

在汉语趋向补语学习中，除了与母语进行对比以外，越南学生还归纳总结出一些汉语趋向补语的规律。但是汉语趋向补语本身很复杂，加上越南学生的汉语知识有限，所以他们归纳总结出的规律往往是不全面的，所以会产生各种偏误。这些偏误主要为趋向补语冗余的偏误、趋向补语之间混淆的偏误、趋向补语与其他补语混淆的偏误。如"*我不知道说什么，只好说出来：'谢谢'"。动词"说"和趋向补语"出来"虽然可以搭配，但不是什么情况下都可以搭配使用，句中的"出来"是冗余成分。再如"*说实话要把这个坏毛病改出去确实很不容易"，动词"改"不能和趋向补语"出去"搭配，学生把"改出来"类推到"改出去"从而导致了这样的偏误。又如"*现在这么流行瘦身但是他无法瘦起来"，虽然趋向补语"起来"的引申义和形容词搭配时表示进入新的状态，但不是所有形容词都可以和

"起来"搭配，然而学生不知道所以产生泛化偏误。

6.5 本章小结

越南学生习得汉语趋向补语时，其正确率是随着汉语水平的提高而提升的，但初级阶段和中级阶段之间的正确率没有显著性差异，高级阶段和中级阶段之间的正确率有显著性差异。从趋向补语语法意义的角度来看，越南学生在每个阶段趋向补语基本义和趋向补语引申义的习得情况几乎没有什么差别；在初级阶段到中级阶段的发展过程中，趋向补语基本义的习得水平以及趋向补语引申义的习得水平没有明显提高；但是在中级阶段到高级阶段的发展过程中，趋向补语基本义的习得水平以及趋向补语引申义的习得水平有了很大的提高。越南学生趋向补语句式的习得大致可分为三个发展阶段：第一阶段是 T2a、T2b、T3a、T3b、T1a 句式，第二阶段是 T1b、T6a、T6b、T7a、T4a 句式，第三阶段是 T4b、T5a、T5b、T7b 句式。母语负迁移和目的语规则过度泛化这两个因素是越南学生习得汉语的过程中客观存在的。随着越南学生汉语水平的提高，母语负迁移导致的偏误比例会降低，目的语规则过度泛化导致的偏误比例会上升，但母语负迁移依然是各阶段的主要偏误成因。

第七章　对越汉语趋向补语教学建议

基于上述研究成果，本章试图通过考察当前的对外汉语教学语法大纲和相关的对外汉语教材，了解其趋向补语项目的编排是否符合越南学生习得的实际情况，在此基础上对对越汉语教材的编写、练习形式的选取及教师课堂教学提出建议。

7.1 语法大纲及教材中趋向补语项目的安排和分析

7.1.1 语法大纲中趋向补语项目的安排

本节重点考察以下四个大纲：国家对外汉语教学领导小组办公室汉语水平考试部（1996）编的《汉语水平等级标准与语法等级大纲》（以下简称《等级大纲》）、国家对外汉语教学领导小组办公室（2002）编的《高等学校外国留学生汉语教学大纲——长期进修》（以下简称《进修大纲》）、国家对外汉语教学领导小组办公室（2002）编的《高等学校外国留学生汉语言专业教学大纲》（以下简称《专业大纲》）和孔子学院总部/国家汉办（2014）编的《国际汉语教学通用课程大纲》（以下简称《通用大纲》）。为便于对比，我们将上述大纲中出现的趋向补语项目归纳为表7-1。

表 7-1　各大纲趋向补语项目的选取和排序一览

			《等级大纲》	《进修大纲》	《专业大纲》	《通用大纲》
趋向补语范围	简单趋向补语	"来、去"	甲级	初等一	一年级	四级
		"上"类	甲级	初等一		
	复合趋向补语		甲级	初等一	一年级	四级
趋向补语意义	简单趋向补语	基本义	甲级	初等一	一年级	四级
		引申义	乙级	初等二		
	复合趋向补语	基本义	甲级	初等一	一年级	四级
		引申义	乙级	初等二	二年级	五级
趋向补语句式	T1：$V+C_1/C_2$		甲级	初等一	一年级	四级
	T2：$V+C_1+C_2$		甲级	初等一	一年级	四级
	T3：$V+C_1/C_2+O$		甲级	初等一	一年级	
	T4：$V+O+C_1/C_2$		甲级	初等一	一年级	四级
	T5：$V+C_1+C_2+O$			初等二	一年级	
	T6：$V+C_1+O+C_2$		乙级	初等二	一年级	四级
	T7：$V+O+C_1+C_2$			初等二		四级

7.1.2　教材中趋向补语项目的安排

教材是教师教学和学生学习依据的材料。在第二语言教学中，教材具有重要指导作用，既体现教学理论和教学法，又引导总体设计和课堂教学，是具体实施课堂教学的直接依据。在教材中，语法项目具有举足轻重的地位。语法项目编排是否科学、合理是教材成败的关键。

我们重点考察以下五部教材：杨寄洲主编（2006）的《汉语教程（修订本）》（以下简称《汉语教程》），徐桂梅、陈满华等（2006）的《发展汉语·初级汉语》（以下简称《发展汉语》），周小兵主编（2007）的《阶梯汉语·初级读写》（以下简称《阶梯汉语》），任雪梅、徐静凝（2013）的《博雅汉语·初级起步篇（第二版）》（以下简称《博雅汉语》）和姜丽萍主编（2014）的《HSK 标准教程》（以下简称《HSK 标准》）。这五部教材在越南高校、汉语培训机构使用面较广。这五部教材对趋向补语项目的安排见表 7-2。

表 7-2　各对外汉语教材趋向补语项目的选取和排序一览

<table>
<tr><th colspan="3"></th><th>《汉语教程》</th><th>《发展汉语》</th><th>《阶梯汉语》</th><th>《博雅汉语》</th><th>《HSK 标准》</th></tr>
<tr><td rowspan="3">趋向补语范围</td><td rowspan="2">简单趋向补语</td><td>"来、去"</td><td>第二册
第 4 课</td><td>下册
第 2 课</td><td>第 53 课</td><td>第 Ⅱ 册
第 6 课</td><td>三级
第 2 课</td></tr>
<tr><td>"上"类</td><td></td><td>下册
第 2 课</td><td></td><td></td><td></td></tr>
<tr><td colspan="2">复合趋向补语</td><td>第二册
第 9 课</td><td>下册
第 5 课</td><td>第 66 课</td><td>第 Ⅱ 册
第 8 课</td><td>三级
第 13 课</td></tr>
<tr><td rowspan="4">趋向补语意义</td><td rowspan="2">简单趋向补语</td><td>基本义</td><td>第二册
第 4 课</td><td>下册
第 2 课</td><td>第 53 课</td><td>第 Ⅱ 册
第 6 课</td><td>三级
第 2 课</td></tr>
<tr><td>引申义</td><td></td><td></td><td></td><td></td><td></td></tr>
<tr><td rowspan="2">复合趋向补语</td><td>基本义</td><td>第二册
第 9 课</td><td>下册
第 5 课</td><td>第 66 课</td><td>第 Ⅱ 册
第 8 课</td><td>三级
第 13 课</td></tr>
<tr><td>引申义</td><td>第二册
第 17 课
第三册
第 11 课</td><td>下册
第 7、8 课</td><td>第 68 课</td><td>第 Ⅱ 册
第 11、16、24 课</td><td>三级
第 19 课
四级
第 15、19 课</td></tr>
<tr><td rowspan="7">趋向补语句式</td><td colspan="2">T1：V+C$_1$/C$_2$</td><td>第二册
第 4 课</td><td>下册
第 2 课</td><td>第 53 课</td><td>第 Ⅱ 册
第 6 课</td><td>三级
第 2 课</td></tr>
<tr><td colspan="2">T2：V+C$_1$+C$_2$</td><td>第二册
第 9 课</td><td>下册
第 5 课</td><td>第 66 课</td><td>第 Ⅱ 册
第 8 课</td><td>三级
第 13 课</td></tr>
<tr><td colspan="2">T3：V+C$_1$/C$_2$+O</td><td>第二册
第 4 课</td><td>下册
第 2 课</td><td>第 53 课</td><td></td><td>三级
第 2 课</td></tr>
<tr><td colspan="2">T4：V+O+C$_1$/C$_2$</td><td>第二册
第 4 课</td><td>下册
第 2 课</td><td>第 53 课</td><td>第 Ⅱ 册
第 6 课</td><td>三级
第 2 课</td></tr>
<tr><td colspan="2">T5：V+C$_1$+C$_2$+O</td><td>第二册
第 9 课</td><td>下册
第 5 课</td><td>第 67 课</td><td>第 Ⅱ 册
第 8 课</td><td>三级
第 13 课</td></tr>
<tr><td colspan="2">T6：V+C$_1$+O+C$_2$</td><td>第二册
第 9 课</td><td>下册
第 5 课</td><td>第 67 课</td><td>第 Ⅱ 册
第 8 课</td><td>三级
第 13 课</td></tr>
<tr><td colspan="2">T7：V + O + C$_1$ + C$_2$</td><td></td><td></td><td></td><td></td><td></td></tr>
</table>

7.1.3　对语法大纲和教材中趋向补语项目安排的分析

总体上看,语法大纲和教材中趋向补语的安排都是:先教简单趋向补语,后教复合趋向补语;先教趋向补语的基本义,后教趋向补语的引申义;

先教不带宾语的句式，后教带宾语的句式。这样的安排"遵循由易到难、由浅入深、由简到繁、由已知到未知等循序渐进的原则"（吕文华，2002），符合学生的认知规律。但对于趋向补语具体项目，各语法大纲、各教材以及语法大纲和教材之间存在一些不一致的地方。

对于趋向补语的范围，语法大纲和教材的趋向补语范围存在不一致现象。《等级大纲》、《进修大纲》和《发展汉语》的趋向补语范围内包括"上"类简单趋向补语，而《专业大纲》、《通用大纲》、《汉语教程》、《阶梯汉语》、《博雅汉语》和《HSK标准》的趋向补语范围内不包括"上"类简单趋向补语，将其归入结果补语范围。吕文华（1992）认为"上"类动词虽是趋向动词，但没有立足点，且做补语时有多种意义，所以把它们划入结果补语更有利于教学。但我们认为这样处理和解释不太妥当，似乎违反了"趋向补语指在动词或形容词后作补语的趋向动词"（刘月华，1998：1）的共识，另外不仅是"上"类动词，其他复合趋向动词（如：下去、起来等）做补语时也有多种意义，故将"上"类划入趋向补语在适当的地方专门安排教学较为合理。

对于趋向补语的意义，《等级大纲》和《进修大纲》中都涉及简单趋向补语的引申义，但在《专业大纲》、《通用大纲》和上述五部汉语教材中没有涉及简单趋向补语的引申义，这与是否将"上"类划入趋向补语有关。

对于趋向补语句式，《等级大纲》《通用大纲》中没有具体介绍各种趋向补语句式；《进修大纲》介绍了T1至T7七种句式；《专业大纲》和五部教材却只介绍T1至T6句式，没有介绍T7句式。张伯江（1991a）、刘月华（1998：43）指出，在实际语言中T7句式很少见。因此，语法大纲和教材可以不用给留学生介绍这种句式的用法。由此可见，五部教材对它的处理较为合理。

在实际语言中，有些语法句式汉语母语者使用频率较低，甚至是罕用。但在对外汉语语法教学中，我们要求学生掌握所有语法句式。这样的要求相当苛刻。"从统计学的观点来看，频率较高的语言项目一般都是学习者在语言使用中最有可能遇到和需要学习的语言项目。"（潘璠，2012：155）再说，外国留学生接触和学习汉语的精力和时间是有限的，所以典型的语言项目应当是对外汉语教学的中心。因此，我们认为可以将语法句式分成会用的语法句式和会认的语法句式两类。会用的语法句式是汉语母语者使用频率较高的，是汉语学习者必须掌握的句式。会认的语法句式是汉语母语者使用频率较低的句式，只要求外国留学生知道有这样的句式存在，不要求他们掌握、会用。在教学中，我们可以将含趋向补语的句式分成会用的句式和会认的句式。我们的统计发现，在实际语言中汉语母语者倾向于使用 T3b、T3a、T2b、T2a、T1a、T1b 六种句式，较少使用其他句式（见表7-3）。因此，T3b、T3a、T2b、T2a、T1a、T1b 是外国留学生必须会用的语法句式，而其他句式是外国留学生只要会认即可的句式。

表7-3　汉语母语者趋向补语句式使用情况

趋向补语句式	使用频次	趋向补语句式	使用频次
T1a	1118	T1b	606
T2a	1120	T2b	1443
T3a	2001	T3b	2393
T4a	327	T4b	0
T5a	15	T5b	14
T6a	187	T6b	180
T7a	19	T7b	2

注：此表是基于由北京语言大学建的"现代汉语研究语料库系统"的统计结果。

综上所述，我们认为语法大纲和教材应将"上"类划入趋向补语，需要讲解简单趋向补语的引申义，将趋向补语句式分成会用的句式（T3b、T3a、T2b、T2a、T1a、T1b 句式）和会认的句式（T4a、T6a、T6b 句式），不必介绍 T7a、T5a、T5b、T7b、T4b 句式的用法。

7.2　教材中趋向补语的练习形式及分析

练习是教材的重要组成部分，是学生巩固所学知识，并将这些知识转化为技能、技巧的主要途径，也是了解学生掌握所学内容情况的主要途径。我们重点考察了上述五部教材中趋向补语的练习数量及练习形式的选取。这五部教材中出现的趋向补语练习数量及练习种类见表7-4。

表 7-4　各对外汉语教材中趋向补语练习的数量及形式

单位：个；种

	《汉语教程》	《发展汉语》	《阶梯汉语》	《博雅汉语》	《HSK 标准》
练习数量	23	17	14	6	9
练习种类	7	11	8	4	5

五部教材的趋向补语项目都安排在四到五课内。从表 7-4 可见，《汉语教程》中趋向补语的练习数量最多，其次是《发展汉语》《阶梯汉语》《HSK 标准》，趋向补语的练习数量最少的是《博雅汉语》。五部教材的趋向补语练习形式丰富，《发展汉语》趋向补语练习种类最多，而《阶梯汉语》、《汉语教程》、《HSK 标准》和《博雅汉语》的练习种类则显得不够丰富。

教材中练习数量的多与少和该教材的课文、课时相关。练习数量不是越多越好，最关键的是这些练习的形式如何，是否有明确的目的，是否有主次之分，是否有课内课外之分。我们进一步考察五部教材中趋向补语的练习形式，具体情况见表 7-5。

表 7-5　各对外汉语教材趋向补语练习形式一览

序号	练习形式	《汉语教程》	《发展汉语》	《阶梯汉语》	《博雅汉语》	《HSK 标准》
1	朗读	+	+			
2	替换	+	+			
3	找出文中的趋向补语		+			
4	指出说话人或听话人的位置	+	+	+		
5	把宾语放在合适的地方		+			
6	多项选择	+	+	+	+	+
7	填空	+	+	+		+
8	连词成句		+	+		+
9	完成句子		+		+	
10	造句、看图造句	+			+	
11	改写句子		+	+		
12	改错句	+	+	+		
13	指出趋向补语的用法			+		

从表 7-5 可见，多项选择和填空是各教材使用的趋向补语练习形式。指出说话人或听话人的位置、连词成句、完成句子、造句和改错句也是各教材常用的趋向补语练习形式。

我们认为，每一种练习形式都体现了设计者的目的。朗读、替换和找出文中的趋向补语的练习可以加深学生对趋向补语的认识，还可以培养学生的语感。指出说话人或听话人的位置的练习帮助学生正确使用简单趋向补语"来、去"和复合趋向补语，有利于减少趋向补语之间混淆偏误的产生。把宾语放在合适的地方、连词成句的练习让学生加深了解趋向补语与不同宾语类型共现时存在不同的语序，有利于减少趋向补语与宾语错序偏误的产生。多项选择和填空练习可培养学生处理趋向补语和动词搭配的问题、趋向补语和宾语位置的问题的能力，有利于减少学生趋向补语冗余、遗漏、混淆和宾语错序偏误的产生。完成句子和造句练习可培养学生趋向补语和动词搭配的能力，有利于减少各种偏误的产生。改写句子和指出趋向补语的用法的练习能让学生更加了解趋向补语的用法。改错句的练习使学生接触到其中介语中常用错的趋向补语，知其然并知其所以然，有利于减少偏误的产生。

在这五部教材中，可以说《发展汉语》设置的趋向补语练习的数量和形式相当丰富，而且合理。然而，这五部教材都是面向所有留学生的，是不分国别的教材，所以有些练习内容缺乏针对性。换句话说，有些练习对某一国家的留学生来说较为容易，而对另一个国家的留学生来说相当难。另外，有些偏误是语码转换过程中产生的。上述练习形式不能较全面地检测到越南学生所能产生的偏误。因此，需要增加汉外翻译练习形式。但由于这五部教材是面向所有留学生的，所以没有设置具有针对性的翻译练习。

7.3 对越汉语教材趋向补语项目的编写建议

截至 2019 年，越南有 38 所高校开设汉语言专业和汉语师范专业。这两个专业开设以来，这些高校所用的汉语教材几乎都是由中国人编写的对外汉语教材。这些教材都是通用型的，面向在华学习汉语的留学生，不是专门针对越南学生编写的。然而，"教材有了针对性，才能有更好的适用性，才能有更高的时效性"（杨庆华，1995）。胡明扬（1999，2002）、赵金铭（2002，2004）都认为，面向不同母语、不同文化背景的学生应该使用不同的对外汉语教材。可见，为越南学生专门编写一部汉语教材是迟早的事。

我们认为，对越汉语教材不仅要遵守对外汉语教材编写的原则，还要体现出"对越"的特征。对越汉语教材不仅要用越南语来解释语法、词汇等问题，还需要根据汉越语言的异同、越南学生的偏误及习得情况进行编写。

趋向补语项目是对越汉语语法重点项目之一。基于以上的认识及研究成果，我们对面向越南学生的汉语教材的趋向补语项目的编写提出以下建议。

第一，趋向补语的教学内容。教材中的趋向补语项目应包括简单趋向补语"来、去""上"类和复合趋向补语、简单趋向补语及复合趋向补语的基本义和引申义 T1a、T1b、T2a、T2b、T3a、T3b、T4a、T6a、T6b（不教 T4b、T5a、T5b、T7a、T7b）。

第二，趋向补语项目的排序。Graeme Kennedy（1998：282）曾经说过，高频语言项目应当是初级和中级阶段的教材内容和大纲的教学重点。吕文华（2002）、周小兵（2003）都认为，语法项目要根据该项目的句法、语义、语用的难易度来排序。根据学者们的观点及本书的研究结果，我们认为对越汉语教材中趋向补语项目可以按以下顺序编排（见表7-6）。

表7-6 趋向补语项目排序一览

序号	语法点
1	趋向动词，包括简单趋向动词和复合趋向动词
2	简单趋向补语的基本义及 T1a、T3a 句式
3	复合趋向补语的基本义及 T2a 句式
4	简单趋向补语的引申义及 T1b、T3b 句式
5	复合趋向补语的引申义及 T2b 句式
6	T6a、T6b 句式
7	T4a 句式

其中，第一至第五语法点可以安排在初级汉语阶段，第六至第八语法

点可以安排在中级汉语阶段。

第三，结合汉越趋向补语对比。"给外国人讲汉语语法，不能就事论事，只讲汉语本身。因为外国学生的头脑中早已先入为主地有了其母语或所学外语的语法规律，他们会时时拿出来比附。如果通过语际对比来讲，就会更加显露汉语语法的特点。只有突出汉语语法特点并讲透了，外国学生才易于理解。"（赵金铭，1994）Ronald Sheen（1996）的实验研究证明，在第二语言教学中使用对比分析输入语言（contrastive analysis input）在降低偏误率方面比不使用对比分析输入语言更为有效。在对越汉语教材编写中，运用对比分析可以突出汉语和越南语的异同，体现教材的"对越"特征。汉语趋向补语在越南语中的对应不是简单的一对一情况，而是较为复杂的一对多、多对一情况。谓词的词义不同，"谓词+趋向补语"结构在越南语中将有不同的对应形式。如：汉语"V+上"在越南语中有"V + lên（上）""V""V + đến/lại/tới（来）""V + vào（进）""V + ra（出）""V + theo（跟）""V + được（得）/đậu（及格）""V + thêm（添）""V + kịp（及）"九种对应形式。当动词为表示可使物体改变位置的动词（如：搬、推、举、扔、钓等）时，"V+上"在越南语中的对应形式是"V+ lên（上）"。当动词为"逢遇"类动词（如：遇、赶、交、碰等）、"看选"类动词（如：看、爱、挑、选等）时，越南语一般直接用动词"V"来对应汉语"V+上"。教材的语法点不能只讲解汉语趋向补语本身，还需要结合汉语趋向补语在越南语中的对应形式进行讲解。这样才能让学生看到汉语趋向补语的特点，才能更好地理解和掌握汉语趋向补语。

第四，区分一些易混淆趋向补语。我们的研究发现，越南学生在使用汉语趋向补语时经常出现趋向补语之间混淆偏误、趋向补语与其他补语混淆偏误。这两类偏误分别占所有偏误的24.13%、18.92%，在五类偏误中分别排在第二位和第三位。导致这两类偏误的主要因素是母语负迁移。同一组趋向补语在越南语中会有相同的对应形式，如"V+出""V+出来""V+出去"在越南语中的相同对应形式之一是"V + ra（出）"。但是"V+出"、"V+出来"和"V+出去"进入句子的时候会受到一些制约。换言之，同一个句子，有的能进入，有的不能进入。学生以为任何情况下这三个结构都可以用，所以产生偏误。有些趋向补语在越南语中有相同的对应形式，如"V+来"和"V+起来"的越南语中的对应形式之一是"V + lại（来）"，学生受此影响会出现"*被历史悠久的封建思想绑来"这样的偏误。有些趋向补语和结果补语、可能补语在越南语中有相同的对应形式，如"V+来"和"V+到"都与越南语"V + đến"对应，学生分不清"V+来"和"V+到"的区别所以偏误。因此，教材讲解趋向补语时也要区分这些易混淆趋向补语。表7-7是我们对越南学生趋向补语混淆偏误的部分统计结果。教材编写者可以根据此表选择一些易混淆趋向补语进行区分。

表7-7 越南学生高频易混淆趋向补语

序号	误用补语	当用补语	混用频次	序号	误用补语	当用补语	混用频次
1	来	去	7	9	出来	起来	7
		到	7			出去	3
		过来	5	10	出去	出来	7
		下	3			过来	6
		起来	3			走	3
2	去	走	7			不（出来）[b]	3
3	上	到	6	11	过来	回来	4
		在（……上）[a]	6			起来	4
4	上去	在（……上）	3			下来	3
5	下	在（……上）	4			出去	3
6	下去	下来	4	12	起来	过来	3
7	进	进去	3			下来	3
8	出	到	7				

注：表中只列出混用频次大于3（含）的趋向补语。
　　a. 这里的"在（……上）"是指在动词后充当介宾短语补语的"在（……上）"（下同）。
　　b. 这里的"不（出来）"是指在动词后充当可能补语的"不（出来）"。

第五，趋向补语语言点的例子选择。例子是学生了解语法点的最好材料，是学生模仿的对象。可见，例子的选取相当重要。汉语母语者常用的动趋搭配也是留学生在使用中最有可能遇到的，所以语法点最好以汉语母语者使用频率较高的动趋搭配作为例证。我们对由北京语言大学建的现代汉语研究语料库系统进行考察，统计了汉语母语者动趋搭配的使用频次

（统计结果详见附录三）。其中，排在前45位的动趋搭配如表7-8所示。我们认为，对外汉语教材编写者可以根据我们的统计结果选择一些高频动趋搭配作为趋向补语语言点的例证。

表7-8　前45位高频动趋搭配一览

序号	动词	趋向补语	搭配频次	序号	动词	趋向补语	搭配频次	序号	动词	趋向补语	搭配频次
1	到	去	186	16	考	上	45	31	想	起来	33
2	提	出	167	17	建立	起	43	32	赶	来	32
3	带	来	110	18	登	上	42	33	赶	上	30
4	留	下	105	19	放	下	42	34	办	起	30
5	走	出	78	20	谈	起	41	35	走	去	28
6	想	起	75	21	结合	起来	41	36	写	下	28
7	拿	出	72	22	迈	出	40	37	掏	出	28
8	走	进	70	23	建	起	40	38	走	来	27
9	到	来	68	24	跑	去	35	39	表现	出	27
10	站	起来	62	25	坐	下	35	40	穿	上	26
11	走	上	61	26	伸	出	34	41	剩	下	26
12	做	出	57	27	说	出来	34	42	派	出	26
13	作	出	49	28	拿	来	33	43	接	过	26
14	送	去	46	29	拿	出来	33	44	说	出	25
15	送	来	45	30	升	起	33	45	拿	起	25

第六，除了表7-5中的13种练习形式外，还要设置具有"陷阱"的越汉翻译练习。母语负迁移是越南学生趋向补语偏误的主要原因。如"*看像一个妇女的头发"是越南语的"trông giống tóc của một người phụ nữ"（看_像_头发_的_一个妇女），越南学生受母语表达方式的影响而产生趋向补语遗漏的偏误。只靠语法讲解而不进行练习是不行的。只有学生犯了错误，教师针对学生具体的错误进行讲解才能达到事半功倍的效果。因此，我们可以在教材中设计一些具有趋向补语"陷阱"的越汉翻译练习。通过这些练习，让学生认清自己存在的问题，有助于减少学生趋向补语的偏误。

7.4 对教师教学的建议

基于我们的研究成果,我们向从事对越汉语教学的教师提出以下建议。

第一,掌握汉语趋向补语的相关知识。从事对越汉语教学的教师大部分是越南本地人。他们不一定全都掌握汉语语法知识(其中包括趋向补语知识)。在准备课堂教学的过程中,教师应该翻阅教师用书及教学语法参考书的相关内容,避免出现"假偏误"现象[①]。

第二,要懂一点越南语语法知识。从事对越汉语教学的教师如果不是越南人,最好也要懂一点越南语语法知识。越南学生趋向补语的偏误主要来自越南语负迁移。教师懂越南语则可以预测越南学生的偏误,并知道怎样帮助越南学生改正这些偏误。

第三,利用图式、动作演示来讲解趋向补语的用法。教师先通过这些图式、照片和动作演示讲解趋向补语的基本义。在此基础上进一步讲解趋向补语的引申义。这样能帮助学生更加了解趋向补语的基本义和引申义的用法。

第四,将意义对称的趋向补语成对讲解。趋向补语之间在意义上存在对称和不对称现象,如趋向补语"来"和"去"、"进"和"出"、"上来"和"上去"、"过来"和"过去"等。在教学中,教师可以将意义对称的趋向补语(包括基本义和引申义)成对教给学生,这样,学生学习时就更容易掌握,也有利于减少学生趋向补语混淆的偏误。

第五,注重讲解正确率较低的趋向补语组。"来、去"组、"出"组、"回"组、"过"组是越南学生使用时正确率较低的趋向补语,在讲解这些组时教师要细讲,要强调,让学生了解它们的具体用法。

第六,注重讲解趋向补语句式的语用条件。每一种句式具有不同的语用功能。在讲解趋向补语时,教师可以结合实例说明每一句式的语用功能。如:T6 句式中"施事宾语必是无定,表已然动作,受事宾语可为有定或无

[①] 所谓"假偏误"现象,是指学生使用的句子不存在偏误,但教师因语感不好以为该句子是存在偏误的。周小兵、朱其智、邓小宁等(2007:31~33)认为,"假偏误"产生的原因可归为两个:一个是规则泛化,另一个是目的语知识不足。

定，可表已然或未然动作"（郭春贵，2003）。

第七，重点讲解趋向补语"下来""下去""进来""进去""出来""出去""起来"带宾语的情况。当这些复合趋向补语与宾语共现时，越南学生经常出现偏误。教师应重点讲解它们带宾语的情况，也可以通过"把宾语放在合适的地方""连词成句""改错句""越汉翻译"等练习形式帮助越南学生减少偏误的产生。

第八，提醒学生注意汉语动词和越南语对应动词带趋向补语时不相同的情况。有些汉语动词不能带趋向补语，但其越南语对应动词可以带趋向补语。如：汉语动词"忘记"不能带趋向补语，但其越南语对应动词"quên"（忘记）可以带趋向补语"đi"（去）。有些汉语动词可以带趋向补语，但其越南语对应动词不能带趋向补语。如：汉语动词"坚持"可以带趋向补语"下来""下去"，但其越南语对应动词"kiên trì"（坚持）不能带趋向补语。教师在讲解这些动词时需要提醒学生注意这些动词在汉语中能不能跟趋向补语搭配。

第八章 结论

8.1 本书的主要结论

本书以汉语趋向补语在越南语中的对应形式及越南学生的习得为研究对象，研究中以对比分析理论、意象图式理论、中介语理论和自然顺序假说为理论指导，以对比分析法、偏误分析法、中介语对比分析法为研究方法。本书所取得的研究成果可以总结为以下九个方面。

第一，汉语趋向补语的意象图式比越南语相应的趋向补语的多。汉语趋向补语在越南语中的对应形式与其意象图式有很大关系。

第二，汉语趋向补语在越南语中的对应情况相当复杂。谓词后的趋向补语因谓词词义不同，表义功能也有所不同，因此汉语趋向补语在越南语中将会有多种不同的对应形式。

第三，汉语趋向补语在越南语中的对应形式错综复杂，这给越南学生的汉语趋向补语使用带来了不少困难。本书对越南学生汉语中介语语料库（65万字）进行了穷尽的分析，筛选出了2407条趋向补语用例（其中，正确用例1889条、偏误用例518条）。越南学生的趋向补语偏误可归为五种类型：（1）趋向补语冗余的偏误；（2）趋向补语遗漏的偏误；（3）趋向补语与宾语错序的偏误；（4）趋向补语之间混淆的偏误；（5）趋向补语与其他补语混淆的偏误。其中，趋向补语冗余的偏误和趋向补语之间混淆的偏误是最典型的偏误类型。无论是在初级、中级还是高级阶段，这两种类型的偏误都是数量最多的。有一些趋向补语越南学生存在少用、超用现象。

第四，在初级和中级阶段越南学生趋向补语的习得情况几乎没有差别，但到了高级阶段有了质的飞跃。越南学生在每个阶段内趋向补语基本义和趋向补语引申义的习得情况几乎没有什么差别。在初级阶段到中级阶段的发展过程中，趋向补语基本义的习得水平以及趋向补语引申义的习得水平没什么提高，进展不太明显。在中级阶段到高级阶段的发展过程中，趋向补语基本义的习得水平以及趋向补语引申义的习得水平有了很大的提高，进展很明显。

第五，不同组的趋向补语越南学生所出现的偏误类型是不同的。越南学生使用"回"组趋向补语时出现两种类型的偏误，使用"进"组、"过"组趋向补语时出现三种类型的偏误，使用"来、去"组、"上"组趋向补语时出现四种类型的偏误，使用"下"组、"出"组、"起"组趋向补语时出现五种类型的偏误。

第六，不同组的趋向补语越南学生习得情况是不同的。各组趋向补语的正确率由高到低依次为："进"组＞"下"组＞"起"组＞"上"组＞"回"组＞"出"组＞"来、去"组＞"过"组。各组趋向补语的正确率的发展趋势是不同的，大致可归为三种：第一种是正确率随着汉语水平的提高而递增（如"来、去"组、"上"组、"起"组趋向补语），第二种是正确率随着汉语水平的提高而逐渐降低（如"过"组趋向补语），第三种是正确率呈现出"U形行为模式"（U-Shaped Behavior）（如"下"组、"进"组、"出"组、"回"组趋向补语）。

第七，以正确用例频次的顺序及蕴含量表的顺序为依据，可将越南学生趋向补语句式的习得分为三个发展阶段：第一阶段是T2a、T2b、T3a、T3b、T1a句式，第二阶段是T1b、T6a、T6b、T7a、T4a句式，第三阶段是T4b、T5a、T5b、T7b句式。T2a、T2b、T3a、T3b句式是汉语母语者主要选择的句式。它们与其在越南语中的对应句式语序基本相同。因此，越南学生很快就能习得这些句式。

第八，影响越南学生习得趋向补语的因素是母语负迁移和目的语规则过度泛化。随着越南学生汉语水平的提高，母语负迁移导致的偏误比例会降低，目的语规则过度泛化导致的偏误比例会上升。但在各阶段母语负迁移依然是越南学生的主要偏误成因。

第九，本书认为由于汉语趋向补语复杂、形式多变，但趋向补语句式出现频率差异很大，有的句式出现频率很低，因此可将趋向补语句式分为会用的句式和会认的句式两类。会用的句式是汉语母语者使用频率较高的句式，也是外国学生必须掌握的句式。会认的句式是汉语母语者使用频率较低的句式，只要求外国学生知道有这样的句式存在，不要求他们掌握、会用。基于以上研究，本书认为 T1a、T1b、T2a、T2b、T3a、T3b 句式是越南学生必须会用的句式，其他句式是越南学生会认即可的句式。

8.2　本书的创新及不足之处

8.2.1　本书的创新之处

本书的创新之处主要有以下五点。

第一，借助大规模汉越语言对比语料，全面描写汉语趋向补语在越南语中的对应形式及趋向补语句式在越南语中的对应句式，总结汉语趋向补语及越南语对应形式的对应规律，并运用意象图式理论来解释汉语趋向补语在越南语中的部分对应形式。

第二，基于大规模越南学生汉语中介语语料库全面描写越南学生的趋向补语使用情况，分析并解释越南学生的偏误。

第三，运用似然比检验将越南学生趋向补语的使用情况与汉语母语者进行对比，指出越南学生趋向补语的超用、少用现象。

第四，证明不同组趋向补语越南学生所犯的偏误类型不同，习得情况也不同。

第五，构拟出越南学生趋向补语句式的三个习得发展阶段。

8.2.2　本书的不足之处

限于我们的学识、能力和时间，本书还存在一些不足、尚待深入研究之处。研究的理论深度不足。因条件所限，本书只基于中介语语料库进行研究，所以未能观察到越南学生偏误产生的其他原因。本书所统计的趋向补语语料数据如果多一些统计法检验会更加严密，故研究结论还须以后更多研究手段（如：测试、跟踪调查、实验等）的检验。

参考文献

中文文献

白克宁. 以越南语为母语的学生趋向补语习得顺序研究[J]. 现代语文，2010，(4).

常纯民. 现代汉语双补语研究[J]. 齐齐哈尔师范学院学报，1987，(4).

陈保亚. 上下文约束变换和语义限制[J]. 西南师范大学学报（哲学社会科学版），1991，(2).

陈昌来. 动后趋向动词性质研究述评[J]. 汉语学习，1994b，(2).

陈昌来. 论动后趋向动词的性质——兼谈趋向动词研究的方法[J]. 烟台师范学院学报（哲社版），1994a，(4).

陈晨、李秋杨. 汉泰趋向补语对比研究与语际迁移偏误生成[A].《汉语教学学刊》编委会. 汉语教学学刊（第6辑）[C]. 北京：北京大学出版社，2010.

陈建民."拿一本书来"的同义句式[J]. 汉语学习，1980，(2).

陈若君. 与"V+进（来/去）+O"格式相关的句法语义问题[A]. 南开大学文学院中文系《语言研究论丛》编委会.《语言研究论丛》第八辑[C]. 天津：南开大学出版社，1999.

陈希孺. 数理统计引论[M]. 北京：科学出版社，2007.

陈晓苹. 论说"起来"一词[J]. 新疆大学学报（哲学社会科学版），1994，(1).

陈信春. 同复合趋向补语并见的宾语的位置[J]. 中国语文通讯，1982，(5).

陈忠. 复合趋向补语中"来/去"的句法分布顺序及其理据[J]. 当代语言学，2007，(1).

程美珍主编. 汉语病句辨析九百例[M]. 北京：华语教学出版社，1997

（2009版）.

戴耀晶. 现代汉语时体系统研究[M]. 杭州：浙江教育出版社，1997.

丁崇明. 现代汉语语法教程[M]. 北京：北京大学出版社，2009.

丁声树等. 现代汉语语法讲话[M]. 北京：商务印书馆，1961（2009版）.

董淑慧."V+过类"准动趋结构的自主性问题[J]. 天津师范大学学报，1999，（4）.

范继淹. 动词和趋向性后置成分的结构分析[J]. 中国语文，1963，（2）.

房玉清."起来"的分布和语义特征[J]. 世界汉语教学，1992，（1）.

房玉清. 助词的语法特征及其分类[J]. 语言教学与研究，1981，（4）.

冯丽萍、孙红娟. 第二语言习得顺序研究方法述评[J]. 语言教学与研究，2010，（1）.

高顺全. 复合趋向补语引申用法的语义解释[J]. 汉语学习，2005，（1）.

高顺全. 三个平面的语法研究[M]. 上海：学林出版社，2004.

耿京茹. 汉语趋向补语与法语相关表述的比较[J]. 汉语学习，2005，（3）.

龚千炎. 汉语的时相 时制 时态[M]. 北京：商务印书馆，1995（2012版）.

关键. 补语"上"的意义和用法[J]. 天津师范大学学报，1997，（2）.

桂诗春、宁春岩. 语言学方法论[M]. 北京：外语教学与研究出版社，1997.

郭春贵. 复合趋向补语与非处所宾语的位置问题补议[J]. 世界汉语教学，2003，（3）.

郭珊珊、朱乐红. 论汉语"出"类趋向补语的语法意义[J]. 湖南科技大学学报（社会科学版），2011，（3）.

国家对外汉语教学领导小组办公室. 高等学校外国留学生汉语教学大纲（长期进修）[M]. 北京：北京语言大学出版社，2002.

国家对外汉语教学领导小组办公室. 高等学校外国留学生汉语言专业教学大纲[M]. 北京：北京语言大学出版社，2002.（附件二）.

国家对外汉语教学领导小组办公室汉语水平考试部. 汉语水平等级标准与语法等级大纲[M]. 北京：高等教育出版社，1996.

国家汉办 教育部社科司《汉语国际教育用音节汉字词汇等级划分》课题组. 汉语国际教育用音节汉字词汇等级划分（国家标准·应用解读本）

[M]. 北京：北京语言大学出版社，2010.

韩宝成. 外语教学科研中的统计方法[M]. 北京：外语教学与研究出版社，2000（2010 版）.

贺国伟. 动词后"起来"的非趋向用法[A]. 胡裕树、范晓主编. 动词研究 [C]. 开封：河南大学出版社，1995.

洪林. 论复合趋向补语的教学研究[J]. 云南师范大学学报（对外汉语教学与研究版），2004，（5）.

洪心衡. 能愿动词 趋向动词 判断词[M]. 上海：上海教育出版社，1985.

侯精一、徐枢、张光正、蔡文兰. 中国语补语例解[M]. 北京：商务印书馆，2001.

胡明扬. 第二语言的学习和教学[A]. 上海师范大学《对外汉语研究》编委会编. 对外汉语研究（第一期）[C]. 北京：商务印书馆，2005.

胡明扬. 对外汉语教学的教学目的和教学方法[A]. 中国对外汉语教学学会编. 中国对外汉语教学学会第七次学术讨论会论文选[C]. 北京：人民教育出版社，2002.

胡明扬. 对外汉语教学基础教材的编写问题[J]. 语言教学与研究，1999，（1）.

黄伯荣、廖序东主编. 现代汉语（修订本）（下册）[M]. 兰州：甘肃人民出版社，1988.

黄玉花. 韩国留学生汉语趋向补语习得特点及偏误分析[J]. 汉语学习，2007，（4）.

黄玉花. 汉朝语动词性结构对比与偏误分析[M]. 北京：民族出版社，2011.

黄自然、肖奚强. 基于中介语语料库的韩国学生"把"字句习得研究 [J]. 汉语学习，2012，（1）.

贾秀英、孟晓琦. 汉语趋向补语与法语相应结构的对比[J]. 山西大学学报（哲学社会科学版），2008，（5）.

贾钰. "来/去"作趋向补语时动词宾语的位置[J]. 世界汉语教学，1998，（1）.

姜丽萍主编. HSK 标准教程·三级[M]. 北京：北京语言大学出版社，2014.

姜丽萍主编. HSK 标准教程·三级（练习册）[M]. 北京：北京语言大学出版社，2014.

姜丽萍主编. HSK 标准教程·四级下 [M]. 北京：北京语言大学出版社，2014.

姜丽萍主编. HSK 标准教程·四级下（练习册）[M]. 北京：北京语言大学出版社，2014.

金立鑫. 趋向补语和宾语的位置关系 [A]. 赵金铭主编. 对外汉语研究的跨学科探索——汉语学习与认知国际学术研讨会论文集 [C]. 北京：北京语言大学出版社，2003.

居红. 汉语趋向动词及动趋短语的语义和语法特点 [J]. 世界汉语教学，1992，(4).

孔子学院总部/国家汉办. 国际汉语教学通用课程大纲 [M]. 北京：北京语言大学出版社，2014.

黎锦熙. 新著国语文法 [M]. 北京：商务印书馆，1924（2000 版）.

李大忠. 外国人学汉语语法偏误分析 [M]. 北京：北京语言大学出版社，1996（2007 版）.

李冠华. "V 去了" 说略 [J]. 汉语学习，1991，(3).

李会娟. 基于语料库的中国英语学习者否定词的使用情况研究——以 neither 作为个案研究 [J]. 吉林广播电视大学学报，2008，(2).

李建成. 韩国留学生汉语趋向补语习得研究 [A]. 郭鹏主编. 汉语国际教育研究 [C]. 北京：高等教育出版社，2011.

李临定. 现代汉语动词 [M]. 北京：中国社会科学出版社，1989.

李敏. 论 "V 起来" 结构中 "起来" 的分化 [J]. 烟台师范学院学报（哲学社会科学版），2005，(3).

李淑红. 留学生使用汉语趋向补语的情况调查及分析 [J]. 民族教育研究，2000，(4).

李思旭、于辉荣. 从共时语法化看 "V 上" 与 "V 下" 不对称的实质 [J]. 语言教学与研究，2012，(2).

李文玲、张厚粲、舒华. 教育与心理定量研究方法与统计分析——SPSS 实用指导 [M]. 北京：北京师范大学出版社，2008.

李文中. 基于英语学习者语料库的主题词研究 [J]. 现代外语，2003，(2).

刘汉武. 初级汉语水平越南学生的趋向补语偏误分析 [J]. 云南师范大学学

报（对外汉语教学与研究版），2013，（4）.

刘汉武. 高级汉语水平越南学生的趋向补语偏误分析 [J]. 西华大学学报（哲学社会科学版），2014，（1）.

刘汉武. 基于越南学生汉语中介语语料库的"出"组趋向补语习得研究 [A].《汉语教学学刊》编委会. 汉语教学学刊（第9辑）[C]. 北京：北京大学出版社，2013.

刘汉武. 基于越南学生中介语语料库的趋向补语偏误分析 [J]. 国际汉语学报，2012，（2）.

刘汉武. 现代汉语趋向动词研究概述 [J]. 现代语文（语言研究），2012，（12）.

刘汉武. 越南学生"出"组趋向补语习得考察 [J]. 海外华文教育，2013，（4）.

刘汉武. 越南学生汉语趋向补语的偏误分析 [D]. 北京师范大学硕士学位论文，2011.

刘汉武. 越南学生汉语趋向补语偏误中母语负迁移的体现 [J]. 国际汉语学报，2013，（2）.

刘兰民. 现代汉语起始趋向补语初探 [J].（香港）语言研究与应用，2004，（1）.

刘叔新. 关于助词的性质和类别问题 [J]. 南开学报（哲学社会科学版），1981，（3）.

刘月华、潘文娱、故韡. 实用现代汉语语法 [M]. 北京：外语教学与研究出版社，1983.

刘月华. 表示状态意义的"起来"与"下来"之比较 [J]. 世界汉语教学，1987，（1）.

刘月华. 关于趋向补语"来"、"去"的几个问题 [J]. 语言教学与研究，1980，（3）.

刘月华. 几组意义相关的趋向补语语义分析 [J]. 语言研究，1988，（1）.

刘月华. 趋向补语前动词之研究 [A].《第五届国际汉语教学讨论会论文选》编辑委员会. 第五届国际汉语教学讨论会论文选 [C]. 北京：北京大学出版社，1997.

刘月华主编. 趋向补语通释 [M]. 北京：北京语言学院出版社，1998（2008版）.

卢英顺."进"类趋向动词的句法、语义特点探析 [J]. 语言教学与研究，

2007,(1).

卢英顺. 现代汉语中的"延续体"[J]. 安徽师范大学学报(人文社会科学版),2000,(3).

卢英顺. 形态和汉语语法研究[M]. 上海:学林出版社,2006.

鲁健骥. 从教学法的角度看趋向补语[A]. 鲁健骥. 对外汉语教学思考集[C]. 北京:北京语言大学出版社,1999.

鲁淑娟. 对外汉语趋向补语偏误研究[A]. 孟国主编. 对外汉语十个语法难点的偏误研究[C]. 北京:北京大学出版社,2011.

陆秉庸. 试谈汉维语的运动动词以及同处所——方位词语的组合[J]. 语言与翻译,1987,(4).

陆俭明. 动词后趋向补语和宾语的位置问题[J]. 世界汉语教学,2002,(1).

陆俭明. 汉语研究与对外汉语教学[J]. 苏州市职业大学学报,2005,(4).

陆俭明. 述补结构的复杂性——《现代汉语补语研究资料》序[J]. 语言教学与研究,1990,(1).

陆庆和. 实用对外汉语教学语法[M]. 北京:北京大学出版社,2006.

陆志韦. 北京话单音词汇[M]. 北京:科学出版社,1956.

陆志韦. 汉语构词法[M]. 北京:科学出版社,1964.

陆宗达、俞敏. 现代汉语语法(上)[M]. 北京:群众书店,1954.

吕桂云. 越南留学生学习汉语趋向补语的偏误分析[J]. 语文学刊,2011,(4).

吕叔湘. 中国文法要略[M]. 北京:商务印书馆,1942(1982版).

吕叔湘主编. 现代汉语八百词[M]. 北京:商务印书馆,1980.

吕文华. 对《语法等级大纲》(试行)的几点意见[J]. 语言教学与研究,1992,(3).

吕文华. 对外汉语教材语法项目排序的原则及策略[J]. 世界汉语教学,2002,(4).

孟琮主编. 汉语动词用法词典[M]. 北京:商务印书馆,1999(2005版).

木村秀树(王志 译). 汉语方位补语"来""去"的两个功能[J]. 徐州师范学院学报(哲学社会科学版),1987,(3).

倪文杰、张卫国、冀小军主编. 现代汉语辞海(注音、释义、词性、构词、连语)[M]. 北京:人民中国出版社,1994.

潘璠. 基于语料库的语言研究与教学应用 [M]. 北京：中国社会科学出版社，2012.

濮建忠. 基于学习者语料库的中国非英语专业大学生中间语状况调查 [A]. 杨惠中、桂诗春、杨达复主编. 基于CLEC语料库的中国学习者英语分析 [C]. 上海：上海外语教育出版社，2005.

齐春红. 越南语母语者汉语趋向补语习得顺序研究 [J]. 云南师范大学学报（对外汉语教学与研究版），2014，（4）.

齐春红. 老挝语母语者汉语趋向补语习得情况分析 [J]. 西南石油大学学报（社会科学版），2015，（1）.

齐春红、杨育彬. 泰国学生汉语趋向补语习得研究 [J]. 现代语文（学术综合版），2015，（2）.

齐沪扬. 空间位移中主观参照"来/去"的语用含义 [J]. 世界汉语教学，1996，（4）.

齐沪扬. 现代汉语短语 [M]. 上海：华东师范大学出版社，2000（2002版）.

齐沪扬、曾传禄. "V起来"的语义分化及相关问题 [J]. 汉语学习，2009，（2）.

钱旭菁. 日本留学生汉语趋向补语的习得顺序 [J]. 世界汉语教学，1997，（1）.

钱旭菁. 日本留学生汉语趋向补语偏误分析 [A]. 张起旺、王顺洪主编. 汉外语言对比与偏误分析论文集 [C]. 北京：北京大学出版社，1999.

邱广君. 谈"V上"所在句式中的"上"意义 [J]. 汉语学习，1995，（4）.

邱广君. 谈"V下+宾语"中宾语的类、动词的类和"下"的意义 [J]. 语文研究，1997，（4）.

邱广君. 与"[动词+'出']+宾语"有关的几个问题 [A]. 北京大学中文系《语言学论丛》编委会.《语言学论丛》第九辑 [C]. 北京：商务印书馆，1982.

邱广君. 与"V下+宾语"有关的几个问题 [A].《第五届国际汉语教学讨论会论文选》编辑委员会. 第五届国际汉语教学讨论会论文选 [C]. 北京：北京大学出版社，1996.

邱志朴. 汉语和英语中表示趋向的动词短语比较 [J]. 语言教学与研究，1980，（1）.

任雪梅、徐静凝. 博雅汉语·初级起步篇（第二版）第Ⅱ册 [M]. 北京：北京大学出版社，2013.

任鹰、于康. 从"V 上"和"V 下"的对立与非对立看语义扩展中的原型效应 [J]. 汉语学习，2007，（4）.

杉村博文. 试论趋向补语 ".下" ".下来" ".下去" 的引申用法 [J]. 语言教学与研究，1983，（4）.

施家炜. 外国留学生 22 类现代汉语句式的习得顺序研究 [J]. 世界汉语教学，1998，（4）.

施家炜. 第二语言学习者汉语特指问句习得的发展过程研究 [A]. 加州中文教学研究中心编. 中文 L2 理论与实践 CLEF2011 论文精选 [C]. CLERC Publishing，2012.

史锡尧. 动词后"上"、"下"的语义和语用 [J]. 汉语学习，1993，（1）.

宋红红、辛鑫等. 以泰语为母语的学生汉语趋向补语的习得顺序研究 [A]. 张旺熹、邢红兵主编. 汉语测试、习得与认知探索（续一）——"第二届语言测试与习得研究生学术论坛"论文选 [C]. 北京：世界图书出版公司，2011.

宋再前. 现代汉语动词情态新探——兼谈"趋向动词"的范围问题 [J]. 丹东师专学报（哲学社会科学版），1981，（1）.

孙宏林、黄建平、孙德金、李德钧、邢红兵. 现代汉语研究语料库系统概述 [A].《第五届国际汉语教学讨论会论文选》编辑委员会编. 第五届国际汉语教学讨论会论文选 [C]. 北京：北京大学出版社，1997.

太田辰夫. 中国语历史文法 [M]. 北京：北京大学出版社，1958（2003 版）.

覃盛发. 略说趋向动词"起去"[J]. 广西民族学院学报，1987，（2）.

覃远雄. 试析"A+趋向补语"格式 [J]. 广西民族学院学报（哲学社会科版），1993，（3）.

汤玲. 复合趋向补语"过来"引申义的认知与习得 [J]. 海外华文教育，2011，（2）.

佟慧君. 外国人学汉语病句分析 [M]. 北京：北京语言学院出版社，1986.

童小娥. 从事件的角度看补语"上来"和"下来"的对称和不对称 [J]. 世界汉语教学，2009，（4）.

王力. 中国现代语法 [M]. 北京：商务印书馆，1985.

王树瑛. 现代汉语中双补语的情况 [J]. 语文教学与研究, 1999, (8).

王硕农、焦庞颙. 汉语常用动词搭配词典 [M]. 北京: 外语教学与研究出版社, 1984.

王媛. 跟趋向动词有关的偏误分析 [J]. 云南师范大学学报 (对外汉语教学与研究版), 2006, (5).

魏红. 面向汉语习得的常用动词带宾情况研究 [M]. 北京: 人民出版社, 2009.

吴洁敏. 谈谈非谓语动词"起来" [J]. 语言教学与研究, 1984, (2).

吴丽君等. 日本学生汉语习得偏误研究 [M]. 北京: 中国社会科学出版社, 2002.

肖奚强、周文华. 外国学生汉语趋向补语句习得研究 [J]. 汉语学习, 2009, (1).

肖秀妹. "动+来+名"和"动+名+来"两种句式的比较 [J]. 语言教学与研究, 1992, (1).

肖忠华、戴光荣. 语料库在语言教学中的运用——中国英语学习者被动句式习得个案研究 [J]. 浙江大学学报 (人文社会科学版), 2010, (4).

邢福义. "起去"的普方古检视 [J]. 方言, 2002, (2).

邢福义. 关于形容词短语 [J]. 荆州师专学报 (哲学社会科学版), 1988, (1).

徐桂梅、陈满华. 发展汉语 初级汉语 (下) [M]. 北京: 北京语言大学出版社, 2006.

徐宏亮. 中国高级英语学习者学术语篇中的作者立场标记语的使用特点——一项基于语料库的对比研究. 外语教学, 2011, (6).

徐静茜. ".起"和".上" [J]. 汉语学习, 1981, (6).

徐静茜. "趋向动词"应归属何种词类? [J]. 语言文字学, 1983b, (2).

徐静茜. 说".来、.去" [J]. 语言教学与研究, 1983a, (1).

徐静茜. 也论".下来"".下去"的引申用法 [J]. 汉语学习, 1985, (4).

徐丽. 汉语复合趋向补语引申用法的语义习得研究——兼论《大纲》对复合趋向补语引申用法的编排 [A]. 徐为民、何文潮主编. 国际汉语教材的理念与教学实践研究——第十届国际汉语教学学术研讨会论文集 [C]. 杭州: 浙江大学出版社, 2012.

徐枢. 宾语和补语 [M]. 哈尔滨: 黑龙江人民出版社, 1985.

许皓光. 略论多层补语的存在及成因 [J]. 沈阳大学学报, 2002, (1).

杨德峰. "时间顺序原则"与"动词+复合趋向动词"带宾语形成的句式 [J]. 世界汉语教学, 2005, (3).

杨德峰. VC1OC2 中宾语的语义类及范畴化现象 [J]. 华文教学与研究, 2011, (1).

杨德峰. 朝鲜语母语学习者趋向补语习得情况分析——基于汉语中介语语料库的研究 [J]. 暨南大学华文学院学报, 2003b, (4).

杨德峰. 趋向补语"进来"和"进去"的对称与不对称 [A]. 中国人民大学对外语言文化学院. 汉语研究与应用（第三辑）[C]. 北京：中国社会科学出版社, 2005a.

杨德峰. 日本人学汉语常见语法错误释疑 [M]. 北京：商务印书馆, 2008a.

杨德峰. 日语母语学习者的汉语复合趋向补语引申义习得情况分析——基于中介语语料库的研究 [A]. 许嘉璐主编. 第九届国际汉语教学研讨会论文选 [C]. 北京：高等教育出版社, 2008b.

杨德峰. 日语母语学习者趋向补语"上""下"引申义的习得情况分析——兼议趋向补语"上""下"的引申义 [A]. 蔡昌卓主编. 多维视野下的对外汉语教学研究——第七届国际汉语教学学术研讨会论文集 [C]. 桂林：广西师范大学出版社, 2009.

杨德峰. 日语母语学习者趋向补语的习得情况分析——基于汉语中介语语料库的研究 [J]. 暨南大学华文学院学报, 2004, (3).

杨德峰. 英语母语学习者复合趋向补语引申义习得情况分析 [A]. 程爱民、何文潮、牟岭主编. 对美汉语教学论集 [C]. 北京：外语教学与研究出版社, 2007.

杨德峰. 英语母语学习者趋向补语的习得顺序——基于汉语中介语语料库的研究 [J]. 世界汉语教学, 2003a, (2).

杨寄洲主编. 汉语教程（修订本）第二册（上）[M]. 北京：北京语言大学出版社, 2006.

杨寄洲主编. 汉语教程（修订本）第二册（下）[M]. 北京：北京语言大学出版社, 2006.

杨寄洲主编. 汉语教程（修订本）第三册（上）[M]. 北京：北京语言大学

出版社，2006.

杨凯荣. 论趋向补语和宾语的位置 [J]. 汉语学报，2006，（2）.

杨庆华. 新一代对外汉语教材的初步构想 [J]. 语言教学与研究，1995，（4）.

杨石泉. 趋向补语及其引申意义——说补语（二）[J]. 逻辑与语言学习，1986，（1）.

杨杏红、齐沪扬. 现代汉语多项补语的语序问题 [J]. 世界汉语教学，2010，（1）.

俞燕君. 韩国人学汉语难点及偏误解析 [M]. 杭州：浙江大学出版社，2011.

翟英华. 俄罗斯留学生习得汉语趋向补语的教学研究 [J]. 齐齐哈尔大学学报（哲学社会科学版），2008，（6）.

张斌主编. 现代汉语描写语法 [M]. 北京：商务印书馆，2010.

张伯江. 动趋式里宾语位置的制约因素 [J]. 汉语学习，1991a，（6）.

张伯江. 关于动趋式带宾语的几种语序 [J]. 中国语文，1991b，（3）.

张丹. 汉语结果补语和趋向补语在法语中的表述 [J]. 法语学习，2002，（3）.

张发明. 趋向动词"来""去"新议 [J]. 四平师院学报（哲学社会科学版），1981，（3）.

张厚粲、徐建平. 现代心理与教育统计学 [M]. 北京：北京师范大学出版社，2009.

张静. 谈汉语副词的范围 [J]. 中国语文，1961，（8）.

张燕春. "V+上/下"中"上/下"的意义和V的类 [J]. 赣南师范学院学报，1995，（4）.

章宜华. 基于用户认知视角的对外汉语词典释义研究 [M]. 北京：商务印书馆，2011.

张谊生. 现代汉语虚词 [M]. 上海：华东师范大学出版社，2000（2002版）.

张志公. 汉语语法常识 [M]. 北京：中国青年出版社，1953.

张志公主编. 汉语知识 [M]. 北京：人民教育出版社，1959（1979版）.

赵金铭. 对外汉语教学概论 [M]. 北京：商务印书馆，2004.

赵金铭. 对外汉语教学语法与语法教学 [J]. 语言文字应用，2002，（2）.

赵金铭. 教外国人汉语语法的一些原则问题 [J]. 语言教学与研究，1994，（2）.

赵世开. 对比语言学研究的发展和展望——《英汉对比研究论文集》序 [J]. 世界汉语教学，1990，（3）.

赵淑华、刘社会、胡翔. 北京语言学院现代汉语精读教材主课文句型统计结果的报告 [J]. 语言教学与研究, 1995, (2).

赵元任（吕叔湘译). 汉语口语语法 [M]. 北京: 商务印书馆, 1979 (2005 版).

赵遵礼. 现代汉语句子成分分析 [M]. 西安: 陕西人民出版社, 1983.

中国社会科学院语言研究所词典编辑室. 现代汉语词典（第 7 版）[M]. 北京: 商务印书馆, 2016.

钟兆华. 动词"起去"和它的消失 [J]. 中国语文, 1988, (5).

周红、鲍莹玲. 复合趋向结构"V+过来/过去"的对称与不对称 [J]. 语言教学与研究, 2012, (3).

周统权. "上"与"下"不对称的认知研究 [J]. 语言科学, 2003, (1).

周小兵. 对外汉语语法项目的选择和排序 [A]. 对外汉语教学与中国文化——2003 国际汉语教学学术研讨会论文选集 [C]. 汉学出版社, 2003.

周小兵、朱其智、邓小宁等. 外国人学汉语语法偏误研究 [M]. 北京: 北京语言大学出版社, 2007.

周小兵主编. 阶梯汉语 初级读写Ⅱ [M]. 北京: 华语教学出版社, 2007.

周一民. 汉语趋向动词规范谈 [J]. 语文建设, 1999, (3).

周永惠. 复合趋向补语的趋向意义 [J]. 四川师范大学学报, 1991, (2).

朱德熙. 语法讲义 [M]. 北京: 商务印书馆, 1982 (2007 版).

朱巨器. 中日趋向动词的比较研究 [J]. 上海科技翻译, 2000, (3).

朱志平. 汉语第二语言教学理论概要 [M]. 北京: 北京大学出版社, 2008.

外文文献

Barry P. Taylor. *Adult Language Learning Strategies and Their Pedagogical Implications* [J]. TESOL Quarterly, 1975, Vol.9, No.4.

Carl James. *Errors in Language Learning and Use: Exploring Error Analysis* [M]. 1998.《语言学习和语言使用中的错误: 错误分析探索》, 北京: 外语教学与研究出版社, 2001.

Charles C. Fries. *Teaching & learning English as a foreign language* [M].

Ann Arbor: University of Michigan Press, 1945.

Eric Kellerman. *If at first you do succeed*...[A]. In: Susan M. Gass & Carolyn G. Madden (eds.). *Input in Second Language Acquisition* [C]. Cambridge: Newbury House Publishers, 1985.

Evelyn Hatch and Hossein Farhady. *Research design and statistics for applied linguistics* [M]. New York: Newbury House Publishers, 1982.

George Lakoff & Mark Johnson. *Metaphors we live by* [M]. Chicago: The University of Chicago Press, 1980.

George Lakoff. *Women, fire, and dangerous things* [M]. Chicago: The University of Chicago Press, 1987.

Graeme Kennedy. *An Introduction to Corpus Linguistics* [M]. London: Longman, 1998.

Hatch E. and Farhady H. *Research design and statistics for applied linguistics*[M]. New York: Newbury House Publishers, 1982.

Larry Selinker. *Interlanguage* [J]. International Review of Applied Linguistics in Language Teaching, 1972, vol. X /3.

Lưu Hớn Vũ. *Những lỗi sử dụng bổ ngữ chỉ phương hướng khi học viên người Việt học tiếng Trung Quốc* [J]. Tạp chí Ngôn ngữ và đời sống, 2011, số 11.

Marcel Danesi & Robert Di Pietro. *Contrastive Analysis for the Contemporary Second Language Classroom* [M]. Toronto: The Ontario Insitute for Studies in Education, 1991.

Mark Johnson. *The body in the mind* [M]. Chicago: The University of Chicago Press, 1987.

Nguyễn Kim Thản. *Động từ trong tiếng Việt* [M]. Hà Nội: Nhà xuất bản Khoa học Xã hội, 1999.

Paul Rayson & Roger Garside. *Comparing Corpora Using Frequency Profiling* [A]. In: Proceedings of the Workshop on Comparing Corpora at the 38th Annual Meeting of the Association of Computational Linguistics [C]. Hong Kong, China.2000:1-6.

Robert Lado. *Linguistics Across Cultures: Applied Linguistics for Language Teachers* [M]. Ann Arbor: The University of Michigan Press, 1957.

Rod Ellis. *The Study of Second Language Acquisition* [M]. *1994.*《第二语言习得研究》, 上海: 上海外语教育出版社, 1999.

Ronald Sheen. *The Advange of Exploiting Contrastive Analysis in Teaching and Learning a Foreign Language* [J]. International Review of Applied Linguistics in Language Teaching, 1996, vol XXXIV/3.

Ronald W. Langacker. *Foundations of Cognitive Grammar Vol.1* [M]. Standford: Standford University Press, 1987.

S. P. Corder. *Error Analysis* [A]. In: J. P. B. Allen and S. Pit Corder (eds.). *The Edinburgh Course in Applied Linguistics vol.3: Teachniques in Applied Linguistics* [C]. Oxford: Oxford University Press, 1974.

S. P. Corder. *The significance of learners' errors* [J]. International Review of Applied Linguistics in Language Teaching, 1967, vol. Ⅴ/4.

Schachter J. An Error in Error Analysis[J]. Language Learning 24, 1974.

Stephen D. Krashen. *The Input Hypothesis: Issues and Implications* [M]. London: Longman, 1985.

附　录

附录一　汉语"动语素＋趋向语素"构成的动词

中国社会科学院语言研究所词典编辑室编的《现代汉语词典（第7版）》（商务印书馆，2016）已将下列"动语素＋趋向语素"结构当词收入。

构词方式	动词
动语素＋来	出来、到来、归来、过来、回来、进来、看来、起来、上来、往来、下来、想来
动语素＋去	出去、故去、过去、回去、进去、上去、失去、下去
动语素＋上	犯上、赶上、加上、看上、如上
动语素＋上去	看上去
动语素＋下	上下、余下
动语素＋进	并进、促进、改进、跟进、掘进、迈进、冒进、劝进、挺进、推进、行进、演进、引进、跃进、长进、增进
动语素＋出	超出、重出、发出、付出、复出、革出、进出、娩出、输出、突出、推出、退出、析出、演出、展出、支出
动语素＋出去	豁出去
动语素＋回	驳回、撤回、返回、来回、轮回、收回、退回、挽回、巡回、萦回、迂回、折回、召回
动语素＋过	补过、错过、改过、悔过、经过、记过、通过、透过、越过、超过
动语素＋起	迭起、发起、奋起、唤起、崛起、提起、突起、掀起、兴起、引起

附录二　汉语"形语素 + 趋向语素"构成的形容词

中国社会科学院语言研究所词典编辑室编的《现代汉语词典（第7版）》（商务印书馆，2016）已将下列"形语素 + 趋向语素"结构当词收入。

构词方式	形容词
形语素 + 进	激进、急进
形语素 + 出	特出
形语素 + 过	好过、难过

附录三　汉语谓词与趋向补语搭配频次统计

本附录是对北京语言大学建的现代汉语研究语料库系统（200万字）进行穷尽统计的结果。该语料库中22个趋向补语与谓词的搭配情况如下。

1. 趋向补语"来"

有156个谓词能与趋向补语"来"搭配，搭配频次为818次。

谓词	频次	谓词	频次	谓词	频次	谓词	频次	谓词	频次	谓词	频次	谓词	频次
带	110	调	14	招	8	挣	5	取	3	捡	2	涌	2
到	68	引	14	转移	8	转	5	伸	3	盼	2	用	2
送	45	打	12	端	7	采	4	偷	3	骗	2	游	2
拿	33	弄	12	派	7	闯	4	学	3	聘	2	站	2
赶	32	接	11	扑	7	读	4	争取	3	扑奔	2	摆	1
走	27	搬	10	报	6	说	4	办	2	迁	2	搬迁	1
请	23	叫	10	奔	6	提	4	凑	2	驶	2	搬用	1
买	22	跑	10	发	6	租	4	反映	2	抬	2	绑	1
找	20	飞	8	吹	5	等	3	放	2	听	2	抱	1
传	17	寄	8	得	5	分	3	刮	2	统一	2	参与	1
换	17	捎	8	借	5	拉	3	唤	2	投	2	抄	1
醒	17	运	8	开	5	领	3	汇	2	压	2	扯	1

续表

谓词	频次	谓词	频次	谓词	频次	谓词	频次	谓词	频次	谓词	频次	谓词	频次
冲	1	赶集	1	集中	1	凝聚	1	娶	1	拖	1	争	1
窜	1	跟	1	挤	1	扭转	1	杀	1	挖	1	转变	1
搭	1	贡	1	夹	1	爬	1	升	1	吸引	1	转轮	1
打发	1	供	1	嫁	1	抛	1	收集	1	袭	1	转业	1
捣腾	1	勾	1	荐	1	陪	1	数	1	想	1	赚	1
盗	1	雇	1	交换	1	配备	1	甩	1	写	1	做	1
道	1	挂	1	介绍	1	捧	1	搜罗	1	选拔	1		
蹬	1	关	1	进贡	1	飘	1	算	1	邀	1		
躲	1	喊	1	开采	1	聘请	1	提拉	1	引导	1		
翻	1	击	1	轮	1	牵	1	挑	1	迎	1		
拂	1	集合	1	谋	1	抢	1	跳	1	扎	1		

2. 趋向补语"去"

有 165 个谓词能与趋向补语"去"搭配，搭配频次为 691 次。

谓词	频次	谓词	频次	谓词	频次	谓词	频次	谓词	频次	谓词	频次	谓词	频次
到	186	扔	5	冲	3	穿	2	投入	2	逮	1	砍	1
送	46	调	5	打	3	传	2	挖	2	倒	1	扣	1
跑	35	赶	4	叨	3	辞	2	游	2	躲	1	扩展	1
走	28	滚	4	贯彻	3	发	2	运	2	拂	1	老	1
拿	22	花	4	寄	3	飞	2	占	2	搁	1	领	1
死	16	摸	4	减	3	分	2	站	2	割	1	留	1
带	15	抢	4	揪	3	跟	2	捉	2	勾	1	流	1
买	10	删	4	开	3	换	2	坐	2	贯穿	1	掠	1
拉	9	伸	4	离	3	挤	2	办	1	归结	1	落实	1
抹	9	省	4	抬	3	嫁	2	编	1	耗	1	捏合	1
望	9	驶	4	提	3	接	2	拆	1	轰	1	扭	1
搬	8	逃	4	偷	3	揹	2	吃	1	滑	1	暖	1
散	7	投	4	咬	3	看	2	驰	1	汇	1	爬	1
脱	7	退	4	用	3	埋	2	出差	1	夹	1	陪	1
追	7	想	4	抓	3	派	2	出口	1	拣	1	赔	1
奔	6	安排	3	钻	3	深入	2	除	1	荐	1	配置	1
放	6	擦	3	扒	3	说	2	传达	1	叫	1	捧	1
夺	5	扯	3	撤	2	掏	2	闯	1	卷入	1	撇	1

续表

谓词	频次	谓词	频次	谓词	频次	谓词	频次	谓词	频次	谓词	频次	谓词	频次
敲	1	绕	1	收买	1	挑	1	问	1	移	1	照	1
翘	1	上升	1	睡	1	跳	1	吸	1	隐	1	住	1
倾注	1	渗入	1	缩	1	捅	1	陷	1	涌	1	转业	1
请	1	渗透	1	谈	1	投奔	1	写	1	运用	1		
泅	1	拾	1	剃	1	推	1	新	1	扎	1		
取	1	拭	1	舔	1	推广	1	压	1	找	1		

3. 趋向补语"上"

有246个谓词能与趋向补语"上"搭配，搭配频次为1084次。

谓词	频次	谓词	频次	谓词	频次	谓词	频次	谓词	频次	谓词	频次	谓词	频次	谓词	频次	谓词	频次
考	45	点	11	撞	7	升	4	贴	3	摸	2	揣	1				
登	42	加	11	满	6	提	4	涂	3	排	2	抽	1				
赶	30	说	11	种	6	喜欢	4	压	3	捧	2	答	1				
穿	26	写	11	备	5	系	4	搬	2	去	2	得	1				
碰	26	追	11	打	5	跃	4	拌	2	拖	2	蹬	1				
踏	25	递	10	患	5	抱	1	吵	2	袭	2	吊	1				
戴	23	搭	9	拉	5	挡	3	呈	2	掩	2	钉	1				
当	21	挂	9	拿	5	等	3	凑	2	载	2	读	1				
跟	19	过	9	铺	5	顶	3	垫	2	沾	2	赌	1				
关	16	披	8	填	5	对	3	盯	2	粘	2	发	1				
遇	16	骑	8	跳	5	放	3	扶	2	沾染	2	翻	1				
爱	15	推	8	涌	5	喊	3	附	2	蒸	2	返	1				
换	15	装	8	栽	5	煎	3	裹	2	住	2	泛	1				
背	14	闭	7	绑	4	浇	3	见	2	琢磨	2	飞	1				
带	14	冲	7	端	4	卖	3	讲	2	安	1	逢	1				
吃	13	画	7	干	4	迷	3	看	2	报	1	缝	1				
盖	13	交	7	搁	4	抹	3	刻	2	编	1	浮	1				
爬	13	接	7	喝	4	跑	3	哭	2	变	1	隔	1				
送	12	迈	7	划	4	配	3	跨	2	踩	1	顾	1				
锁	12	蒙	7	连	4	签	3	联系	2	缠	1	贡	1				
坐	12	染	7	派	4	娶	3	聊	2	铲	1	鼓	1				
摆	11	献	7	攀	4	抬	3	骂	2	抄	1	供	1				
插	11	用	7	评	4	添	3	买	2	扯	1	好	1				

续表

谓词	频次	谓词	频次	谓词	频次	谓词	频次	谓词	频次	谓词	频次	谓词	频次
合	1	敬	1	迷恋	1	赛	1	叹	1	引	1	争	1
阖	1	锯	1	纳	1	杀	1	舔	1	拥	1	整	1
恨	1	开	1	撑	1	烧	1	调	1	攒	1	挣	1
横	1	靠	1	拧	1	捎带	1	外带	1	扎	1	直	1
呼唤	1	夸	1	赔	1	盛	1	玩	1	轧	1	转	1
花	1	揽	1	拚	1	竖	1	镶	1	占	1	做	1
混	1	练	1	拼	1	刷	1	笑	1	站	1		
挤	1	领	1	扑	1	摔	1	锈	1	占用	1		
寄	1	留神	1	瞧	1	拴	1	续	1	长	1		
架	1	落	1	热	1	睡	1	演	1	找	1		
叫	1	埋怨	1	认真	1	摊	1	掖	1	找补	1		
较	1	忙	1	塞	1	谈	1	移	1	罩	1		

4. 趋向补语"上来"

有 37 个谓词能与趋向补语"上来"搭配，搭配频次为 68 次。

谓词	频次	谓词	频次	谓词	频次	谓词	频次	谓词	频次	谓词	频次	谓词	频次
带	8	走	3	摆	1	穿	1	叫	1	让	1	撞	1
端	7	叮	2	报	1	蹿	1	救	1	说	1		
爬	5	赶	2	补	1	带领	1	开	1	提	1		
收	4	跟	2	采掘	1	督	1	漫	1	拖	1		
答	3	捞	2	冲	1	翻滚	1	拿	1	迎	1		
围	3	追	2	抽	1	集中	1	跑	1	涌	1		

5. 趋向补语"上去"

有 32 个谓词能与趋向补语"上去"搭配，搭配频次为 82 次。

谓词	频次	谓词	频次	谓词	频次	谓词	频次	谓词	频次	谓词	频次	谓词	频次
搞	19	踩	3	爬	2	触	1	挤	1	拉	1	拥	1
冲	8	打	3	送	2	凑	1	架	1	弄	1	抓	1
迎	6	递	3	跳	2	扶	1	叫	1	跑	1		
看	5	追	3	报	1	干	1	扛	1	抬	1		
扑	5	赶	3	泵	1	攻	1	靠	1	掀	1		

6. 趋向补语"下"

有135个谓词能与趋向补语"下"搭配，搭配频次为681次。

谓词	频次	谓词	频次	谓词	频次	谓词	频次	谓词	频次	谓词	频次	谓词	频次
留	105	摘	8	住	4	横	2	闯	1	拉	1	受	1
放	42	创	7	吃	3	换	2	存	1	拦	1	说	1
坐	35	定	7	垂	3	扣	2	低	1	揽	1	撕	1
写	28	蹲	7	降	3	拍	2	跌	1	烙	1	送	1
剩	26	撒	6	撂	3	撤	2	堆	1	令	1	讨	1
收	21	走	6	拿	3	认	2	扶	1	漏	1	替	1
躺	20	低头	5	抛	3	容	2	干	1	录	1	捅	1
跪	19	趴	5	欠	3	设	2	惯	1	捋	1	压	1
买	15	取	5	洒	3	摔	2	灌	1	埋	1	遗留	1
生	15	停	5	弯	3	退	2	滚	1	抹	1	应	1
结	13	投	5	卸	3	吞	2	蓐	1	耐	1	照	1
落	13	扎	5	栽	3	攒	2	划	1	匿	1	植	1
脱	13	倒	4	安	2	挣	2	画	1	拧	1	注	1
丢	12	掉	4	搬	2	种	2	积	1	爬	1	作	1
记	12	犯	4	备	2	按	1	积攒	1	跑	1	做	1
流	11	攻	4	播	2	扒	1	架	1	碰	1		
立	10	甩	4	扯	2	抱	1	浇	1	铺	1		
扔	10	睡	4	订	2	背	1	揭	1	弃	1		
打	8	跳	4	夺	2	沉	1	静心	1	容纳	1		
搁	8	咽	4	服	2	传	1	砍	1	省	1		

7. 趋向补语"下来"

有154个谓词能与趋向补语"下来"搭配，搭配频次为347次。

谓词	频次	谓词	频次	谓词	频次	谓词	频次	谓词	频次	谓词	频次	谓词	频次
停	19	平静	7	省	5	静	4	确定	3	掉落	2	换	2
坐	11	卸	6	摘	5	撕	4	塌	3	发	2	活	2
掉	10	背	5	安静	4	跳	4	走	3	干	2	记录	2
留	10	传	5	参	4	退	4	保存	2	告	2	坚持	2
脱	10	固定	5	定	4	拆	3	保护	2	割	2	溃退	2
摔	8	解	5	放	4	撤	3	沉	2	黑	2	流	2
讨	8	落	5	记	4	滚	3	垂	2	滑落	2	飘	2
批	7	生	5	降	4	冷静	3	打	2	缓和	2	轻松	2

续表

谓词	频次	谓词	频次	谓词	频次	谓词	频次	谓词	频次	谓词	频次	谓词	频次
生存	2	包揽	1	蹲	1	减	1	轮换	1	扔	1	运	1
送	2	保留	1	夺	1	降落	1	买	1	撒	1	站	1
算	2	保全	1	刹	1	揭	1	慢	1	赏	1	照	1
躺	2	抱	1	翻脸	1	接受	1	描摹	1	剩	1	镇定	1
挺	2	背诵	1	放心	1	节省	1	拿	1	涮	1	撞	1
歇	2	抻	1	飞流	1	节约	1	弄	1	淌落	1	追究	1
写	2	吃	1	分	1	经营	1	爬	1	推	1	坠	1
幸存	2	冲	1	俯	1	砍	1	拍	1	挖	1	准	1
砸	2	传承	1	搁置	1	考	1	飘飞	1	稳定	1		
住	2	粗	1	攻	1	空寂	1	漂落	1	沿袭	1		
安居	1	存活	1	滚落	1	空闲	1	泼洒	1	遗留	1		
暗淡	1	耷拉	1	横心	1	拉	1	掐	1	阴沉	1		
扒拉	1	低落	1	画	1	留传	1	轻易	1	应承	1		
拔	1	顶	1	积累	1	录	1	倾注	1	应允	1		
包	1	抖落	1	积攒	1	录写	1	确认	1	余	1		

8. 趋向补语"下去"

有 87 个谓词能与趋向补语"下去"搭配,搭配频次为 179 次。

谓词	频次	谓词	频次	谓词	频次	谓词	频次	谓词	频次	谓词	频次	谓词	频次
继续	9	抓	4	喝	2	比	1	赶	1	捅	1	延续	1
干	8	做	4	拉	2	吵	1	滑	1	投	1	咬	1
干活	7	保持	3	跑	2	扯皮	1	讲	1	推迟	1	栽	1
坚持	6	撒	3	深入	2	沉	1	接	1	退	1	扎	1
说	6	倒	3	生活	2	存在	1	进行	1	吞	1	粘	1
走	6	过	3	算	2	等	1	开	1	吞噬	1	长存	1
持续	5	轰	3	压	2	低	1	看	1	拖	1	住	1
呆	5	开展	3	咽	2	低头	1	扩大	1	脱	1	左	1
发展	5	生存	3	按	1	抖落	1	落	1	弯	1	坐	1
传	4	吃	2	暗淡	1	端	1	念	1	萎缩	1		
掉	4	传达	2	凹	1	翻	1	伸	1	问	1		
跳	4	打	2	败	1	放	1	收	1	熄灭	1		
写	4	滚	2	办	1	分析	1	摔	1	循环	1		

9. 趋向补语"进"

有100个谓词能与趋向补语"进"搭配，搭配频次为355次。

谓词	频次	谓词	频次	谓词	频次	谓词	频次	谓词	频次	谓词	频次	谓词	频次
走	70	冲	4	调	3	融	2	飞	1	掷	1	敲	1
送	19	打	4	投	3	驶	2	拐	1	追	1	熔铸	1
钻	18	躲	4	陷	3	拖	2	贴	1	扭	1	糅	1
跨	13	挤	4	装	3	写	2	听	1	夹	1	射	1
跳	13	卷	4	坐	3	选	2	透	1	揪	1	收	1
住	13	拉	4	藏	2	凹	1	吸收	1	揽	1	疏	1
搬	8	跑	4	搭	2	抱	1	咽	1	流	1	算	1
掉	9	伸	4	购	2	叉	1	披	1	漏	1	锁	1
塞	8	踏	4	关	2	掺	1	移	1	埋	1	抬	1
扔	7	吸	4	考	2	揣	1	印	1	摸	1	踢	1
灌	6	吹	3	领	2	传	1	迎	1	抛	1		
扎	6	带	3	溜	2	窜	1	拥	1	赔	1		
插	5	攻	3	落	2	倒	1	涌	1	蹁	1		
闯	5	请	3	买	2	跌	1	招	1	飘	1		
放	5	逃	3	抢	2	钉	1	整	1	扑	1		

10. 趋向补语"进来"

有26个谓词能与趋向补语"进来"搭配，搭配频次为40次。

谓词	频次	谓词	频次	谓词	频次	谓词	频次	谓词	频次	谓词	频次	谓词	频次
走	6	溜	2	搀	1	关	1	买	1	收	1	住	1
跑	4	请	2	扯	1	扩大	1	拿	1	探身	1	续弦	1
引	3	钻	2	搭	1	流	1	牵	1	透	1		
搬	2	插	1	打	1	漏	1	抢	1	涌	1		

11. 趋向补语"进去"

有45个谓词能与趋向补语"进去"搭配，搭配频次为68次。

谓词	频次	谓词	频次	谓词	频次	谓词	频次	谓词	频次	谓词	频次	谓词	频次
走	12	关	2	钻	2	插	1	搭	1	挤	1	泡	1
送	3	卷	2	凹	1	铲	1	带	1	记载	1	赔	1
住	3	考虑	2	摆	1	扯	1	丢	1	接	1	伸	1
扶	2	弄	2	搬	1	吃	1	放	1	揪	1	输	1
跟	2	投	2	抱	1	冲	1	飞	1	拉	1	挑	1

续表

谓词	频次	谓词	频次	谓词	频次	谓词	频次	谓词	频次	谓词	频次
拖	1	望	1	吸	1	陷	1	扎	1		
驮	1	萎缩	1	吸收	1	栽	1	招	1		

12. 趋向补语"出"

有354个谓词能与趋向补语"出"搭配,搭配频次为1694次。

谓词	频次	谓词	频次	谓词	频次	谓词	频次	谓词	频次	谓词	频次
提	167	取	13	举	6	撒	4	步	3	进	2	排	2
走	78	指	13	跨	6	闯	4	唱	3	变	2	碰	2
拿	72	呈现	12	使	6	窜	4	创	3	辨别	2	谱写	2
做	57	跳	12	送	6	道	4	定	3	猜	2	气	2
作	49	想	11	挖	6	发挥	4	分离	3	扯	2	塞	2
迈	40	得	10	抓	6	赶	4	奉献	3	吃	2	筛选	2
伸	34	反映	10	爆发	5	搞	4	干	3	创作	2	闪	2
掏	28	流	10	蹦	5	呼	4	给	3	吹	2	闪现	2
表现	27	流露	10	带	5	划	4	勾画	3	蹿	2	渗	2
派	26	认	9	端	5	开	4	画	3	倒	2	升华	2
说	25	制定	9	放	5	亮	4	觉	3	递	2	甩	2
显示	22	拨	8	分	5	溜	4	炼	3	多	2	搜	2
写	21	交	8	挤	5	留	4	闹	3	泛	2	塑造	2
开发	18	救	8	刊	5	卖	4	瞧	3	分隔	2	探	2
看	18	培养	8	摸	5	描绘	4	让	3	活	2	探索	2
冲	16	吐	8	拍	5	磨	4	设计	3	急	2	逃	2
露	16	摆	7	跑	5	赛	4	驶	3	寄	2	提炼	2
冒	16	翻	7	培育	5	算	4	释放	3	讲	2	透	2
献	16	焕发	7	生	5	腾	4	售	3	觉察	2	凸	2
研制	16	体现	7	听	5	贴	4	踏	3	结	2	显现	2
生产	15	调	7	溢	5	悟	4	挑	3	捐	2	选	2
涌现	15	显	7	涌	5	显露	4	引	3	开除	2	咬	2
创造	14	长	7	折射	5	造	4	引发	3	开垦	2	营造	2
高	14	搬	6	钻	5	展示	4	匀	3	开拓	2	映	2
找	14	抽	6	爆	4	报	3	展现	3	哭	2	运	2
传	13	飞	6	播	4	暴露	3	装	3	拉	2	孕育	2
打	13	喊	6	查	4	迸发	3	熬	2	弄	2	整理	2

附 录 303

续表

谓词	频次	谓词	频次	谓词	频次	谓词	频次	谓词	频次	谓词	频次	谓词	频次
制	2	尝试	1	分流	1	截	1	判断	1	试	1	捂	1
制订	2	衬	1	浮	1	惊	1	抛	1	试制	1	嘘	1
制造	2	瞅	1	浮现	1	卡	1	配	1	首创	1	续	1
种	2	揣摸	1	改	1	垦	1	喷	1	数叨	1	旋	1
琢磨	2	弹	1	感觉	1	空	1	辟	1	刷印	1	寻找	1
奏	2	弹奏	1	勾勒	1	练	1	飘扬	1	摔打	1	研究	1
扒	1	盗掘	1	构建	1	列	1	评	1	抬	1	演练	1
拔	1	掂量	1	刮	1	漏	1	钳	1	袒露	1	演绎	1
办	1	掉	1	挂	1	论证	1	撬	1	烫	1	养育	1
背	1	顶	1	灌溉	1	萌生	1	切	1	淘	1	漾	1
迸射	1	订	1	归纳	1	描画	1	清理	1	提溜	1	移	1
逼	1	兜	1	呵	1	摸索	1	倾吐	1	提取	1	吟唱	1
编	1	抖	1	幻化	1	拟	1	求	1	体味	1	印	1
编写	1	抖落	1	挥发	1	念	1	确定	1	挑选	1	映照	1
编修	1	锻造	1	绘	1	酿制	1	散发	1	推	1	游	1
编译	1	堆	1	绘制	1	捏	1	闪露	1	推导	1	酝酿	1
编织	1	罚	1	混	1	拧	1	闪烁	1	推算	1	再现	1
辨认	1	翻滚	1	激励	1	扭	1	商量	1	退	1	张贴	1
标	1	放射	1	计算	1	爬	1	射	1	托	1	照	1
表露	1	放松	1	检	1	排查	1	伸展	1	拖	1	坐	1
憋	1	飞旋	1	检查	1	排放	1	生长	1	挖掘	1	制造	1
草拟	1	分辨	1	浇铸	1	排列	1	省	1	玩	1		
拆	1	分化	1	嚼	1	盘旋	1	盛	1	问	1		
产生	1	分立	1	揭示	1	判	1	施	1	窝心	1		

13. 趋向补语"出来"

有262个谓词能与趋向补语"出来"搭配，搭配频次为644次。

谓词	频次	谓词	频次	谓词	频次	谓词	频次	谓词	频次	谓词	频次	谓词	频次
说	34	提	14	培养	8	写	7	钻	6	放	5	举哭	5
拿	33	跑	12	蹦	7	拔	6	逼	6	挤	5	哭	5
看	22	认	10	发挥	7	解放	6	干	6	解脱	5	腾	5
走	19	想	10	讲	7	冒	6	站	6	涌	5	抠	4
掏	15	拿	8	露	7	伸	6	打	5	创造	5	流	4

续表

谓词	频次	谓词	频次	谓词	频次	谓词	频次	谓词	频次	谓词	频次	谓词	频次
吐	4	捞	2	拨	1	逃跑	1	发明	1	凝结	1	问	1
表现	4	拎	2	押	1	踢	1	翻	1	弄	1	显露	1
查	4	溜	2	搭	1	提溜	1	翻译	1	拍	1	现	1
打	4	摸	2	瞪	1	调	1	繁衍	1	排	1	想象	1
分离	4	捧	2	滴	1	脱胎	1	反驳	1	排列	1	选拔	1
说话	4	淌	2	抖	1	吸	1	反映	1	派生	1	选举	1
体现	4	逃	2	抖落	1	泄	1	仿制	1	盘问	1	削	1
显示	4	挖掘	2	踱	1	引	1	放	1	判断	1	寻找	1
摆	3	扒	2	发掘	1	迎	1	复印	1	碰	1	衍生	1
倒	3	暴露	2	发泄	1	榨	1	感觉	1	批	1	译	1
掉	3	剥离	2	分流	1	站	1	搞	1	清理	1	印	1
分	3	补	2	过滤	1	拽	1	贡献	1	区分	1	用	1
拉	3	多	2	哄	1	转移	1	勾勒	1	圈	1	冤	1
爬	3	发展	2	划	1	进	1	划	1	惹祸	1	造	1
泼	3	画	2	揪	1	操	1	绘	1	杀	1	造就	1
让	3	焕发	2	开	1	测算	1	活	1	闪	1	展现	1
探	3	混	2	开除	1	尝	1	挤对	1	闪射	1	招	1
退	3	开垦	2	控	1	扯	1	检查	1	生	1	震	1
挖	3	气	2	亮	1	吃	1	建造	1	梳	1	拯救	1
溢	3	瞧	2	流淌	1	抽	1	浇灌	1	舒	1	挣脱	1
闹	3	生产	2	买	1	打印	1	叫	1	书写	1	注	1
涌现	3	使	2	拧	1	带	1	觉	1	数	1	装	1
长	3	算	2	呕	1	导	1	觉察	1	谈	1	撞	1
找	3	挑	2	刨	1	倒	1	开发	1	提炼	1	琢磨	1
做	3	突出	2	飘扬	1	抖搂	1	苦	1	贴	1	总结	1
搬	2	悟	2	请	1	斗	1	乐	1	听	1	走	1
冲	2	下	2	取	1	读	1	练	1	突	1	揍	1
抽	2	吓	2	扔	1	独立	1	流露	1	突击	1	钻	1
窜	2	指	2	杀	1	杜撰	1	隆	1	凸显	1	攥	1
飞	2	抓	2	生	1	端	1	落	1	凸现	1		
赶	2	拨	1	释放	1	断	1	闷	1	吐	1		
轰	2	报	1	踏	1	多余	1	念	1	推广	1		
交	2	抱	1	抬	1	发表	1	捏	1	闻	1		

14. 趋向补语"出去"

有61个谓词能与趋向补语"出去"搭配，搭配频次为114次。

谓词	频次	谓词	频次	谓词	频次	谓词	频次	谓词	频次	谓词	频次	谓词	频次
走	11	料理	3	抽	1	放射	1	拿	1	说	1	销	1
轰	9	卖	3	穿	1	飞	1	弄	1	送	1	销售	1
跑	7	张扬	3	传	1	分裂	1	爬	1	袒露	1	延伸	1
打	6	搬	2	窜	1	赶	1	拍卖	1	踢	1	栽	1
伸	5	带	2	搭	1	跟	1	排	1	偷	1	支	1
冲	4	寄	2	打发	1	公布	1	泼	1	推	1	转	1
分离	3	溜	2	躲	1	挤	1	请	1	退	1	转移	1
滚	3	逃	2	发	1	嫁	1	让	1	望	1		
拉	3	包	1	放	1	流传	1	声张	1	问	1		

15. 趋向补语"回"

有65个谓词能与趋向补语"回"搭配，搭配频次为174次。

谓词	频次	谓词	频次	谓词	频次	谓词	频次	谓词	频次	谓词	频次	谓词	频次
带	14	找	5	走	3	拖	2	唤	1	请	1	移交	1
赶	11	拿	4	扳	2	寻	2	拣	1	杀	1	运	1
送	11	调	4	搬	2	赚	2	叫	1	捎	1	站	1
买	9	追	4	抽	2	冲	1	救	1	拾	1	争	1
跑	9	背	3	寄	2	吹	1	拎	1	抬	1	钻	1
换	6	发	3	揪	2	倒	1	梦	1	讨	1		
夺	5	飞	3	扛	2	盗	1	撵	1	挑	1		
接	5	捧	3	溜	2	放	1	碰	1	偷	1		
拉	5	缩	3	取	2	改	1	遣送	1	推	1		
领	5	转	3	逃	2	喊	1	抢	1	吞	1		

16. 趋向补语"回来"

有50个谓词能与趋向补语"回来"搭配，搭配频次为130次。

谓词	频次	谓词	频次	谓词	频次	谓词	频次	谓词	频次	谓词	频次	谓词	频次
带	10	退	6	抱	3	复员	2	要	2	揪	1	撵	1
买	10	找	6	捡	3	寄	2	追	2	扛	1	遣返	1
送	10	办	5	弄	3	拿	2	顶	1	捞	1	取	1
接	9	跑	5	运	3	请	2	放	1	勒	1	娶	1
赶	8	说	4	挣	3	收	2	飞	1	拎	1	输	1

谓词	频次	谓词	频次	谓词	频次	谓词	频次	谓词	频次	谓词	频次
赎	1	调	1	窝	1	游	1	抓	1		
摔	1	退伍	1	喧	1	找补	1	转	1		
提	1	拖	1	赢	1	折	1	赚	1		

17. 趋向补语"回去"

有33个谓词能与趋向补语"回去"搭配,搭配频次为62次。

谓词	频次	谓词	频次	谓词	频次	谓词	频次	谓词	频次	谓词	频次
带	8	拉	3	爬	2	变	1	滚	1	弄	1	运	1
打	3	拿	3	跑	2	冲	1	寄	1	批	1	折	1
赶	4	咽	3	抬	2	顶	1	接	1	捎	1	走	1
退	4	返	2	喧	2	复员	1	扛	1	收	1		
打发	2	飞	2	钻	2	告	1	领	1	送	1		

18. 趋向补语"过"

有41个谓词能与趋向补语"过"搭配,搭配频次为138次。

谓词	频次	谓词	频次	谓词	频次	谓词	频次	谓词	频次	谓词	频次
接	26	驶	5	转	3	流	2	递	1	考	1	涉	1
走	20	夺	3	转身	3	迈	2	高	1	掠	1	伸	1
穿	16	飞	3	冲	2	扒	1	划	1	爬	1	投	1
胜	7	抢	3	闯	2	驰	1	回神	1	跑	1	压	1
翻	5	赛	3	吹	2	吹拂	1	疾驶	1	捧	1	跃	1
拉	5	跳	3	回头	2	窜	1	驾驶	1	飘	1		

19. 趋向补语"过来"

有102个谓词能与趋向补语"过来"搭配,搭配频次为215次。

谓词	频次	谓词	频次	谓词	频次	谓词	频次	谓词	频次	谓词	频次
走	18	醒	5	缓	3	吹	2	回身	2	抢	2	保护	1
接	17	翻	4	娶	3	颠倒	2	叫	2	调	2	拨款	1
转	10	拿	4	伸	3	端	2	拉	2	围	2	搏斗	1
跑	8	清醒	4	甩	3	改	2	揽	2	吸引	2	布	1
活	6	搬	3	送	3	划	2	挪	2	转变	2	尝	1
回头	5	带	3	苏醒	3	缓气	2	飘	2	霸占	1	冲	1
明白	5	递	3	熬	2	恢复	2	扑	2	扳	1	喘	1

续表

谓词	频次	谓词	频次	谓词	频次	谓词	频次	谓词	频次	谓词	频次	谓词	频次
凑	1	飞	1	晃	1	量	1	弄	1	杀	1	涌	1
倒	1	改造	1	回神	1	拎	1	爬	1	说	1	折腾	1
掉	1	滚压	1	夹	1	流	1	飘洋	1	抬	1	争取	1
夺	1	好	1	嫁	1	拢	1	泼	1	踢	1	正	1
翻身	1	横扫	1	惊悟	1	搂	1	抢救	1	挺	1	正当	1
翻译	1	哄	1	纠正	1	拧	1	撬	1	拖	1		
反应	1	缓醒	1	撅	1	扭	1	请	1	醒悟	1		
放	1	换	1	开	1	扭转	1	圈	1	压	1		

20. 趋向补语"过去"

有57个谓词能与趋向补语"过去"搭配,搭配频次为96次。

谓词	频次	谓词	频次	谓词	频次	谓词	频次	谓词	频次	谓词	频次	谓词	频次
走	12	掉	2	摆	1	放	1	瞄	1	睡	1	转身	1
昏	5	飞奔	2	包抄	1	飞跑	1	拧	1	送	1	转	1
晕	5	赶	2	奔	1	刮	1	爬	1	搏	1	追	1
接	4	划	2	逼	1	回避	1	捧	1	调	1		
递	3	迈	2	侧	1	昏迷	1	牵引	1	跳跃	1		
跑	3	拿	2	冲	1	疾飞	1	请	1	迎	1		
扑	3	飘	2	吹	1	看	1	绕	1	应付	1		
抢	3	跳	2	打	1	溜	1	伸	1	游	1		
背	2	熬	1	翻	1	流逝	1	甩	1	碾轧	1		

21. 趋向补语"起"

有195个谓词能与趋向补语"起"搭配,搭配频次为820次。

谓词	频次	谓词	频次	谓词	频次	谓词	频次	谓词	频次
想	75	抬	17	端	9	发展	2	站	6
谈	44	举	14	讲	9	扶	6	背	5
建立	43	扬	14	问	9	记	6	操	5
建	40	抓	14	架	8	卷	6	承担	5
升	33	回忆	11	抱	7	拉	6	吹	5
办	30	响	11	刮	7	竖	6	负	5
拿	25	做	11	树	7	树立	6	盖	5
说	20	担负	9	挑	7	托	6	翘	5

续表

谓词	频次	谓词	频次	谓词	频次	谓词	频次	谓词	频次
筑	5	擦	2	拔	1	激扬	1	闪	1
组织	5	撑	2	摆	1	集中	1	设计	1
唱	4	扯	2	摆弄	1	夹	1	设立	1
抄	4	成立	2	保存	1	建构	1	生	1
勾	4	带	2	暴	1	建设	1	收拾	1
挥	4	弹	2	背诵	1	嚼	1	耸	1
捡	4	点	2	进	1	搅	1	遂	1
联想	4	堆	2	蹦	1	聚拢	1	讨论	1
爬	4	翻	2	闭	1	开展	1	提	1
捧	4	浮	2	哺育	1	看	1	听	1
燃	4	挂	2	勃发	1	扛	1	挺立	1
算	4	激	2	吃	1	捞	1	推	1
搭	3	激发	2	充溢	1	擂	1	下	1
打	3	肩负	2	串连	1	连接	1	携	1
瞪	3	救	2	打呼噜	1	连结	1	信	1
当	3	开	2	大	1	练	1	修	1
荡	3	啃	2	担	1	留	1	修建	1
泛	3	捆	2	叨唠	1	论	1	学	1
飞	3	立	2	叼	1	卖	1	咬	1
干	3	撩	2	吊	1	漫	1	涌动	1
搞	3	抡	2	叠	1	眯	1	扎	1
鼓	3	眯缝	2	读	1	拧	1	召	1
回想	3	排	2	端详	1	培养	1	珍藏	1
溅	3	升腾	2	供	1	配置	1	支	1
烧	3	收	2	构建	1	膨	1	织	1
拾	3	挺	2	关注	1	飘	1	肿	1
腾	3	玩	2	恨	1	跷	1	种	1
跳	3	忆	2	厚	1	擎	1	重复	1
涌	3	跃	2	怀念	1	屈	1	奏	1
皱	3	支撑	2	回顾	1	燃放	1	组合	1
比	2	骤	2	激荡	1	煽	1	坐	1

22. 趋向补语"起来"

有367个谓词能与趋向补语"起来"搭配,搭配频次为930次。

谓词	频次	谓词	频次	谓词	频次	谓词	频次	谓词	频次
站	62	收	6	紧张	3	管	2	摆	1
结合	41	提	6	看	3	合	2	摆布	1
想	33	调动	6	捆	3	吼	2	办	1
打	20	组织	6	联合	3	集合	2	保存	1
笑	18	成长	5	联结	3	捡	2	保护	1
发展	17	躲	5	亮	3	交谈	2	奔跑	1
说	17	活跃	5	骂	3	解决	2	比较	1
联系	13	讲	5	摸	3	卷	2	不安	1
富裕	11	拿	5	弄	3	啃	2	藏匿	1
叫	10	燃烧	5	培养	3	拉	2	操	1
团结	10	锁	5	强大	3	拉扯	2	操作	1
端	9	谈	5	疼	3	垒	2	扯	1
建立	9	听	5	围	3	聊	2	撑	1
哭	9	武装	5	响	3	论	2	成熟	1
爬	9	抓	5	振作	3	忙	2	炽热	1
多	8	坐	5	走	3	密切	2	惆怅	1
富	8	做	5	绑	2	砌	2	丑	1
关	8	比	4	唱	2	亲	2	蠢	1
活	8	干	4	吵	2	热	2	揣	1
抬	8	喊	4	抽	2	扫	2	串连	1
跳	8	好	4	串	2	烧	2	创立	1
蹦	7	连接	4	吹	2	神气	2	存放	1
藏	7	玩	4	担当	2	拾掇	2	搭话	1
行动	7	走路	4	动员	2	睡	2	打哈哈	1
夹	7	抱	3	端详	2	跳动	2	打瞌睡	1
统一	7	吃	3	对立	2	完善	2	打量	1
集中	6	凑	3	封闭	2	问	2	大	1
记	6	带	3	扶	2	携	2	大闹天宫	1
加	6	点	3	盖	2	写	2	担负	1
举	6	飞	3	概括	2	硬	2	当	1
开展	6	归纳	3	搞	2	找	2	得意	1
立	6	回想	3	工作	2	爱	1	吊	1

续表

谓词	频次	谓词	频次	谓词	频次	谓词	频次	谓词	频次
叠	1	鼓掌	1	建	1	明亮	1	生长	1
顶	1	挂	1	健康	1	莫名其妙	1	湿润	1
动武	1	挂钩	1	建设	1	闹	1	拾	1
抖	1	管理	1	警惕	1	撵	1	收购	1
读	1	海吹神聊	1	纠合	1	凝结	1	收拾	1
赌	1	喊叫	1	聚集	1	凝聚	1	熟	1
堆	1	合伙	1	撅	1	扭打	1	熟络	1
躲藏	1	黑暗	1	开	1	怒吼	1	熟悉	1
发	1	轰鸣	1	开办	1	排列	1	树	1
发动	1	轰响	1	瞌睡	1	培植	1	数	1
发实	1	红	1	咳嗽	1	膨大	1	树立	1
发泄	1	红火	1	狂喜	1	膨胀	1	水涨船高	1
翻看	1	红润	1	拉呱	1	捧	1	说服	1
翻腾	1	哄	1	拦	1	漂	1	耸	1
繁华	1	哄抬	1	阑	1	飘	1	肃清	1
放	1	呼唤	1	浪费	1	平静	1	算	1
沸腾	1	怀疑	1	捞	1	欺负	1	谈论	1
封	1	欢跳	1	累积	1	切	1	讨厌	1
封存	1	唤	1	累计	1	亲切	1	提溜	1
服	1	慌	1	冷	1	清晰	1	跳跃	1
浮	1	晃荡	1	利落	1	圈	1	听话	1
富强	1	晃动	1	利用	1	确立	1	挺	1
改革	1	晃悠	1	连贯	1	嚷	1	统辖	1
改造	1	挥发	1	联接	1	热火	1	痛哭	1
感奋	1	活泼	1	练	1	热闹	1	突出	1
高兴	1	积累	1	凉	1	认真	1	推	1
高扬	1	积攒	1	晾	1	洒	1	文	1
搁	1	激动	1	灵活	1	撒娇	1	稀少	1
哽咽	1	激扬	1	流动	1	筛	1	洗	1
勾结	1	加工	1	流行	1	煽动	1	下	1
构架	1	架	1	蔓延	1	深刻	1	掀	1
构筑	1	坚实	1	美好	1	神奇	1	衔接	1
鼓捣	1	简单	1	昧	1	升	1	卸	1

续表

谓词	频次	谓词	频次	谓词	频次	谓词	频次	谓词	频次
兴旺	1	厌倦	1	涌	1	珍藏	1	重视	1
修	1	扬	1	勇敢	1	争辩	1	筑	1
修建	1	养	1	运	1	争执	1	赚	1
学	1	摇晃	1	运转	1	挣扎	1	装殓	1
寻思	1	咬	1	扎	1	织	1	自立	1
训斥	1	掖	1	摘	1	支楞	1	总结	1
押	1	吟	1	站立	1	指责	1		
腌	1	吟诵	1	遮盖	1	质问	1		
严格	1	英俊	1	折叠	1	种	1		

后　记

本书是在我2014年博士学位论文的基础上修改、补充而成的。从2008年获得中国政府全额奖学金到北京师范大学读研到现在我的第一本专著即将出版，一晃十多年过去了。想起这些年的点点滴滴，我心中感慨万千。有许多需要感谢的师长、同学和亲朋好友。

首先衷心感谢我的恩师丁崇明教授。恩师严谨求实的治学态度、精益求精的工作作风、宽容豁达的处世风格，一直深深地感染和熏陶着我。从恩师身上，我学会的不仅仅是如何读书、如何思维，还学会了如何为人、如何做事。我对恩师在学术和为人上的引领和指导充满感激。我会一直牢记恩师的教诲，以学术立身，踏实研究，努力进取。

无比感谢我的硕士生导师冯建明副教授。我的硕士论文得到了老师详尽而切实的指导。虽已毕业多年，但老师一直对我关怀有加。

深深感谢所有给予我指导及帮助的老师。感谢北京师范大学的陈绂教授、朱志平教授、冯丽萍教授、王魁京教授、马燕华教授、王学松教授、朱瑞平教授、崔立斌教授、徐彩华教授、李晋霞教授、亓华教授、荣晶教授、赵清永副教授、刘兰民副教授、盛双霞副教授，北京大学的袁毓林教授、郭锐教授等所有教过我的老师们。他们的学识修养和人格风范都曾深深感染过我。他们给我在学术研究上的启迪是我毕生值得珍藏的宝贵财富，是他们的谆谆教诲使我为人为学都提升到新的层次。感谢北京师范大学汉语文化学院图书馆的彭玉兰老师、陆玉霞老师，她们常以和蔼可亲的态度对待我，鼓励我前进。

我还要感谢北京大学的杨德峰教授、北京语言大学的张旺熹教授。他们在我博士学位论文开题和答辩时对我的选题给予了肯定，并给我提出了千金难求的意见和建议。他们独具慧眼、点石成金的指导，给我的论文增添了亮点，使我受益匪浅。

同时，我还要感谢中国留学基金委。中国留学基金委给我提供了中国政府全额奖学金让我有机会来华攻读硕士、博士学位，实现自己的梦想。他们的公平使我相信我们的努力是没有白费的。

感谢我的好朋友郝瑜鑫、吴继峰。他们科研成果累累让我特别佩服，我常以他们为榜样督促自己需要不断地努力。每次与他们讨论我都受益匪浅，受到很多启发，发现自己的欠缺。他们的帮助和关心给了我家人般的感觉。

感谢我的同门兄弟姐妹给予我的无私帮助。感谢甄珍、王恩旭、刘相臣、黄立诗、郭翠翠、景高娃在我生活和学习上的关心和支持。

感谢北京师范大学汉语文化学院的所有学友们。感谢我的博士班同学王亚琼、吴剑、李莉、解竹，感谢我的硕士班同学白林艳、李贞、许楠、顾秋燕。和你们的交流往往给我带来启发，我也非常珍惜与各位学友结下的深厚友谊，能和你们结识也是一种莫大的缘分。

本书有幸被列入华侨大学华文教育研究院"华文教育研究系列丛书"之中，得到了华侨大学的慷慨资助。社会科学文献出版社的崔晓璇女士为本书的编辑、出版付出巨大的心血。在此表示由衷的感谢。

最后还要感谢我的家人。感谢家人在精神上对我的巨大支持、帮助和鼓励。他们一直以来是我的稳固温暖的港湾，使我充满着无限的能量。

由于能力和水平有限，书中错误在所难免，敬请各位师长、同仁批评指正。

刘汉武
2020年6月

图书在版编目(CIP)数据

汉越趋向补语对比习得研究／(越南)刘汉武著. --北京：社会科学文献出版社，2020.6
（华文教育研究丛书）
ISBN 978-7-5201-6148-0

Ⅰ.①汉… Ⅱ.①刘… Ⅲ.①汉语-补语-对比研究-越南语②汉语-补语-对外汉语教学-教学研究 Ⅳ.①H146.3②H44③H195.3

中国版本图书馆CIP数据核字（2020）第026943号

·华文教育研究丛书·

汉越趋向补语对比习得研究

著　　者／[越南]刘汉武
出 版 人／谢寿光
责任编辑／崔晓璇
出　　版／社会科学文献出版社·政法传媒分社（010）59367156
　　　　　地址：北京市北三环中路甲29号院华龙大厦　邮编：100029
　　　　　网址：www.ssap.com.cn
发　　行／市场营销中心（010）59367081　59367083
印　　装／三河市尚艺印装有限公司
规　　格／开　本：787mm×1092mm　1/16
　　　　　印　张：20.5　字　数：326千字
版　　次／2020年6月第1版　2020年6月第1次印刷
书　　号／ISBN 978-7-5201-6148-0
定　　价／118.00元

本书如有印装质量问题，请与读者服务中心（010-59367028）联系

版权所有 翻印必究